Werner Reutter

Der Rechtsstaat in Deutschland

Eine interdisziplinäre Einführung

Springer VS

Werner Reutter
Berlin, Deutschland

ISSN 2627-2903 ISSN 2627-2911 (electronic)
Elemente der Politik
ISBN 978-3-658-50450-2 ISBN 978-3-658-50451-9 (eBook)
https://doi.org/10.1007/978-3-658-50451-9

Die Deutsche Nationalbibliothek verzeichnet diese Publikation in der Deutschen Nationalbibliografie; detaillierte bibliografische Daten sind im Internet über https://portal.dnb.de abrufbar.

Planung/Lektorat: Jan Treibel
Springer VS ist ein Imprint der eingetragenen Gesellschaft Springer Fachmedien Wiesbaden GmbH und ist ein Teil von Springer Nature.
Die Anschrift der Gesellschaft ist: Abraham-Lincoln-Str. 46, 65189 Wiesbaden, Germany

Wenn Sie dieses Produkt entsorgen, geben Sie das Papier bitte zum Recycling.

Für Isabel

Elemente der Politik

Reihe herausgegeben von
Hartmut Aden
Hochschule für Wirtschaft und Recht Berlin
Berlin, Deutschland

Sonja Blum
Fakultät für Soziologie
Universität Bielefeld
Bielefeld, Deutschland

Hendrik Hegemann
Institut für Friedensforschung und
Sicherheitspolitik an der Universität Hamburg
Hamburg, Deutschland

Sven T. Siefken
Hochschule des Bundes für öffentliche
Verwaltung
Brühl, Deutschland

Die ELEMENTE DER POLITIK sind eine politikwissenschaftliche Lehrbuchreihe. Ausgewiesene Expert*innen informieren über wichtige Themen und Grundbegriffe der Politikwissenschaft und stellen sie auf knappem Raum fundiert und verständlich dar. Die einzelnen Titel der ELEMENTE dienen somit Studierenden und Lehrenden der Politikwissenschaft und benachbarter Fächer als Einführung und erste Orientierung zum Gebrauch in Seminaren und Vorlesungen, bieten aber auch politisch Interessierten einen soliden Überblick zum Thema.

Inhaltsverzeichnis

Abkürzungsverzeichnis

Abb.	Abbildung
Abs.	Absatz
AEUV	Vertrag über die Arbeitsweise der Europäischen Union
a. F.	alte Fassung
AfD	Alternative für Deutschland
ArbGG	Arbeitsgerichtsgesetz
Art.	Artikel
Aufl.	Auflage
BAG	Bundesarbeitsgericht
BB	Brandenburg
BE	Berlin
BFH	Bundesfinanzhof
BfJ	Bundesamt für Justiz
BGH	Bundesgerichtshof
BMAS	Bundesministerium für Arbeit und Soziales
BMI	Bundesministerium des Innern
BSG	Bundessozialgericht
BVerfG	Bundesverfassungsgericht

BVerfGE	Entscheidungen des Bundesverfassungsgerichts
BVerfGG	Bundesverfassungsgerichtsgesetz
BVerwG	Bundesverwaltungsgericht
BW	Baden-Württemberg
BY	Freistaat Bayern
BZQ	berufsbezogene Zusatzqualifikation
bzw.	beziehungsweise
CDU	Christlich Demokratische Union Deutschlands
CSU	Christlich Soziale Union
d. h.	das heißt
DASR	Deutsche Akademie für Staats- und Rechtswissenschaft (DDR)
DDR	Deutsche Demokratische Republik
DRiG	Deutsches Richtergesetz
Drs.	Drucksache (Bundestag/Landesparlamente)
DVS	Deutsche Vereinigung der Schöffinnen und Schöffen
ECHR	European Court of Human Rights
EGHR	Europäischer Gerichtshof für Menschenrechte
EMRK	Europäische Menschenrechtskonvention
et al.	et alii (und andere)
EU	Europäische Union
EuGH	Europäischer Gerichtshof
EUV	Vertrag der Europäischen Union
FamFG	Gesetz über das Verfahren in Familiensachen und in den Angelegenheiten der freiwilligen Gerichtsbarkeit
FAP	Freiheitliche Deutsche Arbeiterpartei
FDJ	Freie Deutsche Jugend (DDR)
FDP	Freie Demokratische Partei
FinGO	Finanzgerichtsordnung
FS	Fachsemester
GBl.	Gesetzblatt
GDL	Gewerkschaft Deutscher Lokomotivführer
GG	Grundgesetz
ggfs.	gegebenenfalls
GmS-OGB	Gemeinsamer Senat der obersten Gerichtshöfe des Bundes

GVG	Gerichtsverfassungsgesetz
HB	Freie Hansestadt Bremen
HE	Hessen
HH	Freie und Hansestadt Hamburg
hrsg. v.	herausgegeben von
Hrsg.	Herausgeber*in
i. d. R.	in der Regel
i. V. m.	in Verbindung mit
Kap.	Kapitel
KPD	Kommunistische Partei Deutschlands
LTO	Legal Tribune Online
MdJ	Ministerium der Justiz (DDR)
Mio.	Million(en)
MV	Mecklenburg-Vorpommern
n. F.	neue Fassung
NI	Niedersachsen
NL	Nationale Liste
NPD	Nationaldemokratische Partei Deutschlands
Nr.	Nummer
NSDAP	Nationalsozialistische Deutsche Arbeiterpartei
NS	Nationalsozialismus
NSRB	NS-Rechtswahrerbund
NW	Nordrhein-Westfalen
OLG	Oberlandesgericht
OVG	Oberverwaltungsgericht
RGBl.	Reichsgesetzblatt
RiWahlG	Richterwahlgesetz
Rn.	Randnummer
RP	Rheinland-Pfalz
S.	Seite
SA	Sturmabteilung (der NSDAP)
SED	Sozialistische Einheitspartei
SGB	Sozialgesetzbuch
SH	Schleswig-Holstein
SL	Saarland
SMAD	Sowjetische Militäradministration in Deutschland (9. Juni 1945 bis 10. Okt. 1949)

SN	Freistaat Sachsen
SPD	Sozialdemokratische Partei Deutschlands
SRP	Sozialistische Reichspartei
SS	Schutzstaffel
StGB	Strafgesetzbuch
StPO	Strafprozessordnung
ST	Sachsen-Anhalt
Tab.	Tabelle
TH	Thüringen
Tsd.	Tausend
u. a.	unter anderem
UFO	Unabhängige Flugbegleiterorganisation
USA	United States of America (Vereinigte Staaten von Amerika)
Verdi	Vereinte Dienstleistungsgewerkschaft
VGH	Verwaltungsgerichtshof
vgl.	vergleiche
VwGO	Verwaltungsgerichtsordnung
WJP	World Justice Project
WRV	Weimarer Reichsverfassung
WS	Wintersemester
WSI	Wirtschafts- und Sozialwissenschaftliches Institut der Hans-Böckler Stiftung
z. B.	zum Beispiel
z. T.	zum Teil
zit. n.	zitiert nach
ZPO	Zivilprozessordnung

Abbildungsverzeichnis

Tabellenverzeichnis

Verzeichnis der Infokästen

1

Einleitung

Schlüsselwörter Demokratischer Rechtsstaat · Judikative · Policy-Analyse · Dritte Gewalt

Das Kapitel verortet die rechtsprechende Gewalt im übergreifenden Konzept des demokratischen Rechtsstaats, erläutert die politikwissenschaftliche Perspektive auf das Thema und gibt einen Überblick über den Gang der Darstellung.

1.1 Zur Einführung in das Thema

Der Rechtsstaat ist in aller Munde. Nahezu täglich gibt es Meldungen über Richter*innen, die nicht oder zu spät gewählt werden, über Urteile, die als zu weitgehend oder nicht weitgehend genug kritisiert werden, oder über die USA, Polen, Ungarn, Israel oder andere Länder, in denen

© Der/die Autor(en), exklusiv lizenziert an Springer Fachmedien Wiesbaden GmbH, ein Teil von Springer Nature 2026
W. Reutter, *Der Rechtsstaat in Deutschland*, Elemente der Politik,
https://doi.org/10.1007/978-3-658-50451-9_1

die Unabhängigkeit der Gerichte – und insbesondere der Verfassungsgerichte – infrage gestellt wird. Wissenschaftliche Konferenzen werden veranstaltet, in denen vor „democratic backsliding" gewarnt wird. Schüler*innen führen Projekttage zu dem Thema durch, und im Bundestag scheint der Begriff „Rechtsstaat" inzwischen „zu einem Dauerbrenner in den politischen Auseinandersetzungen" geworden zu sein (Pichl, 2024, S. 10). Bewertungen über Rolle und Funktionen des Rechtsstaats könnten dabei weiter nicht auseinanderliegen. Während die einen in „nichtmajoritären Institutionen" – wie Verfassungsgerichten – eine unzulässige Beschränkung mehrheitsdemokratischer Herrschaft ausmachen und darin eine Ursache für den Siegeszug populistischer Parteien erkennen (Schäfer & Zürn, 2021; ähnlich: Manow, 2024), betrachten andere einen funktionierenden Rechtsstaat als unhintergehbare Voraussetzung für politische Selbstbestimmung und liberale Freiheitsrechte. Für die einen ist damit der Rechtsstaat – und insbesondere die Verfassungsgerichtsbarkeit – eine Gefahr für die Demokratie, während andere fürchten, dass demokratisch gewählte Regierungen „judicial backsliding" betreiben, die Unabhängigkeit der Gerichte infragestellen und rechtsstaatliche Gewährleistungen unterlaufen könnten.

Im **Grundgesetz** ist der Rechtsstaat tragendes Strukturprinzip. Staatliche Herrschaft kann in der deutschen Verfassungsdemokratie nur in Form des Rechts ausgeübt werden. **Der Staat herrscht „nach" und „durch Regeln"** (Grimm, 2009, S. 596), die demokratisch zustande gekommen sind. Ein solches **Rechtsstaatsverständnis** findet sich in rechtssoziologischen Lehrbüchern (Baer, 2023), verfassungsrechtlichen Abhandlungen (Benda, 1995; Hesse, 1993, Rn. 183–215) und politikwissenschaftlichen Untersuchungen (Höreth, 2016, S. 47; Steinsdorff, 2018, S. 143). Was es konkret bedeutet und welche Rolle der dritten Gewalt dabei zukommt, ist jedoch keineswegs ausgemacht.

Offensichtlich umfasst das skizzierte Rechtsstaatsverständnis alle drei öffentlichen Gewalten. Vereinfacht formuliert, bedeutet es: Die erste, die **Legislative,** setzt Recht; die zweite, die **Exekutive,** führt Recht aus; und die dritte, die **Judikative,** wendet Recht auf konkrete Einzelfälle an. Mit den ersten beiden Gewalten hat sich die Politikwissenschaft ausführlich beschäftigt. Untersuchungen zur Gesetzgebung, zur Gesetzesausführung und den entsprechenden staatlichen Organen und Institutionen sind Legion. Die dritte, die rechtsprechende Gewalt, die Birkenkötter und Burchardt (2025, S. 57 und passim) für den wichtigsten Teil des Rechtsstaats halten, hat die Politikwissenschaft bisher jedoch mehr oder weniger souverän ignoriert (Frick & Lembcke, 2021; Rehder, 2011, S. 33–54). Auszunehmen ist allein die Verfassungsgerichtsbarkeit, die als politiknaher Bereich der Rechtsprechung politikwissenschaftlichen Methoden und Theorien zugänglich war und ist. Doch ist Verfassungsgerichtsbarkeit nur ein Teil der dritten Gewalt. Es ist daher mehr als überfällig, die Judikative politikwissenschaftlich zu beleuchten. Und diese Einführung will genau dies. Sie will den demokratischen Rechtsstaat in seiner justizförmigen Ausprägung als rechtsprechende Gewalt aus einer politikwissenschaftlichen Perspektive darstellen. Denn die Herrschaft „nach" und „durch" Regeln muss in einem demokratischen Rechtsstaat der Kontrolle durch unabhängige Gerichte unterliegen. Und nur mit diesem Teil des Rechtsstaats, der dritten Gewalt oder der Judikative, beschäftigen wir uns, und zwar in dreierlei Hinsicht: mit der Staatsfunktion, mit deren Bezug zur Demokratie sowie mit der institutionellen Ausformung in Gerichten und der Gerichtsorganisation.

Mit der **rechtsprechenden Gewalt** scheint die große Mehrzahl der Einwohner*innen der Bundesrepublik

Deutschland **zufrieden.** Gerichte oder „die Justiz“[1] erfahren in Umfragen große Zustimmung, wobei zwischen 60 und 70 % der Befragten den Gerichten „voll und ganz“ oder „überwiegend“ vertrauen (n-tv, 2024; Reiser et al., 2022, S. 67; Kuthning & Sommer, 2024, S. 11) – was sich allerdings als gute oder als schlechte Nachricht verbuchen lässt. Denn offenbar bringen Bürger*innen „politikfernen Institutionen“ – zu denen auch Gerichte zählen – „deutlich mehr Vertrauen entgegen als den klassischen Kerninstitutionen der Demokratie“ (Reiser et al., 2022, S. 67). Politiknahe Institutionen und damit der demokratische Prozess leiden mithin unter Vertrauens- und Legitimationsverlusten, während Gerichte und die rechtsprechende Gewalt zur Legitimation der Verfassungsordnung beitragen.

Dieses **Vertrauen,** das der Justiz im Allgemeinen und der Gerichtsbarkeit im Besonderen entgegengebracht wird, ist jedoch nicht ungebrochen. Langfristig scheint die gegenüber Parteien, Parlamenten und Regierungen zunehmende „Institutionenskepsis“ vor „den Gerichten nicht Halt“ zu machen (Lembcke & Rehder, 2022, S. 230). So gaben in einer Umfrage im Dezember 2023 lediglich 27 % der Befragten an, man könne sich bei Gerichten darauf verlassen, dass alles mit rechten Dingen zugehe und Gerichte gewissenhaft und gründlich arbeiten würden (Kuthning & Sommer, 2024, S. 16 und 20).

Ein Echo finden diese kritischen Bewertungen zentraler rechtsstaatlicher Institutionen in der Wissenschaft und bei Experten. Hans-Jürgen Papier, ehemaliger Präsident des Bundesverfassungsgerichts, warnte schon 2020

---

[1] Der Begriff der Justiz geht nicht in der rechtsprechenden Gewalt auf. Er schließt z. B. auch ein: Staatsanwälte, Gerichtsvollzieher oder den Justizvollzug, die alle drei der Exekutive zuzurechnen sind. Gleichzeitig erfüllen Gerichte nicht nur rechtsprechende Aufgaben, sondern nehmen z. T. auch Verwaltungsfunktionen wahr.

vor einer schleichenden „Erosion des Rechtsstaats" und prangerte an, dass die Berliner Polizei eine Blockadeaktion von „Extinction Rebellion", eine extremistische Gruppe der Klimabewegung, nicht verhindert habe, viele Ermittlungsverfahren eingestellt werden müssten, Drogendealer im Görlitzer Park in Berlin nicht verhaftet würden, die Justiz nicht ausreichend finanziert werde und von der Politik lange Zeit vernachlässigt worden sei (Vornbäumen & Hoidn-Borchers, 2019; Papier, 2019, 2020). Papier ist wahrlich nicht der Einzige, der auf rechtsstaatliche Funktionsdefizite hinweist. Die Mängelliste ist lang. Angeprangert werden: überlange Verfahrensdauer, unterbesetzte Gerichte, „rechte" Richter, deren Verfassungstreue infrage steht, ungleiche Chancen vor Gerichten aufgrund sozialer Herkunft und mangelnder Ressourcen und anderes mehr (Wagner, 2021; Steinke, 2024).

Wir werden im Laufe der Darstellung immer wieder auf solche Defizite zu sprechen kommen. Doch hängt das Auseinandertreten von allgemeiner Wertschätzung der Gerichte und des Rechtsstaates einerseits und einer fast schon fundamentalen Kritik an der Praxis der rechtsprechenden Gewalt andererseits auch damit zusammen, dass der Rechtsstaat im Grundgesetz ohne konkretisierende Ausgestaltung geblieben ist (Kap. 3). Er findet nicht einmal in Art. 20 Abs. 1 GG Erwähnung, in dem die Bundesrepublik Deutschland als „republikanischer, demokratischer und sozialer Bundesstaat" bestimmt wird. Allein die **„Rechtsprechung"** wird in Absatz 2 dieses Artikels als besondere **Staatsfunktion** aufgeführt und in Art. 92 bis 104 GG ausgestaltet.

> **Infokasten 1.1 Juristische Auslegungsmethoden**
>
> Friedrich Carl Savigny (1779–1861) hat im 1840 erschienen „System des heutigen römischen Rechts. Band I" (Berlin: Bei Veit und Comb 1840, S. 213 f.) Regeln für die Auslegung von Gesetzen formuliert. Sie gelten in leicht abgewandelter Form auch heute noch (BVerfG, Beschluss vom 17. Juni 1960–2 BvL 11/59, 11/60). Es sind:
>
> - **Die grammatische Auslegung (Wortlaut):** Nach dieser Regel ist der Wortlaut des Gesetzes Maßstab der Auslegung.
> - **Die teleologische Auslegung:** Hier gilt es, Sinn und Zweck eines Gesetzes zu ermitteln, um vor diesem Hintergrund eine Norm auszulegen.
> - **Systematische Auslegung:** Hier zählt der innere Zusammenhang eines Gesetzes und die Beziehungen zwischen dessen Teilen.
> - **Historische Auslegung:** Diese Auslegungsregel zielt darauf, den Willen des Gesetzgebers zu ermitteln.
>
> Außerdem gibt es noch die **verfassungskonforme** sowie die **richtlinienkonforme** Auslegung. Die erste soll sicherstellen, dass Gesetze so interpretiert werden, dass sie konform sind mit dem Grundgesetz, die zweite, dass sie mit EU-Richtlinien übereinstimmen.

Die Einführung ist aus einer politikwissenschaftlichen Perspektive geschrieben – der Profession des Autors. Sie nimmt Befunde, Ansätze und Überlegungen aus anderen wissenschaftlichen Disziplinen auf und integriert sie in die Darstellung. Insoweit ist ihr Charakter **interdisziplinär.** Die rechtsprechende Gewalt ist dabei einerseits Staatsfunktion (Art. 20 Abs. 2 GG) und an der Hervorbringung und Durchsetzung allgemeinverbindlicher Entscheidungen beteiligt. Insbesondere gewährleistet sie, dass sich die Staatsgewalten an Recht, Gesetz und Verfassung halten (Art. 20 Abs. 3 GG). Sie ist andererseits Teil des staatlichen Anstaltsbetriebes, der in Gerichten und in der Rechtspflege ihren institutionellen und funktionellen Ausdruck findet und in der nicht das Prinzip der demokratischen Mehrheit dominiert, sondern dasjenige der juristischen Logik, d. h. der Interpretation einer rechtlichen Norm und deren Anwendung auf einen Streitfall (siehe Infokasten 1.1). Akteure müssen in der Konsequenz „die Sprache der Gerichte verstehen und sprechen" (Lembcke & Rehder, 2022, S. 226). Unterstellt ist mithin ein institutionentheoretischer Begriff des Rechtsstaates bzw. der rechtsprechenden Gewalt. Dieser Begriff ist in dreifacher Hinsicht begrenzt: Er beschränkt sich organisatorisch auf die Gerichte und das Gerichtswesen (Kap. 5), funktionell auf die streitige Rechtsanwendung und personell auf das rechtsprechende Personal (Kap. 4).

Nach Konrad Hesse (1993, Rn. 552) ist die „Organisation der rechtsprechenden Gewalt durch eine strenge Sonderung von den übrigen Gewalten gekennzeichnet". Eine organisatorische Verknüpfung von Gerichten mit Organen anderer Gewalten ist schlicht „verfassungswidrig" (Hesse, 1993, Rn. 552). Dies wird nicht bestritten. Richter*innen und Gerichte müssen unabhängig sein, weil sie nur so verbindliche Entscheidungen treffen und öffentliche Herrschaft kontrollieren können. Doch behandeln wir im Weiteren die Judikative als Teil des demokratischen Rechtsstaates. Die dritte Gewalt ist in mehrfacher Hinsicht an den demokratischen Prozess gekoppelt und mit diesem verknüpft: Rechtsstaat bzw. Rechtsprechung ist, erstens, durch den Gesetz- und Verfassungsgeber ausgestaltet und geformt. Dies betrifft die finanzielle und personelle Ausstattung der Gerichte sowie gesetzliche Regelungen zur Gerichtsverfassung, zu Verfahrensordnungen oder zur rechtlichen Stellung der Richter*innen (Hesse, 1993, Rn. 552 ff.). Die rechtsprechende Gewalt ist mithin **Ergebnis demokratischer Politik** (Kap. 5 und 6). Zweitens bedürfen Richter*innen einer **demokratischen Legitimation.** Wie alle öffentlichen Amtsträger*innen müssen Richter*innen in einem Verfahren die Rechtfertigung erhalten, an öffentlicher Herrschaftsausübung teilnehmen zu dürfen (Kap. 3

und 4). Die rechtsprechende Gewalt trägt, drittens, dazu bei, dass demokratisch gesetztes Recht **Anwendung** findet, dass es faktisch gilt. Rechtsprechung ist – wie die Verwaltung, „freilich in geringerem Maße" – „gestaltendes Wirken, weil ihr die Aufgabe der Konkretisierung des Rechts gestellt ist" (Hesse, 1993, Rn. 550). Der Staat kann also mit und über die dritte Gewalt den Herrschaftsunterworfenen seinen demokratisch legitimierten (Mehrheits-)Willen auch gegen Widerstreben aufzwingen. Die rechtsprechende Gewalt erbringt, viertens, wichtige **Integrationsleistungen,** weil sie staatliche Herrschaftsausübung einhegt, regelbasiert rationalisiert und einer unabhängigen Kontrolle zugänglich macht. In rechtsstaatlichen Verfahren treten Akteure grundsätzlich als Rechtspersonen auf, sind mithin formal gleich. Darüber hinaus tragen Gerichte zur gesellschaftlichen Befriedung bei, indem sie private Konflikte oder Konflikte zwischen staatlichen Behörden und Privatpersonen verbindlich entscheiden und damit das staatliche **Gewaltmonopol** durchsetzen. Schließlich kann Rechtsprechung selbst politisch gestaltend wirken (Kap. 6).

Ich betrachte den **Rechtsstaat als empirischen Gegenstand.** Selbstredend spielen Frage- und Problemstellungen, die aus der Dogmatik (der Auslegung und Anwendung rechtlicher Normen), aus der Rechtsphilosophie, die sich mit dem Verhältnis von Recht und Gerechtigkeit beschäftigt, oder aus der Rechtsgeschichte stammen, immer wieder eine Rolle. Aber mit der Rechtssoziologie teile ich das Anliegen, die Wirklichkeit von Rechtsanwendung zu verstehen und darzustellen sowie die Voraussetzungen, Funktionsweisen und Wirkungen von Rechtsprechung zu erfassen. Susanne Baer (2023, S. 28) bezieht ihre hier übernommene Unterscheidung zwar auf Recht im Allgemeinen, sie lässt sich aber auf den demokratischen Rechtsstaat und die rechtsprechende Gewalt im Besonderen übertragen.

1.2   Gang und Ziele der Darstellung

Der Aufbau der Darstellung orientiert sich an einer grundlegenden politikwissenschaftlichen Unterscheidung. Studierende der Politikwissenschaft werden im Verlaufe ihres Studiums immer wieder mit einer aus den USA stammenden Begriffstrias traktiert, die differenziert zwischen Struktur, Inhalt und Prozess. Die Einführung orientiert sich an dieser Begrifflichkeit, ohne sich strikt daran halten zu können (Tab. 1.1). Sie gibt einen Überblick über Geschichte, Strukturen und verfassungsrechtliche Grundlagen der rechtsprechenden Gewalt (Polity), untersucht Akteure und Verfahren (Politics) und skizziert schließlich dessen Bedeutung für Demokratie und die Gestaltung von

Tab. 1.1 Polity, Policy, Politics und die rechtsprechende Gewalt in politikwissenschaftlicher Perspektive

Dimension	Erscheinungsformen	Merkmale des Rechtsstaats/der rechtsprechenden Gewalt (Kapitel)
Polity (Strukturen)	Verfassung, Normen, Institutionen	Geschichte (Kap. 2), verfassungsrechtliche Grundlagen (Kap. 3); Gerichtsorganisation, Gerichtsverfassung (Kap. 5)
Politics (Prozess/Akteure)	Interessen; Konflikt und Kampf	Rechtsprechendes Personal (Kap. 4)
Policy (Inhalt/Gestaltung)	Aufgaben; Probleme, Werte und Ziele	Rechtsprechende Gewalt als Gegenstand und als Ursprung politischer Gestaltung (Kap. 6)

Quelle: Eigene Darstellung

Gesellschaft in ausgewählten Bereichen (Policy) (vgl. auch Voigt, 2025).

Bei der *Polity-Dimension* geht es um die historisch geronnenen und politisch geschaffenen Strukturen, in denen die rechtsprechende Gewalt operiert. Diesem Aspekt widmen sich Kap. 2, 3 und 5. Im zweiten Kapitel werden Entstehung und Entwicklung des Rechtsstaates skizziert sowie die Perversionen rechtsstaatlicher Ideen im Dritten Reich und in der DDR nachgezeichnet. Das dritte Kapitel beschreibt die verfassungsrechtlichen Grundlagen des Rechtsstaates und der rechtsprechenden Gewalt, erläutert die Stellung des Rechtsstaates im Rahmen der europäischen Integration und gibt einen Überblick über ausgewählte politik- und sozialwissenschaftliche Ansätze. Im fünften Kapitel werden Aufbau und Funktionsprinzipien der rechtsprechenden Gewalt analysiert.

Beim *Politics-Aspekt* stehen die Akteure, die Recht sprechen, also die Richter*innen im Vordergrund (Kap. 4). Dargestellt werden in diesem Zusammenhang die unterschiedlichen Verfahren der Richterbestellung, die Zusammensetzung der Richterschaft, die Stellung der Laienrichter*innen sowie die juristische Ausbildung. Nicht berücksichtigt werden andere Akteure, die an der Rechtsprechung zwar teilnehmen, aber nach deutschem Rechtsverständnis nicht Teil der dritten Gewalt sind. Das betrifft insbesondere **Staatsanwälte,** die erheblichen Einfluss darauf haben, ob und welche Vergehen in einer öffentlichen Verhandlung vor Gericht verhandelt werden (Kap. 5). Staatsanwälte sind Teil der Exekutive, weisungsgebunden und unterliegen prinzipiell „der Aufsicht und Leitung" (§ 147 GVG) der Justizminister*innen von Bund und Ländern. Diese Abhängigkeit wird immer wieder kritisiert. Allerdings wird darauf verwiesen, dass Anweisungen praktisch nie vorkommen und Staatsanwälte ebenso wie Justizminister*innen stets an das Recht gebunden seien

(Birkenkötter &. Buchardt, 2025, S. 47–50). Sie werden daher nicht in die Darstellung einbezogen.

Unter dem *Policy-Aspekt* (Kap. 6) werden politische Funktionen und Inhalte der dritten Gewalt verstanden. Die rechtsprechende Gewalt kann zum einen Gegenstand politischer Gestaltung sein (Justizpolitik). Rechtsprechende Gewalt kann zum anderen selbst Teilbereiche der Gesellschaft gestalten. Die rechtsprechende Gewalt wirkt in diesen Fällen rechtsschöpfend und erfüllt politische Aufgaben, weil sie Gesellschaft oder zumindest ein Politikfeld inhaltlich prägt. Gerichte können sogar als „Ersatzgesetzgeber" fungieren und damit eine Justizialisierung der Politik befördern.

Die Einführung verfolgt **drei Ziele:** Erstens dient sie der Informationsvermittlung. Wer die deutsche Verfassungsdemokratie verstehen will, darf die Judikative nicht ignorieren. Er oder sie muss Strukturen, Personal, Funktionsweisen und Aufgaben der dritten Gewalt kennen. Verknüpft ist dieses deskriptive Ziel, zweitens, mit einem disziplinären Anliegen: Die Einführung strebt an, die politikwissenschaftliche Auseinandersetzung mit dem demokratischen Rechtsstaat und vor allem der rechtsprechenden Gewalt voranzutreiben. Die Einführung will schließlich falschen Erwartungen vorbeugen. Ralf Dahrendorf hat irgendwo einmal geschrieben, dass Demokratie nicht reich mache. Wer das erwarte, könne nur enttäuscht werden. Ähnliches gilt für den Rechtsstaat. Er kann weder alle zufrieden noch „Politik" überflüssig machen, Gerechtigkeit garantieren oder streitige demokratische Willensbildung durch richterliche Entscheidungen verdrängen (Münch, 1994).

Noch ein Wort zu zitierten Gerichtsentscheidungen, die nicht in das Literaturverzeichnis aufgenommen werden. Ich werde wie allgemein üblich lediglich im Text mit dem Aktenzeichen auf die jeweilige Entscheidung verweisen.

Die meisten der Entscheidungen finden sich auf den Websites der Gerichte oder in amtlichen Entscheidungssammlungen (z. B. die Entscheidungssammlung des Bundesverfassungsgerichtes = BVerfGE). In wörtlichen Zitaten habe ich Schreibfehler ggfs. stillschweigend korrigiert, bei älteren Quellen die Schreibweise jedoch beibehalten.

Ich habe mich um eine geschlechtergerechte Sprache bemüht, konnte das generische Maskulinum aber nicht immer vermeiden. In jedem Fall sind alle Personen mit gemeint – unabhängig von ihrer sexuellen Identität.

2

Rechtsstaat und rechtsprechende Gewalt: historische Entwicklung

Schlüsselwörter Rechtsstaatsgeschichte · Rechtsstaat und Weimarer Republik · NS-Justiz · „Sozialistische Rechtspflege" · Rechtsstaat und Demokratie

In diesem Kapitel wird untersucht, wie sich Rechtsstaat und rechtsprechende Gewalt in Deutschland im 19. Jahrhundert (Abschn. 2.1) und in der Weimarer Republik herausgebildet und entwickelt haben (Abschn. 2.2) sowie welche „Entartungen" im Dritten Reich (Abschn. 2.3) und in der DDR existierten (Abschn. 2.4). Auf dieser Grundlage lässt sich das Verhältnis von Rechtsstaat und Demokratie diskutieren (Abschn. 2.5).

Die Geschichte des Rechtsstaats und der rechtsprechenden Gewalt beginnt in Deutschland am 6. August 1806, als Franz II. die Kaiserkrone niederlegte und das Heilige Römische Reich Deutscher Nation (Altes Reich) sein

© Der/die Autor(en), exklusiv lizenziert an Springer Fachmedien Wiesbaden GmbH, ein Teil von Springer Nature 2026
W. Reutter, *Der Rechtsstaat in Deutschland*, Elemente der Politik, https://doi.org/10.1007/978-3-658-50451-9_2

Tab. 2.1 Gerichtsbarkeit, rechtsprechende Gewalt und Rechtsstaat in der deutschen Geschichte (Perioden, 1806 bis 1989)

	1806 bis 1918[a]	1919 bis 1933 (Weimarer Republik)	1933 bis 1945 (Drittes Reich)	1949 bis 1989 (DDR)
Staats-/Regierungsform	Konstitutionelle Monarchie(n)	Republik/ Demokratie	Totalitärer Staat	Diktatur
Rechtsstaatsverständnis	Formeller Rechtsstaat	Formeller Rechtsstaat	„Rechtsstaat Adolf Hitlers"	„sozialistische Rechtspflege"
Kontrolle öffentliche Herrschaft	Gesetzesbindung (Primat des Rechts)	Gesetzesbindung (Primat des Rechts)	Keine (Primat der Politik)	Keine (Primat der Politik)

[a] Schließt ein: Mitgliedsstaaten des Rheinbundes und des Deutschen Bundes (1806 bis 1866), sowie des Norddeutschen Bundes (1866 bis 1871) sowie das Deutsche Kaiserreich (1871 bis 1918). Quelle: Eigene Darstellung

Ende fand. Die danach einsetzende Entwicklung lässt sich in **vier Perioden** untergliedern (Tab. 2.1):

- Das „lange" 19. Jahrhundert dauerte von 1806 bis 1918: Es zeichnet sich dadurch aus, dass sich ein formeller Rechtsstaat herauszubilden beginnt, der eingebettet ist in die konstitutionellen Monarchien der Mitgliedsstaaten des Rheinbundes, des Norddeutschen Bundes sowie des Deutschen Reiches bis zur Novemberrevolution 1918.
- In der Weimarer Republik (1919 bis 1933) wurde der Rechtsstaat formell verstanden, es galt zudem das Primat des Rechts. Staatsform war Republik, die Regierungsform demokratisch.
- Das Dritte Reich (1933 bis 1945) war totalitärer Unrechts- oder Willkürstaat. Es galt das Primat der Politik,

rechtsstaatliche Gewährleistungen oder unabhängige Gerichtsbarkeit existierten nicht.

- Ob die DDR (1949 bis 1989) „Unrechtsstaat" war, ist umstritten (Birkenkötter & Burchardt, 2025, S. 72–103). Doch galt in der DDR das Primat der Politik. Die Unabhängigkeit der Richter*innen und liberale rechtsstaatliche Gewährleistungen waren nicht garantiert.

Die NS-Justiz und die „sozialistische Rechtspflege" der DDR als Teil der deutschen Geschichte des Rechtsstaats zu behandeln, ist erklärungsbedürftig. Die Rechtspflege diente in beiden Systemen politischen Zwecken. Gleichwohl sind beide „Entartungen" integraler Bestandteil der Geschichte des Rechtsstaats in Deutschland. Zum einen bestehen personelle und strukturelle Kontinuitäten zwischen Weimarer Republik, Drittem Reich und der Bundesrepublik Deutschland. Zum anderen zeigen die beiden Beispiele, dass in einer Diktatur bzw. in einem totalitären Regime Gerichte bestehen und Recht gesprochen werden kann – ohne dass damit den Anforderungen eines liberalen Rechtsstaats entsprochen worden wäre. Folgerichtig haben sie in allen einschlägigen Darstellungen Berücksichtigung gefunden (Stolleis, 2014, S. 112–130 und S. 187–192; Oestmann, 2021, S. 260–282; Wittreck, 2006, S. 53–69; Birkenkötter & Burchardt, 2025, S. 72–103).

2.1 Rechtsstaat und rechtsprechende Gewalt im langen 19. Jahrhundert (1806 bis 1918)

Für den britischen Historiker **Eric J. Hobsbawm** (2022) umfasste das als historische Epoche verstandene 19. Jahrhundert den Zeitraum vom Beginn der Französischen Revolution 1789 bis zum Ausbruch des Ersten Weltkriegs

1914. Es dauerte über 100 Jahre – deswegen das lange 19. Jahrhundert – und zeichnete sich durch strukturelle Umwälzungen aus (Aufklärung, industrielle Revolution, Entstehung des Kapitalismus und Nationalismus sowie Aufstieg der Arbeiterbewegung). Das **lange 19. Jahrhundert** der rechtsstaatlichen Entwicklung in Deutschland weist ähnliche Merkmale auf: Es umfasste ebenfalls mehr als 100 Jahre – um genau zu sein: es waren 112 – und sah strukturelle Änderungen beim Rechtsstaatsverständnis und der rechtsprechenden Gewalt (Gesetzesbindung der Verwaltung, unabhängige Richter*innen, Herausbildung der ordentlichen und der Verwaltungsgerichtsbarkeit, Entwicklung des Verfahrensrechts). Es beginnt, wie erwähnt, 1806 und endet mit der Novemberrevolution 1918 (Birkenkötter & Burchardt, 2025, S. 10–15).

Im 19. Jahrhundert wurde dem Rechtsstaat der „Weg in die Gegenwart" geebnet: „Alle heute noch maßgeblichen Leitfragen hat man damals so entschieden, wie es den heutigen Vorstellungen immer noch entspricht" (Oestmann, 2021, S. 226; vgl. auch Wittreck, 2006, S. 45). In dieser Periode entstand der **sachlich und persönlich unabhängige Richter,** etablierte sich die Rechtsprechung als **eigenständige Staatsfunktion** und erfuhr die dritte Gewalt durch die 1879 in Kraft getretenen Reichsjustizgesetze eine inzwischen zwar mehrfach geänderte, aber immer noch gültige **verfahrensrechtliche Ausgestaltung** (im Übrigen wurden mit dem Gerichtsverfassungsgesetz auch wesentliche Inhalte und der Aufbau des rechtswissenschaftlichen Studiums festgelegt; s. Kap. 4). Insbesondere **Robert von Mohl** (1799–1875) gebührt das Verdienst, den Begriff des Rechtsstaates in die staatsrechtliche Debatte eingeführt zu haben (Stolleis, 2014, S. 63 f.; Birkenkötter & Burchardt, 2025, S. 8 f.).

Nach Ernst-Wolfgang Böckenförde (1991a) dominierte in der frühliberalen Ära des Vormärz ein **materielles**

Rechtsstaatsverständnis. Der Rechtsstaat wurde als „Staat der Vernunft'" oder als „Verstandesstaat'" gedacht, in dem Bürger die Gesetze verabschiedeten, die für das Zusammenleben aller für notwendig betrachtet wurden (Böckenförde, 1991a, S. 145). Für **Kant** konnte eine bürgerliche Verfassung nur ein Vertrag sein zwischen „Menschen" (gemeint waren ausschließlich männliche und ausreichend vermögende Bürger), die frei, gleich und selbstständig waren. Mit Freiheit meinte Kant, dass jeder Mensch „seine Glückseligkeit auf dem Wege suchen (darf), welcher ihm selbst gut dünkt, wenn er nur der Freiheit anderer, einem ähnlichen Zwecke nachzustreben (…), nicht Abbruch tut" (Kant, 1793/1993, S. 145). Die dreizehn Staaten der damals „Neuen Welt" hatten bereits 17 Jahre vor Kant – in ihrer Unabhängigkeitserklärung mit anderer Begründung als Kant – konstatiert, dass „alle Menschen" von „ihrem Schöpfer mit gewissen unveräußerlichen Rechten" ausgestattet worden seien, „worunter sind Leben, Freyheit und das Bestreben nach Glückseligkeit" (im Original heißt die Passage: „that among these are Life, Liberty and the pursuit of Happiness"). Das war ebenso prägnant wie wirkmächtig formuliert. Mit dem Gleichheitspostulat räumte Kant allen Bürgern dieselben Rechte ein, und mit der Forderung nach Selbstständigkeit verwies er darauf, dass Bürger (!) die Gesetze, denen sie unterworfen sind, sich selbst gegeben haben sollten (ggfs. über Repräsentanten). Um in diesem Sinne selbstständig zu sein, muss ein Staatsbürger, „außer der natürlichen (daß er kein Kind, kein Weib sei), die einzige: daß er sein eigener Herr (sui iuris) sei, mithin irgendein Eigentum habe (wozu auch jede Kunst, Handwerk, oder schöne Kunst, oder Wissenschaft gezählt werden kann), welches ihn ernährt (…)" (Kant, 1793/1993, S. 151; vgl. auch Birkenkötter & Burchardt, 2025, S. 6–8).

Infokasten 2.1 Paulskirchenverfassung

Die Verfassung des Deutschen Reiches – oder kurz die Paulskirchenverfassung – wurde am 27. März 1849 von der Frankfurter Nationalversammlung beschlossen. Sie nahm die Forderungen der Märzrevolution von 1848 auf und strebte die Gründung eines deutschen Nationalstaates ohne den Einschluss Österreichs an (kleindeutsche Lösung). Die Paulskirchenverfassung war somit die erste gesamtdeutsche Reichsverfassung. Sie sah eine konstitutionelle Monarchie auf demokratischer Grundlage vor. Es sollte freie und gleiche Wahlen (für Männer) geben, Grundrechte waren garantiert, rechtsstaatliche Gewaltenteilung war gewährleistet. Allerdings trat die Verfassung nie in Kraft, weil sie von den Fürsten und vom preußischen König abgelehnt wurde. Gleichwohl entfaltete sie beträchtlichen Einfluss in späteren Verfassungsberatungen (u. a. im Parlamentarischen Rat).

Im Zentrum dieses Rechtsstaatsverständnisses stand der Gesetzesbegriff. Die rechtliche Normierung von Grundrechten zur Sicherung der bürgerlichen Freiheiten, die politische Teilhabe des vermögenden Bürgertums sowie eine unabhängige Justiz (einschl. Geschworenengerichte) waren politische Forderungen, die sich daraus ergaben. Materialisiert haben sich diese Forderungen in entsprechenden Grundrechtskatalogen etwa in den Landesverfassungen von Baden (1818) oder Bayern (1818). Zudem galt eine strikte Gesetzesbindung der Verwaltung und der Justiz, ohne dass Gewaltenteilung mitgedacht wurde. Die Trennung der Rechtsprechung von der Verwaltung und die für einen Rechtsstaat wesentliche Kompetenz, öffentliche Herrschaft durch unabhängige Gerichte kontrollieren zu können, setzte sich nur langsam durch. Die Entwicklung der Richter „vom weisungsgebundenen Beamten des Landesherrn zum weisungsfreien Entscheider" verläuft in dieser Periode in „Schüben" und lässt sich als „hartnäckiges Rückzugsgefecht der monarchischen Exekutive beschreiben" (Wittreck, 2006, S. 45). Katalytisch wirkte die nie in Kraft getretene **Paulskirchenverfassung** (Infokasten 2.1) von 1848, die einen umfassenden Grundrechtskatalog (§§ 130 ff.) enthielt, die Gewaltenteilung als verfassungsrechtliches Strukturprinzip (§ 181) einführen wollte und das Justizsystem mit überraschend modernen Prinzipien ausgestaltet hatte (§§ 174 ff.).

Einflussreich waren zudem die nach der **Französischen Revolution** von 1789 entwickelten Vorstellungen, die in den linksrheinisch von Frankreich besetzten Gebieten unmittelbar galten und sich in den anderen Ländern Deutschlands sukzessive durchsetzten (Oestmann, 2021, S. 226–234). Dazu gehörte ein dreistufiger Gerichtsaufbau, wie er in Art. XII der Bundesakte von 1815 für die Mitglieder des Deutschen Bundes grundsätzlich vorgesehen war. Außerdem wurden die Prozessmaximen der **Mündlichkeit** und der **Öffentlichkeit** etabliert (Oestmann, 2021, S. 225). Mit dem Prinzip der Mündlichkeit wurde der Rechtsprechung nach Aktenvorlage, ohne die die damals praktizierte Verwaltungs- oder Kabinettsjustiz unmöglich war, der Boden entzogen. Seitdem ist grundsätzlich nach mündlicher Verhandlung zu entscheiden. Unterfüttert wurde das Prinzip der Mündlichkeit dadurch, dass Laienrichter bzw. Schöffen vor allem in der Strafgerichtsbarkeit mitwirkten. Laienrichter verfügten über keine Aktenkenntnis und konnten ihr Urteil nur auf die im Prozess vorgetragenen Beweise und Argumente stützen (Oestmann, 2021, S. 225). Die zweite wichtige Prozessmaxime, das Öffentlichkeitsprinzip, wurde ebenfalls im 19. Jahrhundert durchgesetzt. Der „Souverän" kann seitdem – grundsätzlich – an allen Gerichtsverhandlungen teilnehmen (Ausnahmen gelten inzwischen für die Jugendgerichtsbarkeit, für Teile der Familiengerichtsbarkeit und auf Antrag im Sexualstrafrecht).

Nach dem Scheitern der Paulskirchenverfassung erfolgte eine substanzielle Entleerung des Rechtsstaatsbegriffs. Der Rechtsstaat ist dann nur noch „unpolitisches' Formelement" (Böckenförde, 1991a, S. 151) und erschöpft sich in der Gesetzesbindung der Verwaltung. Zugleich setzte mit der Errichtung des ersten Verwaltungsgerichtes 1863 in Baden – Preußen folgte 1872 mit einem Oberverwaltungsgericht, Hessen 1875, Württemberg 1876 und Bayern 1879 mit eigenen Verwaltungsgerichten – eine fachliche Differenzierung ein, die in der Weimarer Republik und in der Bundesrepublik ihre Fortsetzung fand. Damit waren die institutionellen Voraussetzungen geschaffen, um staatliche Verwaltung durch unabhängige Gerichte zu kontrollieren.

Der Rechtsstaat im **Deutschen Kaiserreich** war **Gesetzesstaat.** Die Verfassung des Deutschen Reiches von 1871 schwieg sich zur dritten Gewalt fast vollständig aus und räumte dem Reich in Art. 4 Nr. 13 lediglich das Privileg ein, das „gerichtliche Verfahren" durch „gemeinsame Gesetzgebung" einheitlich zu regeln. Ansonsten blieb die Gerichtsbarkeit im Hoheitsbereich der 50 dem Reich angehörenden Bundesstaaten – allerdings mit zwei wichtigen Ausnahmen. Zum einen wurde 1879 das Reichsgericht in Leipzig geschaffen, das zuerst oberste Instanz der ordentlichen Gerichtsbarkeit war, im Verlaufe der Weimarer Republik als Reichsarbeitsgericht und als Staatsgerichtshof jedoch weitere Zuständigkeiten erhielt. Zum anderen wurden 1877 Reichsjustizgesetze verabschiedet (Gerichtsverfassungsgesetz, Zivil- und Strafprozessordnung sowie Konkursordnung). Komplettiert wurden diese Entwicklungen durch die Kodifikation zentraler Rechtsbereiche: Am 1. Januar 1900 trat das Bürgerliche Gesetzbuch in Kraft, und mit dem Strafgesetzbuch für das Deutsche Reich war ab 1. Januar 1872 das Strafrecht so ausgestaltet, wie es in Grundzügen noch heute gilt.

2.2   Rechtsstaat und rechtsprechende Gewalt in der Weimarer Republik

Die **Novemberrevolution 1918** (Infokasten 2.2) schuf eine Republik als **Staatsform** und eine auf allgemeinem und gleichem Wahlrecht (zum ersten Mal auch der Frauen) beruhende **Demokratie als Regierungsform.** Die dritte Gewalt blieb von den revolutionären Umwälzungen jedoch verschont. In „prinzipieller Hinsicht", so Oestmann (2021, S. 258), war in der „Zeit vom Ersten Weltkrieg bis zum Nationalsozialismus in der Gerichtsbarkeit nur wenig bemerkenswert". Prozessrecht und Gerichtsverfassung waren kodifiziert, und die Gerichte hatten mit gut ausgebildeten Richtern – immer noch fast ausschließlich Männer – ihre Aufgaben erfüllt (Oestmann, 2021, S. 258). Auch das Straf- und Zivilrecht blieb weitgehend unverändert. Dazu passt, dass das Rechtsstaatsprinzip in der Weimarer Reichsverfassung keine Erwähnung fand und es sogar im Standardkommentar ohne Eintrag blieb (Reimer, 2023, S. 7 f.). In der Verfassung findet sich lediglich eine Reihe von Einzelbestimmungen zur rechtsprechenden Gewalt (Art. 102 ff. WRV); außerdem wurde die Verwaltungsgerichtsbarkeit (Art. 107 WRV) verfassungsrechtlich sanktioniert. Art. 103 WRV regelte zudem, dass die ordentliche Gerichtsbarkeit – abgesehen vom Reichsgericht – wie bisher vor allem durch die Gerichte der Länder auszuüben war (Wittreck, 2006, S. 56).

> **Infokasten 2.2 Novemberrevolution (5.11.1918 bis Februar 1919)**
>
> Die Novemberrevolution 1918/19 beendete das Kaiserreich und war Voraussetzung für die erste Demokratie auf deutschem Boden. Ihre Ursachen waren vielfältig. Nach vier Jahren Krieg war das Deutsche Reich militärisch (Niederlagen im Feld), politisch (Kriegsmüdigkeit und fehlende demokratische Mitbestimmung), ökonomisch bzw. sozial (Kriegswirtschaft, Hunger, Armut und Krankheiten) erschöpft. Die von Prinz Max von Baden im Oktober 1918 eingeleitete Parlamentarisierung war unzureichend. Und der Aufstand der Matrosen von Wilhelmshafen und Kiel (29.10.-4.11.1918) leitete die Novemberrevolution ein. Die Matrosen haben sich geweigert, dem Befehl, noch einmal auszulaufen, Folge zu leisten. Der Widerstand gegen die Heeresleitung breitete sich rasch aus und provozierte Demonstrationen in anderen Städten. Der amtierende Reichskanzler Prinz Max von Baden verkündete schließlich am 9. November 1918, dass Wilhelm II. abgedankt hätte, und übergab die Regierungsgeschäfte an Friedrich Ebert (SPD). Ausgerufen wurde das Ende des Kaiserreichs und die neue Republik am 9. November 1918 gleich zweimal: einmal vom Balkon des Reichstages durch Phillipp Scheidemann, den stellvertretenden Vorsitzenden der SPD, sowie ein zweites Mal von Karl Liebknecht im Berliner Lustgarten und im Berliner Stadtschloss. Damit ging eine Epoche zu Ende, ohne dass klar war, welchen Weg das Deutsche Reich einschlagen würde. Während die einen eine parlamentarische Demokratie anstrebten, wollten die anderen eine sozialistische Republik.

Nach herrschender Lehre waren Verwaltung und Justiz an positiv gesetztes Recht gebunden, wobei unklar war, ob und inwieweit verfassungsdurchbrechende Gesetze Geltung beanspruchen durften. Der Rechtsstaat wurde formell verstanden, „er bedeutet überhaupt nicht Ziel und Inhalt des Staates, sondern nur Art und Charakter, dieselben zu verwirklichen", so die klassische Definition von Friedrich Julius Stahl (zit. nach Reimer, 2023, S. 3; Böckenförde,

1991a, S. 150 f.). Eine „objektive Wertordnung", wie sie später vom Bundesverfassungsgericht entwickelt wurde, oder ein materiell angereicherter Rechtsstaatsbegriff (etwa durch soziale Gerechtigkeitsvorstellungen) ließen sich nicht durchsetzen. Schließlich betrachteten nicht wenige die Grundrechte in der Weimarer Reichsverfassung als bloße „Programmsätze" oder unverbindliche „Absichtserklärungen"; für andere waren sie „geltendes, anwendbares und vollziehbares Recht" (Dreier, 2019, S. 23). Doch ist festzuhalten, dass zwischen Kaiserreich und Weimarer Republik beim Rechtsstaatsverständnis, beim rechtsprechenden Personal und beim Gerichtsaufbau ein hohes Maß an **Kontinuität** bestand. In „Justiz und Justizverwaltung" erfolgte nach 1918 „weder ein Personen- noch ein Institutionenwechsel" (Wittreck, 2006, S. 53). Anzahl der Gerichte und Struktur der ordentlichen Gerichtsbarkeit blieben so gut wie unverändert. Es blieb beim dreistufigen Aufbau. Zudem war die Anzahl der Einwohner*innen pro Richter*in bzw. pro Gericht 1921 in der ordentlichen Gerichtsbarkeit mit 6142 bzw. 30.945 auf einem ähnlichen Niveau wie zum Ende des Kaiserreichs, auch wenn Richter- und Gerichtsdichte sich im Zeitablauf verschlechterten (Tab. 2.2). Zudem galten die 1877 verabschiedeten Prozessordnungen mit den dort vorgesehenen Verfahrensgrundsätzen auch für die Weimarer Justiz. Kurzum: Die Revolution hatte vor den Toren der Justitia Halt gemacht.

Dies hatte Folgen. Denn die Richter*innen erwiesen sich als **Hypothek** für die Weimarer Demokratie. Die Sozialisation der Richter*innen im Kaiserreich, die in der Weimarer Republik einen „spürbare[n] soziale[n] Abstieg" hinnehmen mussten, ließ die große Mehrzahl „eine bewußt akzentuierte Distanz (…) zum demokratisch-republikanischen Staat" einnehmen, „oft genug gepaart mit bodenlosem Mißtrauen gegenüber seinen (anderen) Repräsentanten, vereinzelt gesteigert bis zum offenen Haß

Tab. 2.2 Ordentliche Gerichtsbarkeit im Deutschen Reich (1880 bis 1936)

	1880	1917	1921	1933	1936[b]
Anzahl der Gerichte gesamt[a]	2111	2159	1966	1829	1843
• Amtsgerichte	1910	1954	1778	1646	1661
• Landgerichte	171	176	159	155	154
• Oberlandesgerichte	28	27	27	26	26
Richter*innen	7026	10588	9906	9943	10133
Einwohner*innen (in Mio.)	42,7	64,9	60,8	65,0	66,0
Einwohner*innen pro Gericht	20.240	30.072	30.945	35.564	35.827
Einwohner*innen pro Richter	6081	6132	6142	6542	6516

[a] Einschl. Reichsgericht und Bayerisches Oberstes Landesgericht in München; deswegen ist die Spaltensumme von den Angaben unter „Gerichte gesamt" um jeweils zwei kleiner; zu beachten ist zudem, dass mehrfach territoriale Änderungen erfolgten.
[b] Hinzu kommen 457 Arbeits-, 1604 Anerben-, 206 Erbgesundheitsgerichte sowie 345 Entschuldungsämter, ohne die Richter beim Reichsgericht (100), beim Volksgerichtshof (9) und beim Landeserbhofgericht (21).
Quellen: Statistisches Reichsamt (1881, S. 146, 1921/1922, S. 331, 1933, S. 530, 1936, S. 554); Pfafferoth (1880, S. 498); tw. eigene Berechnungen.

auf das ‚System'" (Wittreck, 2006, S. 55 f.). Bereits 1907 hatte **Karl Liebknecht** (1871–1919) in einem Vortrag den Begriff der „Klassenjustiz" in die Debatte eingeführt. „Die Klassenjustiz", so Liebknecht, „macht für das mißliebige Proletariat nicht nur durch Interpretation besondere Gesetze, sie zeigt sich nicht nur in der außerordentlichen Schärfe den Arbeitern gegenüber, sondern auch in der großen Milde und dem wohlwollenden Verständnis für die Angehörigen der herrschenden Klasse, wenn sie einmal Objekte der Justiz werden" (Liebknecht, 1907, S. 28). Liebknecht unterstellte keineswegs, dass Richter*innen bewusst zur Klassenjustiz tendieren würden. Vielmehr würden Richter*innen Recht sprechen über Angehörige einer

Klasse, die ihnen fremd war und die sie als Bedrohung wahrnahmen. Ernst Fraenkel, der ebenfalls Rechtswissenschaft studiert hatte und Anwalt war, schloss am Ende der Weimarer Republik an diese marxistisch geprägte Justizkritik an. Wie Liebknecht unterstellte **Fraenkel** in seiner 1927 erschienen Untersuchung nicht, dass Richter*innen bewusst Recht beugen würden. Vielmehr würden Selektion, Ausbildung, ideologische Prägungen und aktuelle Ereignisse die Prozessführung, die Beweiswürdigung und die Entscheidungsfindung der Richter*innen einseitig zulasten der Arbeiter*innen beeinflussen (Fraenkel, 1927/1999).

Ein solcher Bias zugunsten der „herrschenden Klasse" und zulasten der Weimarer Demokratie schlug sich vor allem in der **politischen Strafjustiz** nieder wie z. B. bei der strafrechtlichen Bewältigung des **Hitler-Ludendorff-Putsches.** Am 8./9. November 1923 hatte Hitler – zusammen mit dem ehemaligen Generalfeldmarschall Erich Ludendorff – versucht, die ihm verhasste Republik zu beseitigen und die Staatsgewalt mit einem Putsch an sich zu reißen. Das war Hochverrat, der nach § 81 Abs. 1 StGB mit lebenslänglichem Zuchthaus oder lebenslänglicher Festungshaft zu bestrafen war; bei „mildernden Umständen" war Festungshaft nicht unter fünf Jahren möglich (§ 81 Abs. 2 StGB). Hitler wurde zur Mindeststrafe (fünf Jahre Festungshaft) verurteilt, aber bereits nach neun Monaten – wegen guter Führung – aus der Haft entlassen. Eine nach § 9 des Republikschutzgesetzes mögliche Ausweisung Hitlers aus dem Deutschen Reich unterblieb. Ludendorff, der zweite Hochverräter, wurde freigesprochen (Ziegler, 2024). Die Milde bei der strafrechtlichen Bewältigung des Hitler-Ludendorff-Putsches von 1923 – und schon des Kapp-Putsches von 1920 – stand „in denkbar scharfem Gegensatz zu der rigorosen Bestrafung der Aufständischen in der Münchner Räterepublik und korrespondierte überdies mit der Nichtverfolgung der politischen Morde an linken Politikern" (Jasper, 1982, S. 173). Darauf hatte auch schon **Emil Julius Gumbel** aufmerksam gemacht.

Gumbel war Mathematiker an der Universität Heidelberg, die ihm bereits 1932 (!) die Lehrberechtigung entzog; er musste 1933 nach Frankreich und 1940 in die USA fliehen. Gumbel hat in einer vielbeachteten Studie herausgearbeitet, dass bis 1922 „von rechts" insgesamt 345 Morde begangen worden waren, von denen 326 ungesühnt geblieben waren. Die verurteilten 24 Straftäter wurden zu etwas mehr als 90 Jahren Haft sowie zu 730 Mark Strafe verurteilt, einer erhielt eine lebenslängliche Freiheitsstrafe. Ganz anders bei Straftaten, bei denen Gumbel die Straftäter dem linken Spektrum zuordnete. Hier zählte Gumbel 22 Morde, von denen 4 ungesühnt blieben. Von den insgesamt 38 Straftätern wurden 10 erschossen, der Rest erhielt zusammen 248 Jahre Haft, drei wurden zu lebenslänglich verurteilt (Gumbel, 1924, S. 78–82). Jasper (1982, S. 170) spricht daher „im Bereich des politischen Strafrechts von einer eindeutigen Tendenz, ‚Milde gegen rechts, rigide Härte gegen links'".

Allerdings erfuhren Rechtsstaat und rechtsprechende Gewalt in der Weimarer Republik **drei Veränderungen:** Die **erste** erfolgte 1924 mit der „Emmingerschen Justizreform", mit der die Spruchkörper bei Oberlandesgerichten und am Reichsgericht verkleinert, die Geschworenengerichte abgeschafft sowie die Revisionsmöglichkeiten eingeschränkt wurden (Oestmann, 2021, S. 259).

Die **zweite** Neuerung des Justizsystems in der Weimarer Republik bestand in der weiteren Differenzierung des Gerichtssystems durch die Schaffung von Arbeits- und Jugendgerichten, die 1926 bzw. 1923 eingeführt wurden (Oestmann, 2021, S. 259 f.). Insbesondere mit der Arbeitsgerichtsbarkeit und deren Anbindung an die ordentliche Gerichtsbarkeit ab der zweiten Instanz wurde die – vergebliche – Hoffnung verknüpft, dass Richter*innen „den organisierten Arbeiter" kennenlernen würden, den Interessenkampf zwischen Kapital und Arbeit in der Argumentation seiner Beisitzer direkt erleben könnten und dadurch eine „Umwandlung des Geistes der ordentlichen Gerichte"' möglich würde (so G. Radbruch zit. n. Jasper, 1982, S. 204 f.).

Drittens wurden zum ersten Mal Frauen in den Justizdienst übernommen. Baden gestattete 1900 als erstes Land Frauen das Studium der Rechtswissenschaft, Mecklenburg-Schwerin folgte 1909/10 als letzter „Bundesstaat" dem süddeutschen Beispiel (Röwekamp, 2011, S. 25). Die Anzahl der Studentinnen stieg von 65 (= 0,6 % aller Studierenden der Rechtswissenschaft, Stand WS 1913) über 454 (= 2,7 %, WS 1919/20) und 662 (3,1 %, WS 1922/23) auf 1137 (= 6,2 %, WS 1931/32) (Statistisches Reichsamt, 1914, S. 216, 1920, S. 152, 1923, S. 318, 1933, S. 522). Zu dieser Steigerung beigetragen haben mag, dass ab 1922 Frauen zum zweiten Staatsexamen zugelassen worden waren und damit die Befähigung zum Richteramt erwerben konnten. Nach Marion Röwekamp (2011, S. 454) war Maria Hagemeyer die erste Richterin in Deutschland, die im Mai 1927 an ein Gericht berufen wurde. Doch blieben die „Vorbehalte gegenüber Frauen in der Rechtspflege" (Röwekamp, 2011, S. 637) verbreitet und deren Einfluss blieb marginal; 1934 zählte man in Preußen gerade einmal 85 Richterinnen (Röwekamp, 2011, S. 674 f.).

Insgesamt ändern die erwähnten Reformen nichts an dem Befund: Die Novemberrevolution produzierte einen politischen Systemwechsel, ohne eine „Republikanisierung der Justiz" einzuleiten (Jasper, 1982, S. 205). Das demokratische Potenzial des Rechtsstaates blieb unerschlossen. Während Gerichtsorganisation und Rechtsstaatsverständnis der liberalen Tradition des 19. Jahrhunderts verhaftet blieben, wurde die meist konservative und republikfeindliche Richterschaft zur Belastung für Demokratie und Rechtsstaat in der Weimarer Republik.

2.3   Richter und Gerichtsbarkeit im Dritten Reich

Glaubt man Adolf Hitler, stand er am 30. Juni 1934 kurz vor dem Verlust seiner Macht. An diesem Tag ließ er den **Röhm-Putsch** niederschlagen und bis zum 2. Juli 1934 rund 140 Personen ermorden (manche Quellen sprechen von 85, andere von 200 Getöteten). Gerechtfertigt hat Hitler seine „Maßnahme" im Reichstag am 13. Juli 1934 in einer im Rundfunk übertragenen Rede. Er, Hitler, habe den Befehl gegeben, die „Hauptschuldigen" des Putschversuches erschießen zu lassen und „nicht die ordentlichen Gerichte zur Aburteilung" heranzuziehen. Denn er sei „in dieser Stunde" verantwortlich gewesen „für das Schicksal der deutschen Nation und damit des deutschen Volkes oberster Gerichtsherr" (Reichstag, 3. Sitzung, Protokoll vom 13. Juli 1934, S. 30). Allein: Den Röhm-Putsch hat es nie gegeben. Es gab keine Aufstandspläne der SA und keinen von Ernst Röhm, dem damaligen Führer der SA, organisierten Umsturzversuch. Der Röhm-Putsch war *fake news*. Hitler erfand die Lüge eines unmittelbar bevorstehenden Putsches, um die SA als eigenständiges Machtzentrum auszuschalten sowie politische Gegner und ihm missliebige Personen ermorden zu lassen. Hitler wollte mit der von ihm als „Maßnahme" titulierten Mordaktion seine – zu diesem Zeitpunkt tatsächlich noch nicht endgültig gefestigte – Machtposition stabilisieren (Frei, 1993, S. 9–37).

Man sollte meinen, dass sich ein solches Staatsverbrechen aus keiner rechtsstaatlichen Perspektive verteidigen lässt. **Carl Schmitt,** einer der berüchtigten „Kronjuristen des Dritten Reiches", hat es dennoch versucht. Denn am 1. August 1934, wenige Tage nach Hitlers Rede im Reichstag, erschien in der Deutschen Juristenzeitung eine vehemente Rechtfertigung der von Hitler angeordneten Hinrichtungen. In dieser berüchtigten Schrift hat Schmitt dargelegt, warum der „Führer" das Recht „vor dem schlimmsten Mißbrauch" geschützt habe, indem dieser im Augenblick „der Gefahr kraft seines Führertums als oberster Gerichtsherr unmittelbar Recht" geschaffen habe (Schmitt, 1934, S. 946). Aus dem Führertum fließe unmittelbar das Richtertum. „In Wahrheit", so Schmitt (1934, S. 947), sei die Tat des Führers echte Gerichtsbarkeit gewesen, die nicht der Justiz unterstehen könne, sondern selbst höchste Justiz gewesen sei. Das Primat der Politik wird in dieser Perspektive radikal zu Ende gedacht. Nach Schmitt muss der Führer stets in der Lage sein, politische Vorstellungen umsetzen zu können. Einen Rechtsstaat als „Gegenführer" (Schmitt, 1934, S. 947) – oder Gewaltenteilung – kann es in dieser Vorstellung nicht geben. Ausdrücklich lehnt Schmitt die rationalisierende Berechenbarkeit von Gerichtsprozessen ab, sobald es sich um politische Fragen handelt. Jede Bindungswirkung von Recht ist beseitigt (Oestmann, 2021, S. 260–263; vgl. zu Schmitt auch: Rüthers, 1989, S. 53–58).

Dieses Beispiel verdeutlicht den **totalitären Charakter** der nationalsozialistischen Willkürherrschaft. Zwar wurde die Weimarer Reichsverfassung formell nie aufgehoben, allerdings war die Verfassung durch die „Verordnung des Reichspräsidenten zum Schutz von Volk und Staat" vom 28. Februar 1933 (Reichstagsbrandverordnung) sowie durch das „Gesetz zur Behebung der Not von Volk und Reich" (Ermächtigungsgesetz) vom 24. März 1933 außer Kraft gesetzt. Mit dem Ermächtigungsgesetz wurden Demokratie und Rechtsstaat abgeschafft: „Unser Rechtswesen", so Hitler in seiner Regierungserklärung am 23. März 1933, „muß in erster Linie der Erhaltung dieser Volksgemeinschaft dienen. (…) Der Boden der Existenz der Justiz kann kein anderer sein als der Boden der Existenz der

Nation." (Reichstag, 2. Sitzung, Protokoll vom 23. März 1933, S. 28) Die in den Jahren danach anschließende absurde Debatte um die Rolle des „Rechtsstaates" im Nationalsozialismus konnte nur als „Groteske" enden (Stolleis, 2014, S. 120). Sie spitzte sich auf die Frage zu, ob der Rechtsstaat mit dem Adjektiv „nationalsozialistisch" zu beschreiben sei oder doch treffender mit der Formel des Reichsjuristenführers Hans Frank, „Der deutsche Rechtsstaat Adolf Hitlers" bezeichnet werden sollte (zit. nach Schmitt, 1935, S. 199).

Im Dritten Reich traten „[u]nkontrollierte Gewalt, schrankenlose Willkür und die systematische Zerstörung der Würde des Menschen mit allen zivilisatorischen Werten" an die Stelle der Rechtsstaatlichkeit (Schlosser, 2023, S. 338). Besonders dramatisch war das Ende des Rechtsstaats für Juden und Angehörige anderer Gruppen, die nicht in das nationalsozialistische Weltbild passten und sukzessive entrechtet, verfolgt und vielfach ermordet wurden (dazu zählten neben den Juden Kommunist*innen, Homosexuelle, Sinti und Roma, Sozialdemokrat*innen, Gewerkschafter*innen oder Behinderte).

Die **Verfolgung der Juden** (Infokasten 2.3) begann bereits im April 1933 mit dem Gesetz zur Wiederherstellung des Berufsbeamtentums, setzte sich mit den Nürnberger Gesetzen vom 15. September 1935 fort, fand in der „Reichspogromnacht" vom 9. November 1938 einen ersten negativen Höhepunkt und gipfelte schließlich in der Shoah, in der systematischen Ermordung von über 6 Mio. Juden in Auschwitz-Birkenau und anderen Vernichtungslagern. Dies war mit keinem Rechtsstaatsverständnis vereinbar. Die Schutzfunktion bürgerlicher Grund- und Freiheitsrechte galt nicht, rechtsstaatliche Grundsätze wie das Rückwirkungsverbot wurden abgeschafft, zahlreiche Sondergerichte – wie u. a. der Volksgerichtshof – wurden eingeführt.

Infokasten 2.3 Zeittafel zur Judenverfolgung 1933 bis 1945 (ausgewählte Maßnahmen und Ereignisse)

1933 Gesetz zur Wiederherstellung des Berufsbeamtentums (Entlassung „nichtarischer" Beamter); Ausschaltung der Juden aus dem kulturellen Leben

1935 Nürnberger Gesetze (Gesetz zum Schutz des deutschen Blutes und der deutschen Ehre, Reichsbürgergesetz, Reichsflaggengesetz, beschlossen auf dem Reichsparteitag der NSDAP am 14.11.1935)

1938 In der Reichspogromnacht (9./10. November) werden Synagogen zerstört, Geschäfte und Wohnhäuser ausgeraubt und über 26.000 männliche Juden in Konzentrationslager verschleppt

1941 Kennzeichnungspflicht für deutsche Juden (gelber Stoffstern mit der Aufschrift „Jude"); 17. Oktober Beginn der Deportationen deutscher Juden aus dem „Altreich"

1942 20. Januar „Wannsee-Konferenz" über die „Endlösung" (Deportation und Ausrottung der Juden); Beginn der massenweisen Ermordung von Juden in Auschwitz-Birkenau und anderen Vernichtungslagern

1945 14. Februar Letzte Deportation von 169 Juden aus Leipzig nach Theresienstadt

Aufgenommen wurden wenige ausgewählte Ereignisse; eine vollständige Liste aller Verfolgungsmaßnahmen stellt das Sächsische Staatsarchiv zur Verfügung und findet sich auf: https://www.archiv.sachsen.de/download/Strukturen_der_Macht_Zeittafel.pdf.

Die Verwaltungsgerichtsbarkeit wurde bedeutungslos. Zwar wurde das in der Weimarer Reichsverfassung in Art. 107 vorgesehene Reichsverwaltungsgericht durch Führererlass vom 3. April 1941 (RGBl. I 1941, 201) geschaffen, nach dem die Mitglieder des Reichsverwaltungsgerichts „ihre Stimme nach ihrer freien, aus dem gesamten Sachstand geschöpften Überzeugung und nach der von nationalsozialistischer Weltanschauung getragenen Rechtsauslegung abzugeben" hätten (§ 7). Doch entwickelte das

Reichsverwaltungsgericht keine Aktivitäten, zumal seit 1939 eine Klage gegen eine Behörde vor einem Verwaltungsgericht nur zulässig war, wenn die Behörde dieser Klage zugestimmt hatte (Wesel, 2019, S. 13). Eine unabhängige juristische Kontrolle staatlichen Handelns war damit nicht möglich. Das Primat der Politik galt absolut (Oestmann, 2021, S. 260). Die „Justizkatastrophe" des Dritten Reiches manifestierte sich schließlich darin, dass in den 12 Jahren nationalsozialistischer Herrschaft die Gerichte mehr als 50.000 Todesurteile (rund 11 pro Tag) fällten; in den 25 Jahren davor waren es 1600 oder 0,2 pro Tag – auch das eine erschreckend hohe Zahl (Wesel, 2019, S. 24 f.).

Die nationalsozialistische Auffassung des „Rechtsstaates" und die Praxis der Gerichtsbarkeit hatten mit dem liberalen Rechtsstaat des 19. Jahrhunderts oder der Weimarer Republik folglich nichts zu tun (Oestmann, 2021, S. 260). In der **rassisch-völkischen Weltanschauung** des Nationalsozialismus kam Recht keine eigenständige Bedeutung zu. Folgerichtig fiel die Anzahl der Studierenden der Rechtswissenschaft von 18.364 im Wintersemester 1932/33 (darunter 1137 Frauen) auf gerade noch 7851 (darunter 175 Frauen) im Wintersemester 1935/36 (Statistisches Reichsamt, 1933, S. 522, 1936, S. 544). Prägnant brachte dies Hitler 1942 in seiner Juristenrede auf den Punkt: „Ich werde nicht eher ruhen, bis jeder Deutsche einsieht, dass es eine Schande ist, Jurist zu sein" (zit. nach Oestmann, 2021, S. 265; ob der Satz so gefallen ist, ist umstritten, jedenfalls ist das Zitat im Reichstagsprotokoll vom 26. April 1942 nicht zu finden).

Trotz dieser radikalen Abkehr von Prinzipien eines liberalen Rechtsstaats lassen sich in der Justiz **Kontinuitäten zwischen Weimarer Republik und Drittem Reich** ausmachen. Dies gilt in besonderer Weise für die

Richter*innen, die sich ganz überwiegend entweder aus schierem Opportunismus oder aus innerer Überzeugung rasch den neuen Verhältnissen anzupassen wussten. Vor allem die „antiliberal und antidemokratisch gesinnten, im Grunde unpolitischen Justizjuristen" handelten, so eine Erklärung, „im Sinne der verbrecherischen Ideologie. Gefangen im obrigkeitsstaatlichen Denken der wilhelminischen Zeit vollzogen sie gefügig die NS-Gesetze und haben mit dem von ihnen verursachten Justizunrecht aktiv zur Implementierung der Rasseideologie in das Recht beigetragen" (Schlosser, 2023, S. 345).

Die Weimarer Republik unterstützende oder gar jüdische Richter wurden aus ihren Ämtern entfernt, verfolgt, mussten emigrieren, nicht wenige wurden ermordet. Der Republikanische Richterbund wurde im März 1933 aufgelöst. Nach der Untersuchung von Lothar Gruchmann (2001, S. 150–173) wurden aufgrund des Beamtengesetzes von 1933 insgesamt 574 jüdische Gerichtsassessoren, Richter und Staatsanwälte aus dem Dienst entfernt (S. 167). Über die Anzahl der „Arier", die auf Grundlage des Berufsbeamtengesetzes entlassen wurden, liegen keine reichsweiten Angaben vor. Lediglich für Preußen berichtet Gruchmann, dass 205 Personen davon betroffen waren. Die Nürnberger Rassegesetze von 1935 verursachten eine weitere Entrechtung der Juden im öffentlichen und privaten Leben (Schlosser, 2023, S. 339 f.). Bis zum 31. Dezember 1935 schieden noch einmal 239 jüdische Assessoren, Richter und Staatsanwälte aus dem Justizdienst aus (Gruchmann, 2001, S. 171).

Diese Gleichzeitigkeit von hoher personeller Kontinuität bei der großen Mehrzahl der Richter und gleichzeitigem „Kontinuitätsbruch" für Juden und für Angehörige NS-kritischer Gruppen ist charakteristisch für den **„Doppelstaat"** im Dritten Reich (Ernst Fraenkel). Nach Fraenkel bestand der nationalsozialistische Doppelstaat aus einerseits dem **„Maßnahmenstaat"**, ein „Herrschaftssystem der unbeschränkten Willkür und Gewalt, das durch keinerlei rechtliche Garantien eingeschränkt ist" (Fraenkel, 1974, S. 21). Seine Funktion lag darin, die „souveräne Diktatur" auszubauen und zu stabilisieren (Fraenkel, 1974, S. 28). Polizei, Gestapo und SS agierten ohne gesetzliche Beschränkung oder richterliche Kontrolle. Recht und Gerichte spielen im Maßnahmenstaat keine Rolle (die durch Sonder- und Ausnahmegerichte geschaffene „Paralleljustiz" allerdings schon). Fraenkel hat andererseits zugleich einen **„Normenstaat"** ausgemacht, der „mit weitgehenden Herrschaftsbefugnissen zwecks Aufrechterhaltung der Rechtsordnung ausgestattet ist, wie sie in Gesetzen, Gerichtsentscheidungen und Verwaltungsakten der Exekutive zum Ausdruck gelangen" (Fraenkel, 1974, S. 21). „Garanten des Normenstaates" sind Gerichte, die dafür Sorge tragen, „daß die Grundprinzipien der kapitalistischen Wirtschaftsordnung erhalten bleiben" (Fraenkel, 1974, S. 102). Die Gerichtsentscheidungen würden zeigen, dass das für das „Funktionieren des Kapitalismus notwendige Rechtssystem einschließlich seiner notwendigen Rechtsinstitute konserviert" wurde (Fraenkel, 1974, S. 102 f.). Das gilt selbstredend nicht für Eigentum von Juden. Der Normenstaat konnte jederzeit dem Primat der Politik unterworfen werden. Er war kein Korrektiv, sondern integraler Bestandteil des Maßnahmenstaates.

Ganz ähnlich sieht Wittreck (2006, S. 59) im Bereich der Justizverwaltung Elemente der **Kontinuität** gekoppelt mit der „kalte[n] Negation der rechtlichen Bindung". Als Elemente der Kontinuität identifiziert Wittreck (2006, S. 59–62) die bereits in Weimar geforderte „Verreichlichung" der Justizverwaltung. Wie alle anderen Bereiche des öffentlichen und gesellschaftlichen Lebens waren Rechtsstaat und rechtsprechende Gewalt innerhalb weniger Monate nach der Machtübergabe an Hitler am 30.

Januar 1933 gleichgeschaltet. Mit der Abschaffung der Länder 1933 wurde das Gerichtswesen sukzessive dem Reichsjustizministerium unterstellt, das dann unmittelbar Dienstaufsicht ausüben konnte. Unterhalb dieser Ebene blieb die Justizverwaltung jedoch „als bürokratischer Apparat weitgehend erhalten" (Wittreck, 2006, S. 61). Diese organisatorische Bestandskraft steht im Kontrast zu Funktionsprinzipien des Maßnahmenstaates und zu „der für das Regime letztlich konstitutiven Negation rechtlicher Bindung" (Wittreck, 2006, S. 62). Hierzu zählt Wittreck (2006, S. 62 f.) die bereits beschriebene Personalpolitik einschließlich der Übergriffe gegen jüdische Richter und der Verdrängung von Frauen aus dem Justizdienst. Weitere Zwangsmaßnahmen waren gegenüber einer „weithin gefügigen, wenn nicht willigen Richterschaft" (Wittreck, 2006, S. 63) nicht notwendig und eine „Lenkung der Richterschaft" durch Berichtspflicht, Richterbriefen und anderen Steuerungsinstrumenten nicht erforderlich (Wittreck, 2006, S. 66; vgl. auch Gruchmann, 2001, S. 1142 f.). Hinzu kommt die Verdrängung der Justiz durch Sonder- und Polizeigerichte. Im Aufbau solcher „Parallelstrukturen der Rechtsprechung" sieht Wittreck (2006, S. 66) das eigentliche Charakteristikum der NS-Justizverwaltung (vgl. auch Oestmann, 2021, S. 268–269).

2.4 „Sozialistische Gesetzlichkeit" und „sozialistische Rechtspflege" in der DDR

Einen Rechtsstaat gab es weder im Dritten Reich noch in der DDR. Es gab zwar in beiden Systemen Organe der Rechtsprechung. Doch galt in der DDR wie im Dritten Reich das **Primat der Politik.** „Recht" war in der DDR

„Instrument im Kampf um die Machterhaltung" (Roggemann, 1993). Durchaus folgerichtig fand sich der Begriff
des Rechtsstaats in keiner der in der DDR geltenden Verfas-
sungen von 1949 und 1968 (Letztere wurde 1974 umfassend ergänzt und neu bekannt gemacht). Stattdessen wurden mit Art. 19 Abs. 1 der DDR-Verfassung von 1968 die
„sozialistische Gesetzlichkeit und die Rechtssicherheit" –
zumindest auf dem Papier – gewährleistet. Rechtsstaatliche
Grundsätze spielten beim Aufbau und der Ausgestaltung
des Gerichtswesens keine Rolle; sie wurden vielmehr als
Relikte einer überkommenen bürgerlichen Gesellschaft de-
nunziert. Für das Justizsystem hatte dies weitreichende Folgen, die hier nur zusammenfassend dargestellt werden können, ohne auf die Entwicklungen im Zeitverlauf – wie etwa
die **Babelsberger Konferenz** von 1958 – detailliert eingehen zu können (zur Babelsberger Konferenz vgl. Glaeßner,
1977, S. 312–320; Eckert, 1993). Nach einem statistischen
Überblick (1) werden die zentralen Bausteine der „sozialistischen Rechtspflege" beschrieben. Sie bestanden in einem
Bruch mit den Prinzipien des liberalen Rechtsstaates und
(2) der umfassenden Entnazifizierung der Richterschaft,
(3) einem Ausbildungssystem, das „Justizkader" zum Ziel
hatte, sowie (4) einem Gerichtswesen, in dem unabhängige
Rechtsprechung unmöglich war.

(1) In den **Statistischen Jahrbüchern der DDR** er-
schöpften sich die Informationen über die „Rechtspflege"
bis 1989 in der Anzahl der entschiedenen Fälle (Straftaten, Arbeitsgerichtsstreitigkeiten, Ehescheidungen etc.).
Daten zur Anzahl der Richter*innen oder der Gerichte
sind nur im letzten Jahrbuch enthalten. Danach gab es
1989 insgesamt 1493 Richter*innen, von denen 1111
an 225 Kreisgerichten, 324 an 15 Bezirksgerichten und
58 am Obersten Gericht tätig waren (Statistisches Amt
der DDR, 1990, S. 448). Rechnerisch kamen damit
11.007 Einwohner*innen auf eine*n Richter*in, während

in der BRD 1990 insgesamt 17.627 Richter*innen Recht sprachen (das waren 4725 Einwohner*innen pro Richter*in). Dementsprechend kam 1980 in der DDR ein*e Studierende*r der Rechtswissenschaft auf 4569 Einwohner*innen, während es in der BRD 944 waren. Die Zulassungen zum rechtswissenschaftlichen Studium (ohne Akademie und Justizministerium) schwankten zwischen 967 (1960) und 1227 (1970), fielen allerdings 1989 auf 624 (Staatliche Zentralverwaltung für Statistik, 1961, S. 136, 1971, S. 384; Statistisches Amt der DDR, 1990, S. 346). Bemerkenswert war gleichwohl der hohe Anteil von Frauen, die am Obersten Gericht 24,1 % aller Richter*innen stellten, an Bezirksgerichten 46,0 % und an Kreisgerichten 52,6 % (Statistisches Amt der DDR, 1990, S. 448; eigene Berechnungen).

(2) Entnazifizierung: Anders als in der Weimarer Republik, im Dritten Reich und in der Bundesrepublik Deutschland fand nach 1945 in der Sowjetischen Besatzungszone und später in der DDR ein umfassender Austausch des rechtsprechenden Personals statt. Ausgangspunkt für die **Entnazifizierung des Justizwesens** waren die 1945/46 erlassenen Anweisungen des Alliierten Kontrollrates (Otto, 1993, S. 28–37; Werkentin, 2012, S. 7–14). Auf dieser Grundlage wurde angeordnet, dass alle Richter, die der NSDAP oder einer ihrer Untergliederungen wie dem NS-Rechtswahrerbund (NSRB) angehört hatten, aus ihren Ämtern zu entfernen waren (Otto, 1993, S. 29). Dieser Anordnung wurde umfassend Folge geleistet. Nach Otto hatten in der SBZ im Mai 1945 von 2164 Richtern 1730 (79,9 %) der NSDAP angehört. Bis September 1945 wurden 2956 Richter, Staatsanwälte, Notare u. a. und danach noch einmal 7501 Personen aus dem Justizdienst entlassen (Otto, 1993, S. 33). Von NS-belasteten 16.267 Richtern, Staatsanwälten, mittleren Beamten,

Angestellten und Arbeitern im Justizdienst waren insgesamt 10.457 ausgeschieden.

Eine zweite Phase der Entnazifizierung läutete der Befehl Nr. 201 der SMAD vom 16. August 1947 ein, mit dem die Säuberungen – kulminierend in den Waldheimer Prozessen – ihr Ende finden sollten. In den **Waldheimer Prozessen** (21.04.-29.06.1950) wurde gegen rund 3400 Beschuldigte Anklage wegen Kriegsverbrechen erhoben. Für Falco Werkentin (1991) waren die Prozesse bloße „Scheinjustiz", bei der rechtsstaatliche Verfahrensgrundsätze ebenso verletzt wurden wie Art. 133 und 134 der DDR-Verfassung von 1949, die das Öffentlichkeitsprinzip bei Gerichtsprozessen vorsah und Ausnahmegerichte verbot. Die Öffentlichkeit war – abgesehen von zehn Schauprozessen im Juni 1950 – von den Verhandlungen der Waldheimer Prozesse jedoch nicht zugelassen. Für die rund 3400 Angeklagten in den Geheimverfahren gab es nur einen einzigen Verteidiger, „einen frisch in zwölf Monaten zum Volksrichter ausgebildeten Tischler namens Willing", der der SED angehörte (Werkentin, 2018, S. 4; für die Schauprozesse in Waldheim waren es drei Verteidiger). Insgesamt durchgeführt wurden 3385 Verfahren, über die Hälfte der Angeklagten (1829) erhielt eine Freiheitsstrafe zwischen 15 und 25 Jahren, 146 lebenslänglich; 32 wurden zum Tode verurteilt und 24 hingerichtet (Werkentin, 1991, S. 338; Werkentin, 1993, S. 863 f.).

Nach Werkentin (1993, S. 864 f.) waren die Waldheimer Prozesse „modellbildend" für die **politische Strafjustiz** in der DDR. Zentrale Elemente davon waren: die Bildung von Sondergerichten, die Ernennung der Richter*innen durch Parteigremien, die enge Lenkung des Prozessgeschehens durch den Partei- und Staatsapparat, der Ausschluss der Öffentlichkeit, „das Operieren mit rechtlich und tatsächlich völlig unhaltbaren ‚Deliktfabrikaten'" sowie der Ausschluss einer unabhängigen Verteidigung (Werkentin, 1993, S. 864; Werkentin, 2012, S. 17–24).

(3) Zentrale Bausteine beim Aufbau des Justizwesens in der DDR waren zum einen ein umfassender **Elitenwechsel** in der Justiz und zum anderen eine auf die Bedürfnisse des real-existierenden Sozialismus zugeschnittene **Ausbildung der Richter*innen,** die in der DDR unterschiedliche Phasen durchlaufen hat (Gräf, 1993; Haferkamp & Wudtke, 1997). Der bereits dargestellte radikale Bruch mit der „reaktionären Justiz" des Nationalsozialismus ebenso wie mit derjenigen der Weimarer Republik wurde unterfüttert mit Volksrichtern (Wittreck, 2006, S. 75), die auch in den 20 Strafkammern bei den Waldheimer Prozessen Recht sprachen. Da die im NS-Justizsystem tätigen Richter schon „im Zuge der ‚antifaschistisch-demokratischen Umwälzung' nahezu ausnahmslos entlassen worden" waren (Oestmann, 2021, S. 273), sollten in Kurzlehrgängen, die zunächst sechs Monate, später zwei Jahre dauerten, **Volksrichter*innen** ausgebildet werden, um den entstandenen „Personalmangel" im Justizdienst zu beheben (Wittreck, 2006, S. 74; vgl. auch Pfannkuch, 1993; Rottleuthner, 2023, S. 28 f.). Hans-Peter Haferkamp und Torsten Wudtke (1997, Rn. 9) berichten, dass bis 1951 von den Landesjustizverwaltungen insgesamt rund 1300 Richter*innen und Staatsanwält*innen ausgebildet worden waren und Ende 1951 rund 60 % der Richter*innen einen Volksrichterlehrgang absolviert hatten (Ende der 1950er Jahre waren es 58,1 %; Rottleuthner, 2023, S. 28). Auch wenn einige Richter ehemals der NSDAP oder einer ihrer Untergliederungen angehört hatten und sich an „fast allen Gerichten der DDR" ehemalige Offiziere und Feldwebel der Naziwehrmacht fanden (Otto, 1993, S. 36 f.), konnte die SED im Justizsystem einen Elitenwechsel vornehmen und die personellen Voraussetzungen schaffen für die Lenkung der Justiz. Zugleich wurde der Richterberuf

auch für Schichten geöffnet, denen diese Positionen bisher verschlossen waren. Die Volksrichterausbildung ging 1952 in der Hochschule für Justiz in Potsdam Babelsberg und ab 1953 in der Deutschen Akademie für Staats- und Rechtswissenschaft „Walter Ulbricht" auf (DASR) (vgl. dazu Wittreck, 2006, S. 74 f.; Haferkamp & Wudtke, 1997, Rn. 37). Ab 1. September 1954 war die inzwischen auf drei Jahre verlängerte Ausbildung zum Volksrichter mit dem Staatsexamen abzuschließen; sie war damit in die „normale" juristische Ausbildung überführt; danach fand das Studium an den rechtswissenschaftlichen Fakultäten sowie der DASR statt (Rottleuthner, 2023, S. 29 f.).

Die zweistufige juristische Ausbildung aus Studium und Referendariat mit Staatsexamina, wie sie im Gerichtsverfassungsgesetz von 1877 festgelegt worden war, wurde in der DDR ersetzt durch einen Diplomstudiengang, der mehrfach reformiert wurde. Oberstes Ziel der rechtswissenschaftlichen Ausbildung in der DDR war, einen „kämpferischen Justizfunktionä[r]'" zu formen (Gräf, 1993, S. 434). Es ging um **Parteikader in Roben.** Die angehenden Richter*innen sollten über „ein hohes sozialistisches Bewußtsein verfügen", „„auf das engste'" mit den Werktätigen verbunden und der DDR „„treu ergeben sein'" (Gräf, 1993, S. 434 f.). Außerdem sollten Richter*innen eine „marxistisch-leninistische Bildung (erste Grundforderung) besitzen" und schließlich „exakte Kenntnisse der Rechtsgebiete" aufweisen, in denen sie „vorwiegend" tätig sein werden (Gräf, 1993, S. 435). Auswahl der Studierenden, Studieninhalte und Studienorganisation waren diesen übergreifenden Zielen untergeordnet.

Einer Bewerbung zu dem staatsnahen Studienfach der Rechtswissenschaft ging ein sich über Jahre erstreckender **Zulassungs- und Selektionsprozess** voraus, in dem die persönliche und politische Eignung der Kandidat*innen intensiv geprüft wurde. Neben den generellen Zugangsvoraussetzungen, die für alle Studierende galten (Hochschulreife, gesellschaftliche Tätigkeit, Wehrbereitschaft), mussten Studierende der Rechtswissenschaft je nach Periode unterschiedliche Bedingungen erfüllen (Gräf, 1993, S. 400–410). Grundsätzlich war ein Studium der Rechtswissenschaft nur möglich auf Antrag und nach Zulassung (Delegierung) durch das Ministerium für Justiz oder – für Staatsanwälte – den Generalstaatsanwalt. Einem Antrag war beizufügen: eine Beurteilung des*r Antragstellers*in durch Schule, Betrieb oder Dienststelle (in Abstimmung mit der FDJ-Leitung), ein ausführlicher Lebenslauf (einschließlich Angaben über Werdegang der Eltern), eine Abhandlung zur Rolle der SED und eine Erklärung zu möglichen Westkontakten. Dieser engmaschige Auswahlprozess dürfte dafür gesorgt haben, dass „politische Abweichler im juristischen Studium zur großen Ausnahme wurden" (Haferkamp & Wudtke, 1997, Rn. 130). Vorgabe war zudem, dass 65 % der Justizkader aus der Arbeiterklasse kommen sollten (Wassermann, 1991, S. 55).

Unterfüttert und ergänzt wurde die Selektion durch das **Curriculum.** Im Grundstudium standen gesellschaftstheoretische Inhalte im Vordergrund (marxistisch-leninistische Philosophie, politische Ökonomie, Geschichte der deutschen Arbeiterbewegung etc.). Das Fachstudium vermittelte Kenntnisse in den Rechtsgebieten (Strafrecht, Zivilrecht, Familienrecht, Arbeitsrecht etc.). Abgeschlossen wurde das Studium nach vier Jahren als Diplomjurist*in; ein Fernstudium dauerte fünf Jahre (Wassermann, 1991, S. 56; Gräf, 1993, S. 446). Schließlich erfolgte das Studium in Studienkollektiven; auch die studienbegleitenden Praktika wurden im Kollektiv bis zu drei Studierenden in vom MdJ bestimmten Ausbildungsgerichten absolviert (Gräf, 1993, S. 440).

In der Periode der „Festigung der entwickelten sozialistischen Gesellschaft" 1970–1989 (Gräf, 1993, S. 407) erfolgte eine weitere **Spezialisierung** der juristischen Ausbildung nach Hochschulen. Die Sektionen Rechtswissenschaft der Humboldt-Universität Berlin und der Friedrich-Schiller-Universität Jena bildeten dann nur noch Rechtspflegejurist*innen und Jurist*innen für die Zollverwaltung aus. Die rechtswissenschaftliche Sektion der Akademie für Staats- und Rechtswissenschaft der DDR Potsdam/Babelsberg beschränkte sich auf Jurist*innen für die staatliche Verwaltung, während die Sektionen Rechtswissenschaft der Martin-Luther-Universität Halle und der Karl-Marx-Universität Leipzig Wirtschaftsjurist*innen ausbildeten.

(4) Gerichtsaufbau und Lenkung der Justiz: Die DDR-Verfassung vom 7. Oktober 1949 orientierte sich in ihrem Abschnitt zur Rechtspflege an den liberalen Prinzipien des Rechtsstaats. Art. 127 garantierte den unabhängigen, nur dem Gesetz und der Verfassung unterworfenen Richter; Art. 128 postulierte, dass ein Richter sein Amt „gemäß den Grundsätzen der Verfassung" auszuüben habe; Art. 133 Abs. 1 schrieb das Öffentlichkeitsprinzip vor; Art. 134 legte fest, dass niemand seinem gesetzlichen Richter entzogen werden dürfe und „Ausnahmegerichte unstatthaft" seien. Doch waren diese Normen – wie schon die Waldheimer Prozesse zeigten – kaum das Papier wert, auf dem sie gedruckt worden waren. Die neue Verfassung von 1968, die dieselben Garantien enthielt wie diejenige von 1949, änderte daran nichts (Werkentin, 2012, S. 69 f.). Allerdings wurde jetzt in Artikel 1 die Führungsrolle der SED verfassungsrechtlich verankert.

Ursprünglich war nach 1945 ein dreistufiger Gerichtsaufbau vorgesehen. Doch mit der Gründung der DDR 1949 und der Abschaffung der Länder 1952 ersetzten 225 Kreis- und 15 Bezirksgerichte sowie das Oberste Gericht, das 1949 errichtet worden war, die aus der Weimarer Republik bekannte Struktur. Die noch zu Beginn bestehende

Verwaltungsgerichtsbarkeit wurde abgeschafft und durch ein vordemokratisches Eingabewesen ersetzt, in dem Bitten und Beschwerden vorgebracht werden konnten. Hinzu kamen „gesellschaftliche Gerichte", das waren zwischen 5000 und 6000 **Schiedskommissionen** und über 22.000 **Konfliktkommissionen** in den Betrieben (Wassermann, 1991, S. 54). Die Kommissionen bestanden aus Laienrichter*innen, dienten, so § 1 Abs. 1 und 2 des „Gesetzes über die gesellschaftlichen Gerichte der Deutschen Demokratischen Republik vom 11. Juni 1968", einerseits „der Erziehung und Selbsterziehung der Bürger" und gewährleisteten andererseits das „Recht der Bürger auf Mitwirkung an der Rechtspflege" (Gesetzblatt der Deutschen Demokratischen Republik, Teil I Nr. 11, vom 14. Juni 1968, S. 229 ff.). Ihre Aufgaben lagen darin, zivil- und arbeitsrechtliche Streitigkeiten zu lösen sowie in minderschweren Strafsachen zu entscheiden. Die Anzahl der in Schiedskommissionen verhandelten Fälle (z. B. geringfügige Strafsachen, zivilrechtliche Rechtsverletzungen, „arbeitsscheues Verhalten") erreichte bereits 1968 ihren Höhepunkt (41.142 Fälle) und fiel danach nahezu stetig auf zuletzt 16.068 Fälle (1989) (Schubel, 1997, S. 317 f.). Die Konfliktkommissionen behandelten vor allem (aber nicht nur) Arbeitsstreitigkeiten. Im Gegensatz zu den Schiedskommissionen stieg die Anzahl der von den Konfliktkommissionen behandelten Fälle kontinuierlich an und betrug in den 1980er Jahren durchschnittlich über 70.000 Fälle (Schubel, 1997, S. 318 f.).

Mit dem Aufbau einer **Justizverwaltung** Anfang der 1950er Jahre verschoben sich die Gewichte „von der bloßen Ermöglichung der Rechtsprechung hin zu ihrer ‚Anleitung' durch die verschiedenen Justizorgane" (Wittreck, 2006, S. 76). Rechtlich ausgestaltet wurde diese Struktur durch das 1952 in Kraft getretene Gerichtsverfassungsgesetz der DDR, das bis 1989 mehrfach novelliert wurde.

Die „**Anleitung**" erfolgte insbesondere durch das Justizministerium sowie durch die Direktoren der Bezirks- und Kreisgerichte. Die richterliche Unabhängigkeit bestand mithin nur auf dem Papier. Dem „demokratischen Zentralismus" der DDR entsprechend erfolgte eine inhaltliche Steuerung der Rechtsprechung „von oben nach unten". Rechtskräftige Entscheidungen konnten im Wege der „Kassation" aufgehoben werden (§ 16 Abs. 1 GVG-DDR n. F.). Zugleich war es Aufgabe des Obersten Gerichtes, die „Rechtsprechung der Gerichte der Deutschen Demokratischen Republik" anzuleiten sowie die „einheitliche Anwendung und Auslegung der Gesetze und anderer Rechtsvorschriften" sicherzustellen (§ 20 Abs. 1 und 2 GVG-DDR n. F.). Zu diesem Zwecke erließ das Oberste Gericht verbindliche Richtlinien und Beschlüsse als „„Anleitung für die wirksamste, politisch richtige Anwendung der Rechtsnormen'" (Wassermann, 1991, S. 53). Ebenso wenig wie die **sachliche** existierte die **persönliche Unabhängigkeit der Richter*innen.** Richter*innen wurden durch die von der SED kontrollierte Volkskammer bzw. regionale Parlamente auf fünf Jahre gewählt und konnten jederzeit **abberufen** werden (Art. 49 f. und 76 DDR-Verf.). Hinzu kam eine **Rechenschaftspflicht** der Richter*innen gegenüber der Volkskammer bzw. den Volksvertretungen auf Bezirks- und Kreisebene (§ 5 GVG). Außerdem hatten Richter*innen und Schöff*innen der Kreisgerichte in „Justizausspracheabenden" regelmäßig öffentlich Bericht zu erstatten (§ 45 GVG n. F.; vgl. auch Wagner, 1960, S. 272). Insgesamt kommt Rottleuthner (1993, S. 137) zu dem Schluss, dass die „Mechanismen zur Steuerung der Justiz" vor allem dazu verwendet wurden, „die Einheitlichkeit der Rechtsprechung" sowie „die Schnelligkeit von Verfahren zu gewährleisten", wobei in Einzelfällen „Eingriffe (…) jederzeit nach Wunsch der Parteispitzen möglich waren." Faktisches „Entscheidungszentrum" hinter der „staatsrechtlichen Fassade" war der Apparat der SED (Wittreck, 2006, S. 78).

Das galt insbesondere für die **politische Strafjustiz,** die z. B. „staatsfeindliche Hetze" (§ 106 StGB-DDR), die Beeinträchtigung staatlicher und gesellschaftlicher Tätigkeit (§ 214 StGB-DDR) oder „asoziales Verhalten" (§ 249) behandelte (Werkentin, 2012, S. 80). Konservativ geschätzt wurden zwischen 230.000 und 250.000 Personen Opfer dieser Justiz (Werkentin, 2012, S. 93). Darunter fielen auch die Verfahren gegen Ausreisewillige, gegen die in den 1980er Jahren ein ganzes Arsenal strafrechtlicher Instrumente eingesetzt wurde, sollten „andere Maßnahmen" nicht gegriffen haben.

Wie erwähnt, mit dem Dritten Reich teilte die DDR die Verachtung gegenüber dem liberalen oder „bürgerlichen" Rechtsstaat; beide Diktaturen lehnten eine unabhängige Justiz ab. Gleichwohl ist umstritten, ob die DDR ein **Unrechtsstaat** war (Birkenkötter & Burchardt, 2025, S. 72–84). Nicht wenige weisen diesen Begriff zurück, weil er die Verfassungswirklichkeit der DDR nicht, jedenfalls nicht erschöpfend erfassen könne und den Unterschied zur nationalsozialistischen Willkürherrschaft verschleiere. Auch Roggemann möchte aus der „Tatsache", dass die DDR kein freiheitlicher und demokratischer Rechtsstaat war, nicht den für ihn „vereinfachenden Umkehrschluß" ziehen, dass die DDR ein „Unrechtsstaat" gewesen sei (Roggemann, 1993, S. 796, Hervorhebung im Original nicht berücksichtigt). Für Roggemann (1993, S. 797) war die DDR ein „staatssozialistischer, undemokratischer Vor-Rechtsstaat". Nico Werkentin (2012, S. 94 f.) hält dem entgegen, dass „angesichts der großen Zahl an Opfern" sich durchaus „begründet von der DDR als Unrechtsstaat sprechen" ließe, ohne den „unüberbrückbare[n] Unterschied zwischen dem millionenfachen Massenmord der NS-Diktatur (…) und der Praxis der DDR-Diktatur verwischen" zu wollen.

2.5 Die Geschichte des Rechtsstaates und der rechtsprechenden Gewalt in Deutschland: zusammenfassende Betrachtung

Für Dieter Grimm (2009, S. 599), den ehemaligen Richter am Bundesverfassungsgericht, kann „sich die Verwirklichung des Rechtsstaats prozesshaft von Stufe zu Stufe vollziehen". „Jede neue Stufe", so Grimm, bedeute einen „Fortschritt gegenüber dem vorherigen Zustand." Selbst das „Minimalkonzept der Gesetzesbindung der Verwaltung" sei noch ein Fortschritt gegenüber „willkürlicher Herrschaft", und zwar ganz unabhängig vom Inhalt der Gesetze oder von der Art ihres Zustandekommens (Grimm, 2009, S. 599). Im Rückblick scheint die Geschichte des Rechtsstaats im Allgemeinen und der rechtsprechenden Gewalt im Besonderen in Deutschland Grimms Annahme zu bestätigen. Sie stellt sich als ein **Prozess einer stufenweisen Anreicherung** dar, und zwar in **organisatorischer, funktionaler und substanzieller Hinsicht.** Organisatorisch, weil sich der Gerichtsaufbau sukzessive differenziert hat. Es bildet sich ein lokal, regional und überregional abgestuftes Justizsystem mit sachlich und persönlich unabhängigen Richter*innen aus. Dies verweist zugleich auf die funktionale Differenzierung der rechtsprechenden Gewalt, die durch die Entwicklung der bürgerlichen Gesellschaft einerseits und durch die Transformation des Nachtwächter- in einen Wohlfahrtsstaat andererseits bedingt ist und in einer fachlich zunehmend spezialisierten Gerichtslandschaft ihre Entsprechung findet

(Kap. 5). Der Staat hat mithin nicht mehr nur für Ordnung zu sorgen, sondern Gesellschaft zielorientiert zu gestalten und Leistungen bereitzustellen, was einer Kontrolle durch eine entsprechend spezialisierte Fachgerichtsbarkeit zugänglich sein muss. Schließlich erfolgt eine substanzielle Anreicherung des Rechtsstaatsgedankens. Die Idee der bloßen Gesetzesbindung, die bis zum Ende des Kaiserreichs dominierte, setzt sich in der Weimarer Republik in einem formalen, positivistischen Rechtsstaatsverständnis fort, das wiederum durch den materiellen Rechtsstaatsbegriff des Grundgesetzes erweitert und vertieft wird.

Unbeschadet dieser Entwicklungen wäre es verfehlt, die Geschichte des Rechtsstaates und der rechtsprechenden Gewalt in Deutschland als **linearen historischen Lernprozess** zu begreifen, der nur in einer symbiotischen Beziehung zwischen Demokratie und Rechtsstaat münden konnte. Das ist schon deswegen wenig plausibel, weil die „Entartungen" der Rechtstaatsidee im Totalitarismus des Dritten Reiches und in der Diktatur der DDR auf Kontinuitätsbrüche und Zäsuren verweisen, die mit der Annahme einer ungebrochenen Evolution nicht in Einklang zu bringen sind. Zudem ist vor funktionalen Fehlschlüssen zu warnen, also davor, aus dem Ende einer Entwicklung auf die Ursache für deren Beginn zu schließen. Das ist historisch und logisch unmöglich, weil das Ergebnis eines Prozesses etwas voraussetzt, was an dessen Anfang nicht vorhanden sein konnte. Vom Ende einer Entwicklung auf deren Anfang zu schließen, ist methodisch ebenso widersinnig wie aus einem Anfang das Ende abzuleiten.

Die Geschichte des Rechtsstaats erlaubt gleichwohl eine **dreifache Schlussfolgerung:** Zum **ersten** ist anzumerken, dass sich der Rechtsstaat aus eigener Kraft weder bilden noch erhalten kann. Der freiheitliche, säkularisierte Rechtsstaat lebt von **Voraussetzungen, die er selbst nicht garantieren kann,** um ein berühmtes Diktum

Ernst-Wolfgang Böckenfördes – leicht abgewandelt – zu zitieren (Böckenförde, 1991b, S. 112). Das ist kaum mehr als eine offensichtliche Selbstverständlichkeit, wirft jedoch **zum zweiten** die Frage auf nach dem Verhältnis von Rechtsstaat und Demokratie. Die deutsche Geschichte belegt ebenso eindrücklich wie dramatisch, dass Rechtsstaat und rechtsprechende Gewalt – zumindest in embryonalen Formen – auch ohne Demokratie möglich sein können (Grimm, 2009, S. 600). Schon für das frühe 19. Jahrhundert gilt, dass „zunehmend in Form des Rechts geherrscht" wurde (Grimm, 2009, S. 600) und dass sich zumindest in Ansätzen eine unabhängige Gerichtsbarkeit herauszubilden begann. Noch klarer ist die Dissoziation von Rechtsstaat und Demokratie im Kaiserreich zu finden. Allerdings konstatiert Grimm (2009, S. 600), dass „unter vordemokratischen Bedingungen" nicht alle Stufen des Rechtsstaates erklommen werden können. Ein **drittes** und letztes: Der Rechtsstaat ist anfällig. Seine Institutionen können missbraucht werden und sogar in einem „Unrechtsstaat" ihre Aufgabe der verbindlichen Entscheidung zur Lösung von Konflikten erfüllen.

3

Verfassungsrechtliche Grundlagen und theoretische Perspektiven

Schlüsselwörter Rechtsstaatsprinzip · Rechtsstaat und Staatsfunktionen · Rechtsstaat und EU · Judikative und Politikwissenschaft

In der deutschen Verfassungsdemokratie ist der Rechtsstaat Voraussetzung von und Schranke für politische Selbstbestimmung. Er ist zudem eingebettet in das Bekenntnis des Grundgesetzes zur Europäischen Union und prägt Aufbau sowie Funktionsweise der rechtsprechenden Gewalt. Das Kapitel erläutert diese Zusammenhänge. Es stellt die verfassungsrechtlichen Grundlagen dar, verortet den demokratischen Rechtsstaat der Bundesrepublik Deutschland in das europäische Mehrebenensystem und gibt einen Überblick über politik- und sozialwissenschaftliche Perspektiven auf Rechtsstaat und rechtsprechende Gewalt.

© Der/die Autor(en), exklusiv lizenziert an Springer Fachmedien Wiesbaden GmbH, ein Teil von Springer Nature 2026
W. Reutter, *Der Rechtsstaat in Deutschland*, Elemente der Politik,
https://doi.org/10.1007/978-3-658-50451-9_3

3.1 Demokratischer Rechtsstaat und rechtsprechende Gewalt im Grundgesetz

Die „Gesetzgebung ist an die verfassungsmäßige Ordnung gebunden, die vollziehende Gewalt und die Rechtsprechung sind an Gesetz und Recht gebunden." So steht es in Art. 20 Abs. 3 GG, der den Rechtsstaat als (unpersönliche) Herrschaft des Rechts bestimmt und diesen zum Gegenbegriff zur (persönlichen) Willkürherrschaft macht. Dennoch gehört der Begriff des Rechtsstaats zu „jenen vom Wortsinn her vagen und nicht ausdeutbaren Schleusenbegriffen, die sich ‚objektiv' aus sich heraus niemals abschließend definieren lassen" (Böckenförde, 1991a, S. 143 f.). Ein solcher **„Schleusenbegriff"** ermöglicht „das Einströmen sich wandelnder staats- und verfassungstheoretischer Vorstellungen" – ohne sich dabei völlig zu verändern oder zu einer bloßen „Leerformel" herabzusinken (Böckenförde, 1991a, S. 144). Erschwerend kommt für unseren Kontext hinzu, dass Rechtsstaat und rechtsprechende Gewalt im Grundgesetz unterschiedlich detailliert ausgestaltet sind. Während der rechtsprechenden Gewalt der IX. Abschnitt (Art. 92 bis 104 GG) gewidmet ist (siehe unten), wird der Rechtsstaatsbegriff lediglich an drei Stellen im Grundgesetz erwähnt: in Art. 16 Abs. 2, in Art. 23 Abs. 1 und in Art. 28 Abs. 1. Aus diesen Bestimmungen allein lässt sich die Bedeutung des Rechtsstaatsprinzips für die Verfassungsdemokratie in Deutschland nicht erschließen, zumal sie sich auf Verfassungsräume beziehen, in denen das Grundgesetz nicht – zumindest nicht ausschließlich – gilt, nämlich auf die Verfassungsordnungen der Länder (Art. 28 Abs. 1 GG), auf die Europäische Union (Art. 23 Abs. 1 GG) sowie auf die internationale Gerichtsbarkeit (Art. 16 Abs. 2 GG).

Diese **grundgesetzliche Lücke** hat zahlreiche Definitionsversuche provoziert. Katharina Sobota (1997, S. 254–257) hat sage und schreibe 142 Merkmale identifiziert, die in einschlägigen Abhandlungen mit dem „Prinzip Rechtsstaat" verknüpft worden seien. In ihrer „Zusammenschau" findet Sobota (1997, S. 517–519) immer noch 17 Merkmale „elementar" wie z. B. die Verfassungs- und Rechtsbindung, die Rechtswegegarantie, das Willkürverbot, die Justizgewährungspflicht, das Gebot der Verhältnismäßigkeit und der Öffentlichkeit. Andere halten den Begriff des Rechtsstaats für eine „Leerformel'" oder eine „Begriffshülse'" und bezweifeln, dass eine konsensfähige Definition überhaupt möglich ist (zit. n. Münch, 1994, S. 169).

Das **Bundesverfassungsgericht** hat in seiner Entscheidung zum Verbot der Sozialistischen Reichspartei (SRP) vom 23. Oktober 1952 die „freiheitliche demokratische Grundordnung im Sinne des Art. 21 II GG" als eine Ordnung definiert, „die unter Ausschluß jeglicher Gewalt- und Willkürherrschaft eine rechtsstaatliche Herrschaftsordnung auf der Grundlage der Selbstbestimmung des Volkes nach dem Willen der jeweiligen Mehrheit und der Freiheit und Gleichheit darstellt". Zu den „grundlegenden Prinzipien" dieser Ordnung seien mindestens zu rechnen: die Achtung vor den im Grundgesetz konkretisierten Menschenrechten, die Volkssouveränität, die Gewaltenteilung, die Verantwortlichkeit der Regierung, die Gesetzmäßigkeit der Verwaltung, die Unabhängigkeit der Gerichte (BVerfG, Urteil vom 23. Oktober 1952–1 BvB 1/51 [SRP-Verbot], 2. Leitsatz). Seitdem hat der „oberste Hüter der Verfassung" das Rechtsstaatsprinzip kontinuierlich weiterentwickelt und an die sich wandelnden Zeitläufte angepasst, wobei unterstellt ist, dass der Rechtsstaat nicht bloßes Formprinzip ist, sondern rückgekoppelt an die grundlegenden „Werte" des Grundgesetzes, insbesondere an die Menschenwürde, die der Staat zu „achten" und zu „schützen" hat (Art. 1 Abs. 1 GG). Recht, das gegen die Menschenwürde oder andere Grundrechte verstößt, darf keine Wirkung entfalten (Infokasten 3.1). Zugleich hat das Bundesverfassungsgericht in ständiger Rechtsprechung das Rechtsstaatsprinzip als einen verfassungsrechtlichen Grundsatz bezeichnet, der sich aus einer „Zusammenschau" der genannten Bedingungen sowie aus der „Gesamtkonzeption des Grundgesetzes ergibt", wobei er seine „vornehmliche Verankerung" in der in Art. 20 Abs. 3 GG „ausgesprochenen Bindungen der Staatsgewalten" findet (BVerfG, Beschluss vom 15. Dezember 2015–2 BvL 1/12, Rn. 78).

Infokasten 3.1 Radbruchsche Formel

Ebenso prägnant wie wirkmächtig kommt die Wertgebundenheit des Rechtsstaats in der **„Radbruchschen Formel"** zum Ausdruck. Vor dem Hintergrund der nationalsozialistischen Terrorherrschaft und dem Versagen einer strikt positivistisch argumentierenden Justiz versuchte der vor 1933 strikt positivistisch argumentierende Gustav Radbruch, den Konflikt zwischen (positiv gesetztem) Recht und (überpositiv zu begründender) Gerechtigkeit nach 1945 mit einer Formel aufzulösen: „Der Konflikt zwischen der Gerechtigkeit und der Rechtssicherheit dürfte", so Radbruch in einem viel zitierten Aufsatz von 1946, „dahin zu lösen sein, daß das positive, durch Satzung und Macht gesicherte Recht auch dann den Vorrang hat, wenn es inhaltlich ungerecht und unzweckmäßig ist, es sei denn, daß der Widerspruch des positiven Gesetzes zur Gerechtigkeit ein so unerträgliches Maß erreicht, daß das Gesetz als ‚unrichtiges Recht' der Gerechtigkeit zu weichen hat" (Radbruch, 1946, S. 107). Damit verliert die bei vielen Richter*innen nach dem Ende des Dritten Reiches beliebte Entschuldigung, zwischen 1933 und 1945 doch nur positiv gesetztes Recht angewandt zu haben, ihre rechtfertigende Überzeugung, weil damals getroffene Entscheidungen offensichtlich ungerecht waren.

Diese Grundüberlegung zum Status und zur Bedeutung des Rechtsstaatsprinzips im Grundgesetz ist zu entfalten. Die folgende Liste an rechtsstaatlichen Elementen beansprucht allerdings nicht, die einzig mögliche zu sein (vgl. auch Birkenkötter & Burchardt, 2025, S. 21–40). Im Anschluss an Katharina Sobota (1997, S. 517–519), Ernst Benda (1995, S. Rn. 14–54) sowie Till Patrick Holterhus (2022b, c) komprimiere ich die mir wichtig erscheinenden **Elemente des Rechtsstaatsprinzips** auf **substanzielle** (1), **formgestaltende** (2), **strukturelle** (3) sowie **funktionelle** (4) Dimensionen.

(1) **Vorrang der Verfassung (einschl. Geltung der Grundrechte) und Rechtsbindung** garantieren die Kontrolle öffentlicher Herrschaft durch unabhängige Gerichte und bilden die **Substanz** des Rechtsstaatsprinzips. Aus rechtsstaatlicher Perspektive ist der „Geltungsanspruch der Verfassung als ranghöchste Norm (…) unverzichtbar" (Benda, 1995, Rn. 19). Am Grundgesetz müssen sich alle anderen Normen (Gesetze, Gewohnheitsrecht, Rechtsverordnungen) messen lassen (im Zweifelsfall entscheidet das Bundesverfassungsgericht). Nur wenn ein Gesetz (oder Gewohnheitsrecht bzw. eine Rechtsverordnung) mit der Verfassung übereinstimmt, also mit dem normativen Rahmen, den wir uns selbst gesetzt haben, darf es gelten. Das schließt ein, dass der Staat an Verfassung und Recht gebunden ist. Eine solche **Rechtsbindung** resultiert unmittelbar aus Art. 20 Abs. 3 GG (Benda, 1995, Rn. 25–37). Davon gibt es keine Ausnahme; niemand steht über dem Gesetz. Auch höchste Würdenträger, die gesamte staatliche Verwaltung und die Rechtsprechung müssen sich an Verfassung, an bestehende Gesetze und andere Rechtsnormen halten. Maßstab für die gesetzgebenden Körperschaften ist im Bund das Grundgesetz (die „verfassungsmäßige Ordnung" des Art. 20 Abs. 3 GG) und sind in den Ländern Grundgesetz und Landesverfassungen.

Rechtsbindung wäre ohne **effektive Kontrollmöglichkeit** sinn- und wirkungslos. Eine Rechtsordnung kann ihre „Funktion der Friedens-, Sicherheits- und Ordnungserzeugung" (Holterhus, 2022b, S. 8) sowie der Freiheitssicherung nur erfüllen, wenn die Ausübung öffentlicher Gewalt durch unabhängige Gerichte kontrolliert wird. Jeder Person, die sich durch einen Akt der öffentlichen Gewalt verletzt fühlt, steht daher der Rechtsweg offen (Art. 19 Abs. 4 GG). Der Staat muss nicht nur die Institutionen vorhalten für eine unabhängige Kontrolle staatlicher Herrschaftsausübung, sondern er muss auch den Zugang zu diesen Institutionen für alle garantieren sowie die Effektivität der Rechtsprechung sicherstellen, um den Justizgewährleistungsanspruch zu erfüllen. Auf Grundlage dieses Anspruches kann grundsätzlich jeder Konflikt durch gesetzliche Richter*innen verbindlich entschieden werden (BVerfG, Beschluss vom 11. Juni 1980–1 PBvU 1/79, Rn. 44). Der Zugang zu den Gerichten sollte dabei auch denjenigen offenstehen, die über keine oder nur geringe finanzielle Mittel verfügen. Mit staatlicher Rechtsbindung und Kontrolle durch Gerichte ist das Prinzip der Rechtsgleichheit verknüpft. Der Staat darf bei der Anwendung von Recht keine willkürlichen Unterschiede machen. Er muss Gleiches gleich und Ungleiches ungleich behandeln (Art. 3 GG).

Allerdings: Das sind normative Erwartungen an den Rechtsstaat. Die Wirklichkeit sieht häufig anders aus. Problematisch ist schon, dass Politik und staatliche Steuerung auch in nichtrechtlicher Form erfolgen können (etwa in der Wirtschaftspolitik). Eine gerichtliche Kontrolle ist in diesen Bereichen nicht oder nur eingeschränkt möglich (Benda, 1995, Rn. 33). Auch wird die Effektivität der Rechtsprechung immer wieder in Zweifel gezogen. Die überlange Dauer vieler Verfahren, die sich über viele Jahre hinziehen können, hat ebenso Kritik provoziert wie die vielfach belegte Vermutung, dass vor dem Gesetz keineswegs „alle gleich" sind. Wir werden auf diese Probleme an späterer Stelle noch einmal zurückkommen (Kap. 5 und 7).

(2) Formgestaltende Elemente des Rechtsstaats sind: Rechtssicherheit, Rechtsklarheit, Vorrang und Vorbehalt des Gesetzes, Vertrauensschutz und Verhältnismäßigkeit (Benda, 1995, Rn. 14–17; Holterhus, 2022c; Birkenkötter & Burchardt, 2025, S. 28 f.). Der Rechtsstaat schafft Ordnung. Das kann er nur, wenn er den Bürger*innen verlässlich Sicherheit vermittelt und Recht so klar formuliert ist, dass es die Rechtsadressaten kennen, verstehen und befolgen können **(Gebot der Rechtsklarheit und Rechtsbestimmtheit).** Außerdem darf Recht grundsätzlich nur für die Zukunft gelten, eine nachträgliche Änderung einer rechtlichen Vorschrift zulasten von Adressaten einer rechtlichen Norm kann es nur in Ausnahmefällen geben. Das **Rückwirkungsverbot** (Art. 103 Abs. 2 GG) gilt im Strafrecht absolut; in anderen Rechtsbereichen ist eine rückwirkende Geltung rechtlicher Normen nur möglich, wenn mit einer Änderung zu rechnen war, bestehendes Recht unklar oder widersprüchlich ist oder wenn es überragende Gründe gibt (Birkenkötter & Burchardt, 2025, S. 29). Die Rechtsgenossen*innen müssen grundsätzlich darauf vertrauen können, dass das Recht zu dem Zeitpunkt gilt, zu dem sie etwas tun oder unterlassen. Das Bundesverfassungsgericht hat in einer Entscheidung zum Rückwirkungsverbot bei der Anordnung einer Sicherungsverwahrung von Straftätern erneut bekräftigt, dass die „Verlässlichkeit der Rechtsordnung" eine Grundbedingung einer freiheitlichen Verfassung sei; Staatsbürger*innen müssten mögliche staatliche Eingriffe voraussehen können (BVerfG, Urteil vom 5. Februar 2004, 2 BvR 2029/01, Rn. 171).

Das Bundesverfassungsgericht hält den Grundsatz der **Verhältnismäßigkeit** – und das Übermaßverbot – zudem für eine „übergreifende Leitregel allen staatlichen Handelns" (BVerfG, Beschluss vom 5. März 1968, 1 BvR 579/67, Rn. 19; Benda, 1995, Rn. 53; Birkenkötter & Burchardt, 2025, S. 30 f.). Danach muss der Staat grundsätzlich begründen, warum hoheitliches Handeln im Allgemeinen und Grundrechtseingriffe im Besonderen gerechtfertigt sind (legitimer Zweck), warum das eingesetzte Mittel der Zielerreichung dient (Geeignetheit), warum alle anderen Eingriffe weitreichender gewesen wären (mildestes Mittel) und warum eingesetztes Mittel und angestrebtes Ziel in einem angemessenen Verhältnis zueinander stehen (Angemessenheit oder Verhältnismäßigkeit in engerem Sinne) (BVerfG, Urteil vom 24. April 2013, 1 BvR 1215/07, Rn. 105 ff.).

(3) Gewaltenteilung/Gewaltengliederung und Staatsfunktionen: Ohne eine funktionierende Gewaltenteilung – Böckenförde (1998, S. 61–71) und Möllers (2005) sprechen von „Gewaltengliederung" – und ohne eine **unabhängige Gerichtsbarkeit** kann es keinen Rechtsstaat geben. Gewaltenteilung ist Strukturvoraussetzung des demokratischen Rechtsstaates in Deutschland (Möllers, 2005; Böckenförde, 1998, S. 61–71; Holterhus, 2022b, S. 10–12; Birkenkötter & Burchardt, 2025, S. 35 f.). Das ergibt sich bereits aus dem durch die Ewigkeitsklausel geschützten Art. 20 Abs. 3 GG. In der Aufteilung der Staatsfunktionen auf Verfassungsorgane liegt der Kern der grundgesetzlichen Gewaltengliederung. Dies schließt die Frage ein, welche Amtsträger wie an einer öffentlichen Gewalt teilnehmen dürfen. Es geht also darum, wie Funktionen, Institutionen und Amtsträger einander zugeordnet werden. Zuordnung setzt Teilung voraus.

Gewaltenteilung kann in unterschiedlicher Weise realisiert werden. Es existiert nicht nur ein gültiges „Organisationsprinzip des Staates" (Benda, 1995, Rn. 39), das Freiheitssicherung durch Herrschaftsbeschränkung – die zentrale Funktion von Gewaltenteilung – gewährleistet. Nach Ernst Benda hat das Grundgesetz „den klassischen Gedanken der Gewaltenteilung nicht rein verwirklicht" – was immer das auch bedeuten mag –, sondern ihn durch ein „kompliziertes Geflecht wechselseitiger Beziehungen, gegenseitiger Kontrolle und das Gebot des Zusammenwirkens auch im Bund-Länder-Verhältnis (Grundsatz der Bundestreue) modifiziert" (Benda, 1995, Rn. 40). Dieses „komplizierte Geflecht" findet im Aufbau des Grundgesetzes einen systematischen Ausdruck, indem Verfassungsorganen und Staatsfunktionen jeweils eigene Abschnitte gewidmet sind (III. bis VI. bzw. VII. bis IX. Abschnitt). Auch das Bundesverfassungsgericht hat Gewaltenverschränkung als verfassungskonform betrachtet, soweit der „Kernbereich" des jeweiligen Verfassungsorgans geschützt ist, die demokratische Legitimationskette bei der Besetzung öffentlicher Ämter gewahrt bleibt und keiner Staatsgewalt ein Übergewicht zukommt (BVerfG, Urteil vom 27. April 1959–2 BvF 2/58, Rn. 71 ff.).

Aus dem Gesagten ergibt sich, dass die in Art. 20 Abs. 2 GG genannten Staatsfunktionen „Wechselwirkungen" aufweisen und „Spannungsfelder" bilden können (Höreth, 2016, S. 12–14). Bezogen auf das Rechtsstaatsprinzip besitzen solche „Wechselwirkungen" und „Spannungsfelder" allerdings eine variierende Relevanz. Versteht man **Republik** als Staatsform, also als „Nicht-Monarchie", ergeben sich zum Rechtsstaatsprinzip weder Spannungslagen noch Wechselwirkungen. Das Rechtsstaatsprinzip lässt sich ohne Einschränkungen mit dem Republikprinzip in Einklang bringen und ist gegenüber der Staatsform invariant (Höreth, 2016, S. 16 f.). Nicht wenige Länder der EU sind rechtsstaatlich verfasste Monarchien.

Ebenso wenig konfliktträchtig ist das Verhältnis von Bundes- und Rechtsstaat. Nach Marcus Höreth (2016, S. 116) sind Rechts- und **Bundesstaatsprinzip** sogar

„harmonisch" miteinander verbunden, sie sind eine „Symbiose" eingegangen. So fügt der föderale Aufbau der horizontal strukturierten Gewaltenteilung eine vertikale Dimension hinzu; er ergänzt und vertieft damit eine zentrale Strukturvoraussetzung des Rechtsstaats. Zugleich ist dem Rechtsstaat die Aufgabe „föderaler Streitschlichtung" in „justizförmige(n) Verfahren" zugewiesen (Höreth, 2016, S. 116).

Anders als bei den gerade genannten Prinzipien verhält es sich mit dem Demokratie- und dem **Sozialstaatsprinzip.** Der **Sozialstaat** steht insoweit in einer positiven „Wechselwirkung" mit dem Rechtsstaat, als er gewährleisten soll, dass Bürger*innen am gemeinschaftlichen Leben teilhaben können. Der Sozialstaat ist somit Bedingung für Demokratie. Dies erfordert eine „offensive und gesellschaftsgestaltende Rolle des Staates" (Höreth, 2016, S. 133). Der Sozialstaat steht zugleich in einem Spannungsverhältnis mit dem Rechtsstaatsprinzip, das primär dem Schutz der Freiheit des Einzelnen und seiner Rechte dient. In dieser Perspektive verlangt das Rechtsstaatsprinzip „eine defensive, die öffentliche Gewalt abwehrende" Rolle des Staates (Höreth, 2016, S. 133). Der Rechtsstaat schützt mithin individuelle Rechte, der Sozialstaat schafft die Voraussetzungen für deren Verwirklichung. Die Verklammerung der beiden Strukturprinzipien im Begriff des „sozialen Rechtsstaats" in Art. 28 GG provozierte gleichwohl hitzige rechts- und politikwissenschaftliche Kontroversen (vgl. z. B. Forsthoff, 1954; Abendroth, 1972; Höreth, 2016, S. 132–138; Thurn, 2013, S. 22–86). Nach Thurn (2013, S. 444) hat sich dabei in der Staatsrechtslehre als herrschende Meinung durchgesetzt, dass das Sozialstaatspostulat zwar sozialpolitische Korrekturen notwendig mache, die bestehende Wirtschaftsordnung aber unberührt lasse (Benda, 1995). Allerdings hat das Bundesverfassungsgericht in seiner Entscheidung vom 9. Februar

2010 aus Art. 1 Abs. 1 GG in Verbindung mit dem Sozialstaatsprinzip des Art. 20 Abs. 1 GG „jedem Hilfsbedürftigen" ein „Grundrecht auf Gewährleistung eines menschenwürdigen Existenzminimums" zugesprochen, das „für seine physische Existenz und für ein Mindestmaß an Teilhabe am gesellschaftlichen, kulturellen und politischen Leben unerlässlich sind" (BVerfG, Urteil vom 9. Februar 2010, 1 BvL 1, 3, 4/09, 1. Leitsatz).

Ähnlich ambivalent ist das Verhältnis von **Demokratie** und Rechtsstaat. Demokratie lässt sich auf Grundlage des Grundgesetzes nur in rechtsstaatlicher Form realisieren; sie benötigt den Rechtsstaat für ihre Verwirklichung. Denn die demokratischen Freiheitsrechte (Meinungs-, Presse-, Informations-, Versammlungs-, Vereinsfreiheit) bilden „einen gemeinsamen Vektor von Demokratie und Rechtsstaat, sind eine entscheidende Nahstellte zwischen beiden" (Böckenförde, 1992, S. 367). Demokratie lässt sich nur unter Freiheitsbedingungen verwirklichen, die der Rechtsstaat verbürgt. Darüber hinaus bedarf der Rechtsstaat einer kontinuierlichen Rechtfertigung durch demokratische Verfahren und markiert zugleich Grenzen demokratischer Herrschaft. Prägnant kommt dieses ambivalente Verhältnis in Art. 20 GG zum Ausdruck, der im 2. Absatz das „Volk" – wer immer das auch sein mag – zum Ausgangspunkt aller Staatsgewalt macht, im 3. Absatz die Staatsgewalt aber an Verfassung, an Gesetz und Recht bindet (Holterhus, 2022b, S. 14; Böckenförde, 1998, S. 71–80). In der Verfassungsdemokratie ist der Souverän also nicht vollständig souverän. Freiheit besteht nicht nur „*im* demokratischen Prozeß", sondern auch „*gegenüber* diesem Prozeß" (Böckenförde, 1992, S. 372).

(4) Rechtsprechende Gewalt als Staatsfunktion (für das Weitere vgl. Heyde, 1995, 1999, S. 29–35; Bethge, 2022; Birkenkötter & Burchardt, 2025, S. 42–57). Der IX. Abschnitt des Grundgesetzes enthält Regelungen zur

„Rechtsprechung"; er garantiert dem „Bereich der Rechtsprechung eine besondere Eigenständigkeit und Unabhängigkeit" im System der Gewaltenteilung (BVerfG, Urteil vom 8. Februar 2001–2 BvF 1/00, Rn. 111; vgl. auch Heyde, 1995, Rn. 12; Bethge, 2022). Auch wenn der Begriff der rechtsprechenden Gewalt verfassungsrechtlich „nicht abschließend geklärt" ist (BVerfG, Urteil vom 8. Februar 2001–2 BvF 1/00, Rn. 111), lässt sich konstatieren, dass für die rechtsprechende Tätigkeit „typischerweise die letztverbindliche Klärung der Rechtslage in einem Streitfall im Rahmen besonders geregelter Verfahren" kennzeichnend ist (BVerfG, Urteil vom 8. Februar 2001–2 BvF 1/00, Rn. 112; vgl. auch Bethge, 2022).

Dieser **Anspruch auf verbindliche Streitbeilegung durch richterliche Entscheidung** ist, unbeschadet privater Schiedsgerichte (Heyde, 1995, Rn. 37–41), umfassend. In ihm manifestiert sich das Gewaltmonopol des Staates, das einen allgemeinen Zugang zu Gerichten unterstellt. Die rechtsprechende Gewalt ist allein staatlich bestellten Richter*innen anvertraut (Art. 92 Abs. 1 GG), die nur dem Gesetz unterworfen sind (Art. 97 Abs. 1 GG). Richter*innen und Gerichte verfügen über ein Rechtsprechungsmonopol, das durch die ordentliche Gerichtsbarkeit (Straf- und Zivilgerichte), durch Verwaltungs-, Sozial-, Arbeits- und Finanzgerichte sowie die Verfassungsgerichte wahrgenommen wird (Art. 95 GG). Allein diese Gerichte dürfen Recht sprechen. Um diese Aufgabe erfüllen zu können, müssen Richter*innen unabhängig, grundsätzlich nicht absetzbar (disziplinarrechtliche Sanktionen sind eng beschränkt) und neutral sein. Institutionell ist die Rechtsprechung den im GG vorgesehenen fünf obersten Gerichtshöfen des Bundes (Art. 95 Abs. 1 GG), dem Bundesverfassungsgericht (Art. 93 und 94 GG) sowie den Gerichten der Länder (Art. 92 GG) anvertraut. Das Bundespatentgericht ist Teil der ordentlichen Gerichtsbarkeit, zudem unterhält der Bund Wehrdienstgerichte; weder ist das eine noch sind die anderen im Grundgesetz vorgesehen.

Das Grundgesetz enthält aber nicht nur Regelungen zur Funktion und zur institutionellen Ausgestaltung der rechtsprechenden Gewalt sowie zur Stellung der Richter*innen, sondern ebenso zu den rechtsstaatlichen Grundlagen dieser Staatsfunktion (Bethge, 2022; Heyde, 1995, S. 1600–1615). Drei Aspekte sind hier von herausgehobener Bedeutung.

- **Justizgrundrechte:** Sie umfassen Verbote (Verbot der Folter, Verbot der Todesstrafe, Verbot von Sondergerichten, Verbot der Doppelbestrafung, Rückwirkungsverbot) und Ansprüche (Anspruch auf ein faires Verfahren, Anspruch auf rechtliches Gehör). Zudem gewährleisten sie, dass niemand seinem*r gesetzlichen Richter*in entzogen werden darf (Art. 101 Abs. 1 GG), also dem*r Richter*in, der*die nach vorher festgelegten Regeln „im Einzelfall zur Entscheidung eines bestimmten Rechtsstreits zuständig ist" (Heyde, 1999, S. 31). Für das Strafrecht kommen weitere Rechte hinzu, wie das Verbot der Mehrfachbestrafung (Art. 103 Abs. 3 GG) sowie das Rückwirkungsverbot (Art. 103 Abs. 2 GG). Insgesamt gewährleisten die Justizgrundrechte, dass Gerichtsverfahren rechtsstaatlichen Grundsätzen entsprechen.
- **Verhältnis zwischen Rechtsprechung und Gesetzgebung:** Bei der Rechtsprechung manifestiert sich das ambivalente Verhältnis zwischen Rechtsstaat und Demokratie in doppelter Hinsicht: Zum einen darin, dass das Bundesverfassungsgericht über die Kompetenz verfügt, parlamentarisch verabschiedete Gesetze für verfassungswidrig zu erklären. Das Verfassungsgericht agiert dann als „negativer Gesetzgeber" (Hans Kelsen).

Vielfach wird ihm sogar vorgeworfen, „Ersatzgesetzgeber" zu sein, weil nicht mehr die demokratisch gewählte Mehrheit Entscheidungen zur zielorientierten Gestaltung der Gesellschaft trifft (zumindest nicht mehr allein), sondern die Richter*innen des Bundesverfassungsgerichts. Jestaedt (2019, S. 79) spricht sogar von der „Karlsruher Republik". Das Verfassungsgericht wird zugleich als „Vollendung des deutschen Rechtsstaats" gefeiert (Schönberger, 2019, S. 40); es ist dann notwendiges Korrektiv und unerlässlich für das Funktionieren der parlamentarischen Demokratie. Zum anderen betreiben Richter*innen der ordentlichen und der Fachgerichtsbarkeit „Rechtsfortbildung". Sie passen Recht an geänderte Verhältnisse an, schließen im Gesetz vorhandene rechtliche Lücken oder füllen Generalklauseln bzw. unbestimmte Rechtsbegriffe inhaltlich aus. Sie ergänzen – manche würden auch sagen: übernehmen – legislative Aufgaben. Allerdings ist es den Gerichten untersagt, „sich aus der Rolle des Normanwenders in die einer normsetzenden Instanz" zu begeben und sich damit „der Bindung an Recht und Gesetz" zu entziehen (BVerfG, Beschluss vom 25. Januar 2011–1 BvR 918/10 – Rn. 52). Richterliche Rechtsfortbildung bedeute nicht, dass Richter*innen ihre jeweiligen Gerechtigkeitsvorstellungen an die Stelle derjenigen des Gesetzesgebers stellen dürften. So müssten Richter*innen etwa die „gesetzgeberische Grundentscheidung des Gesetzgebers" respektieren, den anerkannten Methoden der Gesetzesauslegung folgen und dürften den „klaren Wortlaut des Gesetzes" keinesfalls missachten (BVerfG, Beschluss vom 25. Januar 2011–1 BvR 918/10 – Rn. 53; vgl. auch Bethge, 2022). Gerichte und Richter*innen bleiben somit auch dann Teil der dritten Gewalt, wenn sie Recht nicht nur anwenden, sondern fortschreiben. Die Grenze zwischen erster und dritter Gewalt, zwischen Legislative und Judikative, ist in solchen Fällen nicht immer trennscharf zu ziehen. Sie ist kaum noch zu erkennen, wenn das Bundesverfassungsgericht als „negativer Gesetzgeber" operiert und Recht, das vom Parlament mit Mehrheit verabschiedet wurde, als verfassungswidrig qualifiziert, oder wenn Fachgerichte Rechtsgebiete autonom gestalten (Kap. 6).

- **Rechtsprechende Gewalt und Grundrechtsschutz:** Grundrechte gelten unmittelbar (Art. 1 Abs. 3 GG). Zwar kommt bei der Grundrechtssicherung dem Bundesverfassungsgericht die entscheidende Rolle zu, weil es allein über die Verwerfungskompetenz verfügt und weil jeder Person, die sich in ihren Grundrechten durch die öffentliche Gewalt verletzt glaubt, per Urteilverfassungsbeschwerde die Möglichkeit eingeräumt ist, das Verfassungsgericht anzurufen. Diese unmittelbare Grundrechtsbindung, die durch Art. 79 Abs. 3 GG vor Abschaffung geschützt ist, gilt auch und gerade für die Gerichtsbarkeit. Richter*innen müssen bei ihren Entscheidungen prüfen, ob Grundrechte verletzt sind. Seit dem berühmten Lüth-Urteil des Bundesverfassungsgerichtes erstreckt sich dies auf die gesamte Rechtsordnung und damit auch auf privatrechtliche Streitigkeiten. Zivilrichter*innen verletzen Grundrechte, wenn sie „die Einwirkung der Grundrechte auf das bürgerliche Recht" verkennen. (BVerfG, Urteil vom 15. Januar 1958, – 1 BvR 400/51 – [Lüth-Urteil], 3. Leitsatz). Die mit diesem Urteil als Verfassungsrecht anerkannte mittelbare Drittwirkung bedeutet, dass bei jeder Entscheidung eines Gerichtes die Grundrechte zu berücksichtigen sind, die in der Konsequenz nicht mehr bloße Abwehrrechte gegenüber staatlichen Eingriffen sind, sondern sich zu Anspruchsrechten transformieren können, weil der Staat verpflichtet ist, die Grundrechte seiner Bürger*innen zu schützen (vgl. z. B. die

Entscheidung des BVerfG zum Schwangerschaftsabbruch: BVerfG, Urteil vom 25. Februar 1975 – 1BvF 1/74 – etc. [Schwangerschaftsabbruch]). Doch ersetzt die Verfassungsbeschwerde, mit der gegen eine Verletzung von Grundrechten beim Verfassungsgericht Klage erhoben werden kann, keineswegs den Grundrechtsschutz durch Fachgerichte. Denn auch Richter*innen der ordentlichen bzw. der Fachgerichtsbarkeit müssen prüfen, ob ein Gesetz oder eine in einem Streitfall anzuwendende Norm der Verfassung entspricht. Ggfs. ist die Norm dem Bundesverfassungsgericht zur Prüfung vorzulegen, das allein über die Kompetenz verfügt, ein Gesetz oder eine rechtliche Vorschrift für verfassungswidrig zu erklären. Im Umkehrschluss bedeutet dies zugleich, dass Richter*innen alle Normen, die sie in einem Streitfall anwenden, für verfassungskonform halten (Bethge, 2022).

Die Darstellung der verfassungsrechtlichen Grundlagen von Rechtsstaat und rechtsprechender Gewalt zeigt die Offenheit und Flexibilität des „Schleusenbegriffes" Rechtsstaat, der erst durch die Rechtsprechung des Bundesverfassungsgerichtes Kontur gewinnt. Zwar lässt sich mit der erwähnten Bestimmung, nach der ein Rechtsstaat individuelle Freiheit durch Beschränkung staatlicher Herrschaft garantiert und sich dies nur in der Form von Gesetzen (Primat des Rechts) vollziehen kann (Böckenförde, 1991a, S. 168), ein unwandelbarer Kernbereich des Begriffes identifizieren. Er ist aber, wie Böckenförde zutreffend feststellt, offen für sich wandelnde Vorstellungen.

3.2 Rechtsstaat und rechtsprechende Gewalt in der Bundesrepublik Deutschland und die Europäische Union

Das Verhältnis von Rechtsstaat und rechtsprechender Gewalt zur Europäischen Union ist kompliziert. Die EU ist, so das Bundesverfassungsgericht, ein „Verbund souveräner Staaten" (BVerfG, Urteil vom 30. Juni 2009, – 2 BvE 2/08 – etc. [Lissabon-Vertrag], Rn. 262). Obwohl ohne eigene Staatsqualität beansprucht dieser Verbund, ein Rechtsstaat zu sein, weil er öffentliche Gewalt ausübt (Holterhus, 2022a, S. 54–56). Daraus resultiert ein Doppeltes: Zum einen sind die Organe der EU sowie zum anderen deren Mitgliedsstaaten an europäisches Recht gebunden. Mit „Recht" ist in diesem Zusammenhang gemeint das Primärrecht – das sind die EU-Verträge (Vertrag der Europäischen Union [2009; EUV]/Vertrag über die Arbeitsweise der Europäischen Union [AEUV]) –, sowie das von der EU verabschiedete Sekundärrecht (Verordnungen, Richtlinien, Beschlüsse, Empfehlungen und Stellungnahmen) einschließlich der Rechtsprechung des Gerichtshofs der Europäischen Union (EuGH). Aus diesen wenigen Bemerkungen lassen sich bereits die drei Fragen ableiten, die im Weiteren behandelt werden sollen: (a) Was bedeutet Rechtsstaatlichkeit in der EU? (b) Wie garantiert die EU, dass Mitgliedsstaaten die in Verträgen geforderte Rechtsstaatlichkeit einhalten? (c) Wie ist das Verhältnis zwischen der EU und der Bundesrepublik Deutschland ausgestaltet?

 (a) Was bedeutet „Rechtsstaatlichkeit" in der EU? Europarechtlich wurde der Begriff sukzessive inhaltlich ausgeformt. In Art. 2 des Vertrages der Europäischen Union ist er als „Wert" gesetzt, auf den sich die Union gründet und der für die Organe der EU ebenso gilt wie für deren Mitgliedsstaaten. Konkretisiert wird die in Art. 2 EUV genannte „Rechtsstaatlichkeit" durch Bestimmungen im Vertrag der Europäischen Union (z. B. Art. 5 Abs. 4 EUV) bzw. durch Art. 47 der Europäischen Grundrechtscharta, die effektiven Rechtsschutz und ein faires Verfahren vor einem unabhängigen Gericht garantiert. In einer Checkliste hat die „Europäische Kommission für Demokratie durch Recht (Venedig-Kommission)" den „Wert" Rechtsstaatlichkeit konkretisiert (vgl. auch Steinsdorff, 2018). Zum europäischen Rechtsstaat gehören danach: Gesetzmäßigkeit, Rechtssicherheit, Willkürverbot, Gleichheitsgebot, Minderheitenschutz, Verhältnismäßigkeit, Vertrauensschutz sowie effektiver Rechtsschutz durch unabhängige Gerichte (Venice Commission, 2016; vgl. auch Skóra, 2023; Eppler, 2023, S. 89; Holterhus, 2022a, S. 55). In Art. 2 der „Verordnung (EU, Euratom) 2020/2092 des Europäischen Parlaments und des Rates vom 16. Dezember 2020 über eine allgemeine Konditionalitätsregelung zum Schutz des Haushalts der Union" wurden diese Aspekte rechtlich verbindlich.

Obschon die Mitgliedsländer der EU unterschiedliche Rechtstraditionen aufweisen, ist die Rechtsstaatlichkeit in der EU in ähnlicher Weise ausgestaltet wie in der Bundesrepublik Deutschland. Gewaltenteilung im oben definierten Sinn existiert auf europäischer Ebene allerdings nicht. Zwar soll ein „Gleichgewicht" zwischen den Organen kennzeichnend sein für die EU (EuGH, Urteil vom 13. Juni 1958–9/56; vgl. auch Art. 13 Abs. 2 EUV), doch geht es nicht darum, europäische Organe, Funktionen und Amtsträger in einem System der *Checks and Balances* einander kontrollierend zuzuordnen. Vielmehr sollen die Regelungen eine „funktionsgerechte Arbeitsteilung zwischen den Unionsorganen", herstellen, „damit die Ziele der Union effektiv erfüllt werden" (Schroeder, 2024, S. 60).

(b) Wie garantiert die EU, dass ihre Mitgliedsstaaten die in den Verträgen geforderte Rechtsstaatlichkeit

einhalten? Um bei Verstößen reagieren zu können, muss die EU in die inneren Angelegenheiten ihrer – so das Bundesverfassungsgericht – „souveränen" Mitgliedsländer eingreifen können. Kein einfaches Unterfangen, das ein beträchtliches Konfliktpotential beinhaltet und zugleich die Schwäche der EU, ihre „Werte" auch gegen Widerstreben von Mitgliedsstaaten durchzusetzen, zutage treten lässt.

Die **Sicherung** rechtsstaatlicher „Werte" durch die EU umfasst eine Reihe von Maßnahmen mit divergierenden Zuständigkeiten und variierender Verbindlichkeit. Zu unterscheiden ist zwischen Maßnahmen für Beitrittskandidaten und Mitgliedsstaaten. **Vor einem Beitritt** in die EU wird im Rahmen des Aufnahmeverfahrens geprüft, ob ein Land rechtsstaatlich verfasst ist. Der Europäische Rat hat 1993 mit den **Kopenhagener Kriterien** entsprechende Aufnahmebedingungen festgelegt, die später in den Vertrag der Europäischen Union aufgenommen wurden (Art. 2 i. V. m. Art. 49 Abs. 1 EUV). Damit lässt sich prüfen, ob ein Beitrittskandidat die Bedingungen erfüllt. Ob ein späteres **Mitgliedsland** der EU die Bedingungen einhält, ist damit keineswegs gewährleistet wie Polen und Ungarn gezeigt haben (Holterhus, 2022a, S. 58; Eppler, 2023). Die EU hat auf die „Erosion der in Art. 2 EUV niedergelegten Werte, insbesondere der Rechtsstaatlichkeit" (Holterhus, 2022a, S. 58) mit einem differenzierten Instrumentarium reagiert, um Mitgliedsstaaten auf die Einhaltung der Werte zu verpflichten. Zwei Ansätze lassen sich unterscheiden: ein **präventiver und ein korrektiver** (Skóra, 2023, S. 2–4; Mankó, 2019; Holterhus, 2022a; Eppler, 2023, S. 94–96):

- Der **präventive Ansatz ist dialogbasiert.** Er schafft ein „Frühwarnsystem", das es der Kommission, dem Rat und den Mitgliedsstaaten ermöglichen soll, auftretende Defizite bei der Rechtsstaatlichkeit zu identifizieren und mittels eines strukturierten Dialoges einer Lösung zuzuführen (Skóra, 2023, S. 2). Dazu zählen „Monitoringsysteme" (Holterhus, 2022a, S. 64), Berichte zur Rechtsstaatlichkeit (Europäische Kommission, 2024) sowie das EU-Justizbarometer, das seit 2013 Informationen liefert zur Unabhängigkeit, Qualität und Effizienz nationaler Justizsysteme (EU Commission, 2024). Auf dieser Grundlage finden regelmäßig strukturierte Dialoge statt, die Mitgliedsstaaten ggfs. zu Korrekturen veranlassen sollen. Präventive Verfahren sind politische Verfahren, die ohne verbindliche Entscheidung bleiben. Sie lassen das Recht der Mitgliedsländer, ihre inneren Angelegenheiten selbst zu gestalten, unberührt.

- **Korrektive Ansätze führen zu rechtlich verbindlichen Folgen** für ein Mitgliedsland der EU. Sie bedürfen – je nach Verfahrensart – einer Entscheidung des Europäischen Gerichtshofes, des Europäischen Parlamentes, der Kommission und/oder des Europäischen Rates. Korrektive Ansätze sind, erstens, Vertragsverletzungsverfahren, in denen überprüft wird, ob ein Mitgliedsland EU-Recht ordnungsgemäß anwendet. Die Kommission der EU – ebenso wie jeder Mitgliedsstaat – kann dafür den Europäischen Gerichtshof anrufen (Art. 258 und 259 AEUV). Ein solches Verfahren wurde z. B. gegen Polen im Zusammenhang mit Einschränkungen der richterlichen Unabhängigkeit eingeleitet; es wird aber auch in anderen Fällen angewandt wie etwa gegen die Bundesrepublik Deutschland wegen der Einführung der PKW-Maut, die der EuGH 2019 für unzulässig erklärte. Zweitens kann einem Mitgliedsstaat der EU auf Grundlage des Konditionalitätsmechanismus seit 2020 Zahlungen aus dem EU-Haushalt verweigert werden, wenn es gegen Werte der EU – wie die Rechtsstaatlichkeit – verstößt („Rechtsstaatlichkeits-Konditionalität" für Zugang zu EU-Geldern). Polen und Ungarn waren Adressat solcher Verfahren (so wurde 2022 die Auszahlung von über 13 Mrd. € an

Ungarn ausgesetzt). Als „nukleare Option" wird schließlich das Artikel-7-Verfahren bezeichnet, mit dem einem Mitgliedsland das Stimmrecht vorübergehend entzogen werden kann (Skóra, 2023, S. 4–5). Dieses Verfahren ist zweistufig aufgebaut und umfasst eine Präventionsphase (Art. 7 Abs 1 EUV) und einen Sanktionsmechanismus (Art. 7 Abs. 2 EUV). Auch hier waren Polen und Ungarn Gegenstand solcher Verfahren, wobei das 2017 eingeleitete Verfahren gegen Polen im Mai 2024 eingestellt wurde, nachdem Polen eine Reihe von Maßnahmen eingeleitet hatte, um die Rechtsstaatlichkeit sicherzustellen und die Unabhängigkeit der Gerichte wieder herzustellen.

Infokasten 3.2 Gerichtshof der Europäischen Union (EuGH) und Europäischer Gerichtshof für Menschenrechte (EGMR)

EuGH: Der Gerichtshof der Europäischen Union besteht seit 1952; er hat seinen Sitz in Luxemburg. Seine Aufgabe besteht darin, „die Wahrung des Rechts bei der Auslegung und Anwendung" der Verträge zu sichern (Art. 19 Abs. 1 EUV). Dafür überprüft er, ob die Organe der EU rechtmäßig handeln und ob die Mitgliedsstaaten ihren Verpflichtungen aus den Verträgen nachkommen; auf Ersuchen nationaler Gerichte kann er zudem Unionsrecht auslegen (Vorabentscheidung). Er besteht aus zwei Gerichten: dem Gerichtshof und dem Gericht (errichtet 1988). Der Gerichtshof besteht nach Art. 19 Abs. 2 aus einem Richter je Mitgliedsstaat, das Gericht nach Art. 19 Abs. 3 aus mindestens einem Richter je Mitgliedsstaat. Art. 251 bis 281 AEUV regeln detailliert die Arbeitsweise des Gerichtshofs.

EGMR: Der Europäische Gerichtshof für Menschenrechte (EGMR) wurde 1959 in Straßburg von den Mitgliedstaaten des Europarats errichtet. Ihm gehören Mitglieder aller 49 Mitgliedsstaaten des Europarates an; er soll die Einhaltung der 1950 unterzeichneten Europäischen Menschenrechtskonvention gewährleisten. Anrufen können den EGMR einzelne Personen bzw. Personengruppen sowie Staaten, die die Verletzung von Rechten behaupten, die in der Europäischen Menschenrechtskonvention niedergelegt sind.

Weder präventive noch korrektive Ansätze konnten bisher die „Rechtsstaatskrise" in der EU wirkungsvoll bekämpfen. Den präventiven Maßnahmen wird immerhin bescheinigt, sie hätten die „Diagnose von Problemen im Zusammenhang mit der Rechtsstaatlichkeit" ermöglicht; doch seien ihre „Auswirkungen in Bezug auf die Durchsetzung der Rechtsstaatsnormen" als äußerst gering einzuschätzen (Skóra, 2023, S. 5). Die korrektiven Maßnahmen sind zwar in den möglichen Konsequenzen beachtlich. Sie sind allerdings aufgrund hoher Antrags- und Entscheidungsquoren nur schwer einzuleiten und noch schwieriger abzuschließen (Skora, 2023, S. 6). Es wundert daher kaum, dass angedrohte bzw. durchgeführte Vertragsverletzungsverfahren, die eingeleiteten Artikel-7-Verfahren oder die Aussetzung von Zahlungen nicht verhindern konnten, dass Polen bzw. Ungarn Justizreformen zur Einschränkung der Rechtsstaatlichkeit in ihren Ländern durchführten. Pichl geht noch weiter und beklagt vor dem Hintergrund seiner umfassenderen Bestandsaufnahme, dass ein „Amalgam autoritärer, konservativer und neurechter Akteure" die Krise sogar in die europäischen Institutionen selbst hineingetragen habe (Pichl, 2024, S. 222).

(c) **Wie ist das Verhältnis der Ebenen zueinander ausgestaltet?** Grundsätzlich ist davon auszugehen, dass zwischen europäischen und nationalen Verfassungsräumen eine klare **Kompetenzabgrenzung** besteht und „die beiden Rechtskreise unabhängig voneinander und nebeneinander in Geltung stehen" (BVerfG, Beschluss vom 29. Mai 1974–2 BvL 52/71, Rn. 28). Daraus folge, dass „die zuständigen Gemeinschaftsorgane einschließlich des Europäischen Gerichtshofs über die Verbindlichkeit, Auslegung und Beachtung des Gemeinschaftsrechts und die zuständigen nationalen Organe über die Verbindlichkeit, Auslegung und Beachtung des Verfassungsrechts der Bundesrepublik Deutschland zu befinden" hätten (BVerfG,

Beschluss vom 29. Mai 1974–2 BvL 52/71, Rn. 28). Das führe, so das Gericht weiter, „zu keinerlei Schwierigkeiten, solange beide Rechtsordnungen inhaltlich nicht miteinander in Konflikt geraten" würden. Der EuGH legt danach europäisches Primär- und Sekundärrecht verbindlich aus, die nationalen Gerichte nationales Recht. Müssen nationale Gerichte Fragen beantworten, die europäisches Recht betreffen, so sind diese Streitfälle dem EuGH zur Vorabentscheidung vorzulegen (Art. 267 AEUV). Nationale Gerichte dürfen also in keinem Fall europäisches Recht auslegen. Soweit die damalige Auffassung.

Die beschriebene rechtliche „Mehrebenenverflechtung" (Eppler et al., 2018; Eppler, 2023) ist voraussetzungsvoll und hat sich – entgegen der Annahme des Bundesverfassungsgerichtes – im Verlauf des europäischen Integrationsprozesses als **konfliktträchtig** erwiesen. Sie kann, soweit die Bundesrepublik Deutschland betroffen ist, ohnehin nur funktionieren, wenn EuGH und Bundesverfassungsgericht ihrer Pflicht nachkommen, „sich um die Konkordanz beider Rechtsordnungen in ihrer Rechtsprechung zu bemühen" (BVerfG, Beschluss vom 29. Mai 1974–2 BvL 52/71, Rn. 28). Allerdings hat das Bundesverfassungsgericht wesentliche Elemente dieser rechtlichen **Mehrebenenverflechtung** immer wieder in Frage gestellt (Sturm & Pehle, 2012, S. 153). So hat es den absoluten „Vorrang" europäischen Rechts einschließlich der Urteile des EuGH keineswegs vorbehaltlos anerkannt (BVerfG, Urteil vom 12. Oktober 1993 2 BvR 2134/92 etc. [Maastricht-Vertrag], 5. Leitsatz). Ebenso hat es die Vorlagepflicht beschränkt, mit der nationale Gerichte eine Vorabentscheidung des EuGH einholen können bzw. müssen, sollte in einem Rechtsstreit europäisches Recht auszulegen sein. Es hat zudem die exklusive Prüfkompetenz des EuGH hinsichtlich des Unionsrechts unterlaufen und sich das Recht zur „Ultra-vires" sowie zur „Identitätskontrolle" vorbehalten. Bei der **Ultra-vires-Kontrolle** „prüft das Bundesverfassungsgericht, ob Rechtsakte der europäischen Organe und Einrichtungen sich unter Wahrung des gemeinschafts- und unionsrechtlichen Subsidiaritätsprinzips (…) in den Grenzen der ihnen im Wege der begrenzten Einzelermächtigung eingeräumten Hoheitsrechte halten"; bei der **Identitätskontrolle** prüft „das Bundesverfassungsgericht, ob der unantastbare Kerngehalt der Verfassungsidentität des Grundgesetzes nach Art. 23 Abs. 1 Satz 3 in Verbindung mit Art. 79 Abs. 3 GG gewahrt ist" (BVerfG, Urteil vom 30. Juni 2009–2 BvE 2/08 etc. – [Vertrag von Lissabon], Rn. 240). Beide Kontrollformen könnten dazu führen, dass „Gemeinschafts- oder künftig Unionsrecht in Deutschland für unanwendbar erklärt wird" (BVerfG, Urteil vom 30. Juni 2009–2 BvE 2/08 etc. – [Vertrag von Lissabon], Rn. 240). Unabhängig von den konkreten Argumentationen in den Urteilen und den immer wieder erfolgten Kehrtwendungen des Gerichts verweisen diese Beispiele auf die grundsätzliche „Konfliktkonstellation" (Sturm & Pehle, 2012, S. 142) zwischen EuGH und BVerfG und die Grenzen der europäischen Integration. Auch jüngere Entscheidungen des Bundesverfassungsgerichts zeigen die Spannung zwischen Integrationsfreundlichkeit einerseits und Sicherung der nationalen Verfassungsidentität andererseits (vgl. z. B. BVerfG, Beschluss vom 6. Juli 2010–2 BvR 2661/06 -; Urteil vom 12. September 2012–2 BvE 1390/12 –; Urteil vom 6. Dezember 2022–2 BvR 547/21, 2 BvR 798/21). Insgesamt schwankte das BVerfG in seiner Rechtsprechung zwischen integrationsfreundlichen und integrationsskeptischen Positionen. Dies zeigt, dass die europäische Integration den deutschen Rechtsstaat nicht unberührt gelassen hat.

3.3 Rechtsprechende Gewalt, demokratischer Rechtsstaat und die Politikwissenschaft

Eine **politikwissenschaftliche Theorie,** die erschöpfend Auskunft geben könnte über Entwicklung, Struktur, Funktionsweise und Leistungsfähigkeit des demokratischen Rechtsstaats oder auch nur der rechtsprechenden Gewalt gibt es nicht. Das jedenfalls scheint die einzig mögliche Schlussfolgerung, wenn entsprechende Selbstbeschreibungen von Politikwissenschaftler*innen herangezogen werden. Verena Frick und Oliver W. Lembcke (2021, S. 16) sprechen von der „Marginalisierung" des Themas „Recht" in der Disziplin; für Michael Becker und Ruth Zimmerling (2006, S. 10) ist der Politikwissenschaft „Recht" als Forschungsgegenstand „in erstaunlichem Maß abhanden gekommen". Und Ingeborg Maus (2006, S. 77) hat eine „politologische Autarkie" ausgemacht, die die Politikwissenschaft außerstande gesetzt habe, „ihre ureigensten Gegenstände noch adäquat zu analysieren", weil die Disziplin die rechtlichen Bedingungen politischer Gestaltung schlicht ignoriere. Maus berichtet sogar, dass die Beschäftigung mit rechtswissenschaftlichen Themen „als Verrat an der Disziplin" geahndet worden sei.

Dennoch ist das Verhältnis zwischen Politik und Recht immer wieder Gegenstand politikwissenschaftlicher Reflexion geworden (Rehder, 2011, S. 33–54) – wenn auch meist auf einem Abstraktionsniveau, das für die empirische Analyse des Rechtsstaats oder der rechtsprechenden Gewalt kaum Anknüpfungspunkt geboten hat. Ebenso haben das Bundesverfassungsgericht und Landesverfassungsgerichte das Interesse von Politikwissenschaftler*innen auf sich gezogen (Kneip, 2006; Hönnige, 2007; Reutter, 2024a). Auch einzelne

Entscheidungen des Bundesverfassungsgerichts wurden aus politikwissenschaftlicher Perspektive kommentiert ebenso wie die Bedeutung von Recht in einzelnen Politikfeldern ausgeleuchtet wurde (Lembcke & Rehder, 2022, S. 228–230). Zudem gibt es in der Teildisziplin der **politischen Theorie** „ein starkes Bewusstsein für die normative und historische Spannung, die zwischen Rechtsstaat und Demokratie" besteht (Grefrath & Maier, 2020, S. 39) und die im Wesentlichen zwei „Bearbeitungsformen" gefunden habe: Auf der einen Seite werde eine Unvereinbarkeit beider Prinzipien behauptet. Der Rechtsstaat besitzt in dieser Perspektive einen „radikal antidemokratischen Charakter". Er beschränkt und kontrolliert die Macht des Souveräns. Rechtsstaat und insbesondere Verfassungsgerichtsbarkeit würden dann nicht mehr nur das „beharrende und bewahrende Moment" in einer politischen Ordnung darstellen (Hesse, 1993, Rn. 272), sondern sie würden Gesellschaft zielorientiert (mit-)gestalten. **Verrechtlichung, Juridifizierung, Ersatzgesetzgeber** oder „Karlsruhisierung" sind in diesem Kontext häufig gebrauchte Stichworte, die alle darauf verweisen, dass – zugespitzt – der demokratische Gesetzgeber nur noch das nachvollzieht, was Grundgesetz und Verfassungsgerichtsbarkeit vorgeben. Der „Korridor ‚erlaubten' staatlichen Handelns" wird nach diesem Ansatz „immer schmaler", und der Politik werden „immer engere Schranken" gezogen (Abromeit, 1995, S. 60 und 61).

Auf der anderen Seite steht die vor allem von **Jürgen Habermas** entwickelte Überlegung, dass Rechtsstaat und Demokratie oder die „private und öffentliche Autonomie" der Rechtssubjekte „gleichursprünglich" seien (Habermas, 1994, S. 134). Diese im Anschluss an Kant und Rousseau formulierte Überlegung gründet darin, dass in einer Demokratie diejenigen, die staatlicher Herrschaft unterworfen sind, auch diejenigen sein müssen, die staatliche Herrschaft legitimieren. Die „Adressaten" von Rechten müssen zugleich ihre „Urheber" sein (Habermas, 1994, S. 135). Einen autonomen Rechtsstaat, der unabhängig ist von demokratischer Legitimation und Unterstützung, ist mithin ebenso unmöglich wie demokratische Herrschaft ohne rechtsstaatliche Einhegung. Im Grundgesetz materialisiert sich dieser Verweisungszusammenhang, wie dargestellt, darin, dass sich die in Art. 20 Abs. 2 GG genannten Staatsgewalten gegenseitig balancieren und gleichzeitig zur Funktionserfüllung und staatlichen Integration beitragen.

Allerdings lassen sich aus diesen Konzepten für die uns vor allem interessierende dritte Gewalt keine robusten Schlussfolgerungen ableiten. Aus diesen Überlegungen ergibt sich weder, wie die rechtsprechende Gewalt aufzubauen ist oder zu funktionieren hat, noch lassen sich daraus Vermutungen über das Verhalten des rechtsprechenden Personals ziehen. Für den vorliegenden Zusammenhang ist vor allem die Frage von Bedeutung, wie Richter*innen entscheiden. Hierzu existiert eine vor allem aus den USA stammende umfangreiche sozial- und politikwissenschaftliche Forschung. In Anlehnung an Susanne Baer (2023, S. 29–41) lassen sich dabei **drei Herangehensweisen** identifizieren: die „Begriffsjurisprudenz", die „freie Rechtsschöpfung" sowie institutionentheoretische Ansätze. Ich übertrage diese Herangehensweisen auf die Praxis richterlicher Rechtsprechung in der Bundesrepublik Deutschland, wobei ich frühere Überlegungen zur Verfassungsgerichtsbarkeit aufnehme (Reutter, 2024a, S. 43–46).

Begriffsjurisprudenz (normativ-legalistische Ansätze): Nach Max Weber (1985, S. 826) benötigt der Kapitalismus eine Justiz, deren „Funktionieren (…) im Prinzip (…) an festen generellen Normen rational kalkuliert werden kann". Ein*e Richter*in ist dann nichts anderes als ein „Paragraphen-Automat", in den „man oben Akten nebst den Kosten und Gebühren hineinwirft, auf daß er unten das Urteil nebst den mehr oder minder stichhaltigen

Gründen ausspeie, – dessen Funktionieren jedenfalls im großen und ganzen kalkulierbar ist" (Weber, 1985, S. 826). Susanne Baer erinnert diese Vorstellung von Justiz zurecht an die „Begriffsjurisprudenz", die u. a. darauf beruht, dass Recht nichts anderes ist als ein System von Aussagen und Begriffen, aus denen sich lückenlos andere Begriffe ableiten lassen, mit denen sich alle Streitfälle lösen lassen (Baer, 2023, S. 31). Die Antwort auf die Frage „Wie Richter entscheiden?" ist in dieser Perspektive ebenso simpel wie überzeugend. Danach kann es für eine richterliche Entscheidung nur eine Grundlage geben: **das Recht.** Darunter fallen die Verfassung sowie alle förmlich verabschiedeten Gesetze und Rechtsverordnungen sowie ungeschriebenes, ggfs. durch Rechtsprechung anerkanntes Gewohnheitsrecht. Nach Angaben des Bundesjustizministeriums waren dies 2022 insgesamt 1773 Gesetze (mit insgesamt 50.838 Einzelnormen) sowie 2795 Rechtsverordnungen (mit 42.590 Einzelnormen) (Deutscher Bundestag, 2022b, S. 2). Über die Anzahl ungeschriebener Normen lässt sich nur spekulieren. Auf dieser Grundlage ist Justiz – im Sinne kapitalistischer Rationalität – „kalkulierbar". Zudem lässt sich plausibel vermuten, dass zwischen Legislative, Exekutive und Judikative eine gut begründete Arbeitsteilung existiert, die sowohl dem Demokratie- als auch dem Rechtsstaatsprinzip genügt: Die Legislative (Bundestag und Bundesrat) verabschiedet die Gesetze; Regierung und Verwaltung führen die Gesetze aus, und die Gerichte wenden die Gesetze in Konfliktfällen an. Richterliche Entscheidungsfindung erschöpft sich in der Konsequenz auf methodische Aspekte und blendet alle Faktoren aus, die sich nicht aus dem anzuwendenden Recht ergeben. Richter*innen lassen sich dann als „menschliche Computer" (Epstein et al. 2013, S. 50) bezeichnen, die, wie schon Charles-Louis de Secondat, Baron de La Brède de Montesquieu 1748 behauptet hatte, nichts weiter sind als der „Mund des Gesetzes" (Montesquieu, 1748/1994, 11. Buch, 6. Kapitel). Recht wird bloß „erkannt", wie die geläufige Formulierung in Urteilen lautet; es wird nicht neu geschaffen. Politische Präferenzen oder sozialer Hintergrund der Richter*innen spielen bei der „Interpretation schlichter Sollenssätze" (Baer, 2023, S. 33) keine Rolle. Um einen berühmten Spruch in amerikanischen Wahlkämpfen zu paraphrasieren, lässt sich diese Position auf den Slogan verkürzen: „It's the law, stupid!"

Freirechtschule (verhaltenstheoretische Ansätze): Es versteht sich, dass die eben skizzierte Position, die für politikwissenschaftliche Analysen keinen Anknüpfungspunkt bietet, nicht ohne Widerspruch geblieben ist. Die Kritik erfolgte aus unterschiedlichen Perspektiven, die gleichwohl darin übereinstimmten, dass sie die **„Richterpersönlichkeit"** in das Zentrum ihrer Überlegungen stellten (Baer, 2023, S. 36). Damit wurde Rechtsprechung einer sozialwissenschaftlichen Analyse zugänglich. Die auf individuelle Merkmale des rechtsprechenden Personals sowie das empirisch feststellbare Verhalten von Richter*innen abzielende rechtssoziologische Forschung unterstellt, dass Gesetzestexte oder andere rechtliche Grundlagen nicht ausreichen, um richterliche Entscheidungen erklären zu können. Vielmehr gebe es rechtliche Lücken, unbestimmte Rechtsbegriffe und zudem würden Urteile nach der Durchführung gerichtlicher Verfahren gefällt, alles Faktoren, die die Entscheidungsfindung von Richter*innen prägen und beeinflussen könnten. Amerikanische Forscher*innen schlossen Ende der 1940er Jahre an diese Überlegungen an und gingen teilweise sogar darüber hinaus. Insbesondere die Schule des „Legal Realism" betrachteten Recht insgesamt als „richterliche Schöpfung" (Baer, 2023, S. 37), während die „Critical Legal Studies" der Frage nachgingen, „inwieweit die angeblich ‚saubere' Dogmatik nicht nur sozial, sondern auch politisch geprägt wird" (Baer, 2023, S. 37;

Epstein et al., 2013, S. 48–50). Auch dieser Ansatz lässt sich verkürzend zusammenfassen in dem Slogan: „It's the judge, stupid!"

Institutionentheorie: Selbstredend fanden auch verhaltenstheoretische Ansätze ihre Kritiker*innen: Zum einen wird verhaltenstheoretischen Ansätzen vorgehalten, dass in ihnen die rechtlichen und institutionellen Voraussetzungen richterlichen Entscheidens keine – zumindest keine ausreichende – Berücksichtigung finden würden. Wenn allein politische Präferenzen, sozialer Hintergrund oder berufliche Ambitionen Urteile von Richter*innen erklären, wo bleibt dann das Recht in der Urteilsfindung? Zum anderen stellt sich die Frage, ob es einen Unterschied ausmacht, ob Richter*innen alleine entscheiden oder in einem Spruchkörper. Oder ob die Erstellung eines Urteilstextes der Beratung in einem Richtergremium vorausgeht (wie beim Bundesverfassungsgericht) oder ihr folgt (wie beim US Supreme Court) (Cohen, 2014). Allgemeiner formuliert: Richter*innen operieren in einem rechtlich und politisch strukturierten Umfeld und in Institutionen. Mit Silvia von Steinsdorff (2019, S. 221) lässt sich diese Position dahingehend zusammenfassen, dass es weniger auf die von „Attitudinalisten" betonten individuellen Motive der Richter*innen ankommt, sondern auf **institutionelle Faktoren – wie Beratungsroutinen, eingeübte Verfahrensabläufe -,** die das Verhalten von Richter*innen „prädisponieren, kanalisieren und letztlich auch inhaltlich prägen". Komprimieren lässt sich dies in dem Satz: „It's the court, stupid!"

Insgesamt zeigt der kursorische Überblick, dass die dritte Gewalt bisher bestenfalls ansatzweise Gegenstand politikwissenschaftlicher Überlegungen geworden ist. Einschlägige Untersuchungen beschränken sich – von wenigen Ausnahmen abgesehen (Rehder, 2011) – institutionell auf die Verfassungsgerichtsbarkeit. Hinzu kommen entscheidungstheoretische Ansätze, die durch amerikanische Forschung inspiriert sind. Ansonsten sind Aufbau, Funktionsweise und Leistungsfähigkeit der Judikative politikwissenschaftlich unerschlossen.

4

Rechtsprechende Personen

Schlüsselwörter Jura-Studium · Richter*innen · Bestellungsverfahren · ehrenamtliche Richter*innen · Schöff*innen

Art. 92 GG vertraut die rechtsprechende Gewalt den „Richtern" an. Das scheint eindeutig genug. Die nähere Betrachtung der verfassungsrechtlichen Figur des „Richters" bringt allerdings eine ganze Reihe von Komplikationen und Differenzierungen hervor, die schon damit beginnen, dass mit „Richtern" keineswegs nur diejenigen gemeint sind, die nach § 5 DRiG die Befähigung zum Richteramt erworben haben und qua übertragenem Amt Recht sprechen. Vielmehr handelt es sich bei „den Richtern" des Art. 92 GG um haupt- wie um ehrenamtliche Richter*innen. Damit ist der Gegenstand dieses Kapitels skizziert: die rechtsprechenden Personen. Zuerst wird diskutiert, ob und inwiefern ein rechtswissenschaftliches

W. Reutter, *Der Rechtsstaat in Deutschland*, Elemente der Politik, https://doi.org/10.1007/978-3-658-50451-9_4

Studium die Tätigkeit eines*r Berufsrichters*in prägt (Abschn. 4.1); auf dieser Grundlage werden Bestellung und Demographie der Berufsrichter*innen dargestellt (Abschn. 4.2); sodann werden Status und Rolle ehrenamtlicher Richter*innen in der Rechtsprechung analysiert (Abschn. 4.3), ehe abschließend Bilanz gezogen wird (Abschn. 4.4).

4.1   Zwischen „Professionalisierung" und „Sozialisierung": die juristische Ausbildung

Für Ralf Dahrendorf (1965, S. 276) waren juristische Fakultäten „die einzige Institution (…), in der ein erheblicher Teil der deutschen politischen Klasse ein Stück ihres Lebensweges gemeinsam" ging. Diese Annahme scheint immer noch gültig. Zumindest waren in den neun Bundesregierungen zwischen 1990 und 2024 über 35 % der Regierungsmitglieder Volljurist*innen (DHB, 2022, S. 5; vgl. auch Deutscher Bundestag, 2024c). Die Ausbildung der Studierenden der Rechtswissenschaft dient also nicht nur der **qualifikatorischen Vorbereitung** eines Berufsstandes, sondern ebnet für viele zugleich den Weg in die **demokratische Elite** (Thieme, 1990).

Die Studienordnungen der juristischen Fakultäten reflektieren diese Anforderungen. Garantiert werden soll durch ein juristisches Studium nicht nur die „Professionalität" der Studierenden am Ende ihrer Ausbildung, eine nach Max Weber wichtige Legitimitätsquelle bürokratischer Herrschaft (Weber, 1985, S. 387–513 und S. 551–579; Baer, 2023, S. 131–140 und S. 171). Vielmehr soll das Studium der Rechtswissenschaft ebenso „zu kritischem Denken und zu verantwortlichem Handeln in einem freiheitlichen, demokratischen und sozialen Rechtsstaat" befähigen (§ 4 Abs. 1 der Fachspezifischen Studienordnung für den Studiengang Rechtswissenschaft der Humboldt-Universität zu Berlin). **Fachliche Expertise und demokratische Werte** sind jedoch nicht das Einzige, was in einem rechtswissenschaftlichen Studium erworben werden soll. Denn das juristische Studium besitzt darüber hinaus eine **„sozialisatorische Determinante"** (Böning & Schultz, 2019, S. 194, meine Hervorhebung), die in keinem rechtswissenschaftlichen Curriculum zu finden ist. Nach diesem „heimlichen Lehrplan" (Schultz et al., 2018, S. 204) wird nicht rechtliche Dogmatik gelehrt und werden Falllösungen geübt, sondern es wird durch „Beobachten und Mitmachen" gelernt, sich in die „Zunft" der Jurist*innen einzupassen und einen „Fachhabitus" auszubilden (Schultz et al., 2018, S. 204).

Die Analyse geht der verhaltenstheoretisch inspirierten Frage nach, ob und inwiefern sich in der Herkunft der Studierendenschaft (2), dem Aufbau und dem Inhalt des rechtswissenschaftlichen Studiums (3) sowie den Prüfungsmodalitäten (4) Belege finden lassen für diese Dimensionen der rechtswissenschaftlichen Ausbildung (Böning & Schultz, 2019; Schultz et al., 2019; s. auch Abschn. 3.3), wobei offen bleiben muss, ob und inwiefern ein juristisches Studium nicht nur gute Jurist*innen, sondern auch gute Demokrat*innen hervorbringt. Doch zuerst einige Zahlen zur langfristigen Entwicklung und zur Zusammensetzung der Studierenden (1).

(1) **Quantitative Entwicklung:** Mit 132.033 Studierenden an Universitäten und Fachhochschulen lag die Rechtswissenschaft im Sommersester 2023 an vierter Stelle der beliebtesten Studiengänge. Das waren mehr als zehnmal so viel wie noch 1950, als gerade einmal 12.161 Studierende in diesem Fach an einer Universität eingeschrieben waren (Statistisches Bundesamt, 1952, S. 71). Die

bemerkenswertesten Aufwüchse fanden in den 1970er Jahren statt, nach der deutschen Vereinigung 1990 sowie ab 2006 (Abb. 4.1 und 4.2). Rückläufig war die Anzahl der Studierenden zwischen 1996 und 2006, als die Debatte um eine „Juristenschwemme" die beruflichen Aussichten für Jurist*innen beträchtlich eintrübte. Seit 2020 sinkt die Anzahl der Jura-Studierenden erneut ebenso wie diejenige der Neueinschreibungen; im WS 2022/23 begannen gerade noch 13.703 Studierende ein rechtswissenschaftliches Studium; im Wintersemester 2023/24 waren es 13.896 (Statistisches Bundesamt, 2023c, 2024b).

Neben dem konjunkturell bisweilen gedämpften Wachstum fallen zwei Veränderungen in der Zusammensetzung der Studierendenschaft auf: die „Feminisierung" und – auf geringerem Niveau – die „Internationalisierung". Anzahl und Anteil der **Studentinnen** sind stetig

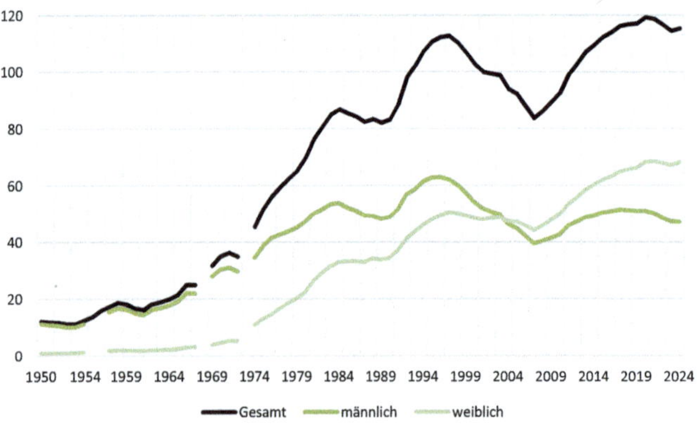

a) Jeweils Wintersemester, bis 1989 ehemaliges Bundesgebiet; bei variierenden Angaben für einzelne Jahre in unterschiedlichen Jahrbüchern wurde die jeweils aktuellere Zahl übernommen; für einzelne Jahre liegen keine Daten vor entweder zur Gesamtzahl und/oder zu weiblich/männlich.

Abb. 4.1 Studierende der Rechtswissenschaft (in Tsd.; 1950 bis 2024). Quelle: Statistisches Bundesamt, 1952–1976 (Tab.: Deutsche und ausländische Studierende an Wissenschaftlichen Hochschulen nach Fachrichtungen); Statistisches Bundesamt, 2025c

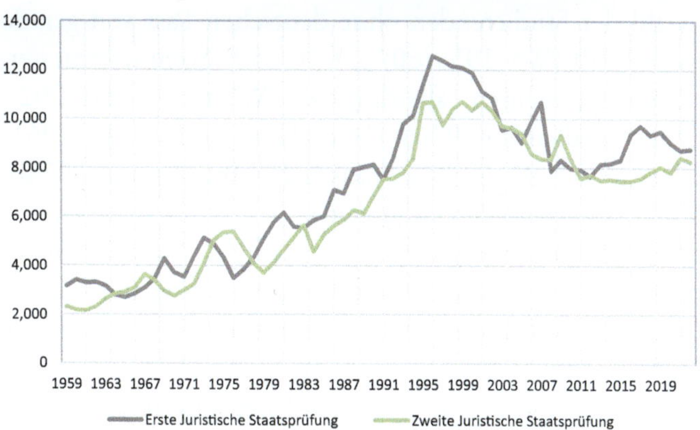

a) Ohne BA- und Masterabschlüsse sowie ohne 7.085 Prüfungen, die in einstufiger Ausbildung zwischen 1977 und 1993 abgeschlossen wurden (rund 417 pro Jahr)

Abb. 4.2 Studierende der Rechtswissenschaft: Anzahl der Staatsprüfungen (1959 bis 2022)[a]. Quelle: Eigene Darstellung; BfJ, 2024a, S. 16–18

gestiegen von 663 oder 5,4 % (1949/50) auf 67.971 oder 59,1 % (2024/25). Das erste Mal mehr weibliche als männliche Studierende gab es im Wintersemester 2004/05. Die Anzahl der weiblichen Studierenden hat sich damit mehr als verhundertfacht und ihr Anteil an den Studierenden der Rechtswissenschaft mehr als verzehnfacht (Statistisches Bundesamt, 1952, S. 71, 1961, S. 108 und 1972, S. 81, 2025c). Die „Feminisierung" (Böning & Schultz, 2019, S. 200–201) – oder „Verweiblichung" (Bryde, 2000, S. 148–151) – führt Bryde unter anderem darauf zurück, dass der Beruf der Richterin aufgrund der Arbeitsbedingungen „zu einem der beliebtesten Frauenberufe" geworden sei (Bryde, 2000, S. 149), eine durchaus gewagte Vermutung, da nur ein kleiner Teil der Studierenden nach dem Studium in den Richterdienst eintritt. Auf geringerem Niveau lassen sich ähnliche Veränderungen bei **nichtdeutschen Studierenden** feststellen. Jedenfalls ist die

Anzahl der Studierenden ohne deutschen Pass von gerade einmal 590 (WS 1959/60) auf 10.659 (Sommersemester, 2023) angewachsen, allerdings im Wintersemester 2024 wieder gefallen auf 9269 (Statistische Jahrbücher, 1961, S. 108 und 1991, S. 397; Statistisches Bundesamt, 2024b, 2025c; tw. eigene Berechnungen).

(2) **Soziale Herkunft:** Die amtliche Statistik bietet keine Daten zur **sozialen Zusammensetzung** der Studierenden der Rechtswissenschaft. Die alle vier Jahre durchgeführte Sozialerhebung des Studierendenwerkes zieht Informationen zum Bildungsstand der Eltern heran, um die soziale Herkunft der Studierenden abzubilden (Kroher et al., 2023, S. 25 f.). Dadurch sei es möglich, „die soziale Zusammensetzung der Studierendenschaft zu beschreiben wie auch den Einfluss der elterlichen Bildung auf den Studienerfolg zu untersuchen" (Kroher et al., 2023, S. 25 f.; vgl. auch Schultz et al., 2018, S. 205; Baer, 2023, S. 175). Die Erhebungen zeigen, dass „Personen aus statushöheren Herkunftsgruppen (…) häufiger prestigeträchtige Fächer wie Medizin und Rechtswissenschaft" studieren (Böning, 2017, S. 62) und die „akademische Reproduktionsquote" in der Rechtswissenschaft hoch ist, „auch wenn die Rechtswissenschaft sozial durchlässiger zu werden scheint" (Böning & Schultz, 2019, S. 199; vgl. auch Böning, 2017). Die Ergebnisse der letzten Sozialerhebung stützt diese Schlussfolgerung im Übrigen nicht. Denn danach hatten 64 % der Studierenden der Rechtswissenschaft zumindest ein Elternteil mit einem abgeschlossenen Hochschulstudium, bei 35,4 % hatten sogar beide Elternteile ein Studium absolviert. Nur 36 % der Studierenden der Rechtswissenschaft kam nach dieser Umfrage aus einem nichtakademischen Elternhaus (Kroher et al., 2023, S. 30 f.).

Die Frage, die sich daran unmittelbar anschließt, ist, inwiefern das Studium als „meritokratischer Gleichmacher" funktioniert, also als eine Ausbildung, in der allein „Leistung" zählt. Anders gesagt: Kann ein rechtswissenschaftliches Studium Personen mit individuellen Biografien und Voraussetzungen in **neutrale Volljuristen** verwandeln, in – polemisch formuliert – seelenlose „Subsumtionsautomaten'" (Schultz et al., 2018, S. 199), die unabhängig von weltanschaulicher Überzeugung, sozialer Herkunft und kulturellen Prägungen in gleicher Weise Recht anwenden? Studienaufbau, Studieninhalte und Studienziele entsprechen diesem übergreifenden Ziel.

(3) **Studium: Struktur und Inhalt der juristischen Ausbildung** haben sich seit Inkrafttreten des Gerichtsverfassungsgesetzes 1877 nicht wesentlich geändert (Korioth, 2006), obschon inzwischen die Möglichkeit besteht, einen Bachelor- oder Masterabschluss zu erwerben. Geregelt ist die Juristenausbildung im Deutschen Richtergesetz sowie den Juristenausbildungsgesetzen der Länder (Schultz et al., 2018, S. 189; Boning & Schultz, 2019, S. 194–196; Korioth, 2006). Im Ergebnis durchlaufen alle Studierende an juristischen Fakultäten „dieselbe bürokratiegeprägte, justizlastige Ausbildung zum ‚Volljuristen'" (Schultz et al., 2018, S. 189).

Das Studium der Rechtswissenschaft gilt als **lern- und arbeitsintensiv** und lässt wenig Raum für eine individuelle Gestaltung des Studienverlaufs oder des Studieninhalts (Kohler et al., 2006, S. 63 und 193). Vorgesehen ist ein viereinhalbjähriges Studium, von dem mindestens zwei Jahre an einer deutschen Universität zu absolvieren sind und das mit der Ersten Juristischen Prüfung (früher Erstes Staatsexamen) endet. Diesem Abschnitt folgt ein zweijähriger Vorbereitungsdienst (Referendariat) mit vier Pflichtstationen (ordentliches Gericht in Zivilsachen; Staatsanwaltschaft oder Gericht in Strafsachen; Verwaltungsbehörde und Anwaltskanzlei). Abgeschlossen wird das Referendariat mit dem Zweiten Staatsexamen

(Assessorexamen), mit dem die Befähigung zum Richteramt erworben wird (§ 5 Abs. 1 DRiG), das aber zugleich erlaubt, den Beruf des Staatsanwalts, des Notars oder des Anwalts zu ergreifen (Tab. 4.1).

Die **Universitäten** haben auf Struktur und Inhalt des Studiums nur unwesentlichen Einfluss; § 5a DRiG schreibt diesbezüglich das Wesentliche vor. Im Vordergrund des Studiums steht die „Vermittlung und der Erwerb von Kenntnissen des positiven (geschriebenen)

Tab. 4.1 Studium der Rechtswissenschaft – empfohlener Studienverlauf (Juristische Fakultät der HU Berlin)

FS	Studienabschnitt	Modul (Leistungspunkte)
1 2	Grundstudium	Zivilrecht I (19); Strafrecht I (15), Öffentliches Recht I (15); Rechtswissenschaftliche Fallbearbeitung (12); Grundlagen des Rechts (12), fachorientierte Fremdsprache (BZQ II; 05)
3 4	Hauptstudium	Zivilrecht II (13); Zivilrecht III (11); Strafrecht II (12); Öffentliches Recht II (15); Öffentliches Recht III (10); Schlüsselqualifikationen (BZQ I; 04)
5 6	Schwerpunktstudium	Universitärer Schwerpunkt (32)
7 8	Vertiefungsstudium	Vertiefung (Repititorium und Probeexamen) (50)
9	Examensvorbereitung	Examensklausurenkurs und Prüfungssimulation (mündlich) (50)
10	Staatliche Pflichtfachprüfung	
Vorlesungsfreie Zeit		Praktikum (BZQ III (15) Erste juristische Prüfung (sog. Referendarexamen) (270)

Quelle: nach Juristische Fakultät der HU Berlin, Informationen zum Studiengang Rechtswissenschaft, S. 3 (Stand 31.07.2025). https://www.rewi.hu-berlin.de/de/sp/2015/allg/infoblatt-rewi-31-07-2025.pdf

Rechts in den drei großen Feldern Öffentliches Recht, Strafrecht und Zivilrecht, seine Anwendung im Einzelfall und rechtspolitisch seine Veränderung" (Böning & Schultz, 2019, S. 196 f.; vgl. auch Wissenschaftsrat, 2012, S. 28). Während im universitären Studium das Erstellen von Rechtsgutachten dominiert, steht im praktischen Vorbereitungsdienst der Urteilsstil im Vordergrund, unbeschadet des Umstandes, dass ein Großteil der Jurist*innen als Anwältin oder Anwalt tätig ist und nicht als Richter*in oder Staatsanwalt/Staatsanwältin. Bisher unternommene Reformversuche verliefen weitgehend im Sande oder wurden wieder zurückgenommen. Immerhin wurde 2002 den Universitäten die Möglichkeit eingeräumt, Studienschwerpunkte anzubieten, die – abhängig vom Bundesland – meist zu 30 % in die Gesamtnote der Ersten Juristischen Prüfung eingehen. Doch ändert dies nichts an den grundlegenden Merkmalen des rechtswissenschaftlichen Studiums als in hohem Maße: **justizlastig, staatszentriert und „kanonisiert"** (Wissenschaftsrat, 2012, S. 30; Korioth, 2006). Der geringe Einfluss der Universitäten auf Inhalt und Struktur des Studiums manifestiert sich nicht zuletzt darin, dass – geschätzt – rund 90 % der Studierenden sich in kostenpflichtigen Repetitorien privat auf die Staatsprüfungen vorbereiten (müssen) (Kilian, 2016; Schultz et al., 2018, S. 201).

Neben dem gesetzlich vorgegebenen inhaltlichen Kanon des rechtswissenschaftlichen Studiums haben Untersuchungen einen „heimlichen Lehrplan" ausgemacht (Schultz et al., 2018, S. 204). Denn bei einem juristischen Studium geht es nicht nur um die Vermittlung fachlicher Qualifikationen und der rechtlichen Dogmatik in den genannten Rechtsgebieten. Vielmehr erfolgt, wie erwähnt, eine **„juristische Sozialisation"** (Böning & Schultz, 2019), eine „langsame Gewöhnung an die Gepflogenheiten und Konventionen des Faches" (Schultz et al.,

2018, S. 204). Erworben wird implizites Wissen durch Beobachten, Mitmachen und Adaption (Schultz et al., 2018, S. 204). Ein solches Wissen lässt sich nicht lehren, sondern nur lernen. Dies umfasst tradierte Konventionen und ungeschriebene Regeln, die bis zur Kleiderwahl gehen, eine „(habitualisierte) Gleichförmigkeit" ausbilden und einen „juristische[n] Blick' auf die Welt" befördern (Schultz et al., 2018, S. 206 und S. 197; Böning & Schultz, 2019, S. 197).

(4) **Prüfungen und Noten:** Unterstützt und verstärkt werden diese Prozesse durch die **Examina,** die sich als „Initiationsrituale" verstehen lassen (Schultz et al., 2018, S. 205). Durchschnittlich legten Studierende der Rechtswissenschaft im Jahr 2022 nach 10,6 Semestern die Erste Juristische Prüfung ab (BfJ, 2024a, S. 19). Einen Bachelorabschluss an einer Universität strebten im Sommersemester 2023 gerade einmal 10.676 der insgesamt 132.033 eingeschriebenen Studierenden an, 5163 einen Masterabschluss, 5912 eine Promotion; 107.289 wollten das Studium mit dem Staatsexamen beenden. An einer Fachhochschule waren 18.832 in einem rechtswissenschaftlichen Studiengang immatrikuliert (Statistisches Bundesamt, 2024b).

In Verbindung mit dem Studium führen die gemeinsam durchlittenen Prüfungsvorbereitungen und -belastungen zu einem „stark ausgeprägten Korpsgeist und einer klaren Identität als Jurist/in, die lebenslang anhält" (Schultz et al., 2018, S. 205). Die während des Studiums zu erbringenden Leistungsnachweise sind für die Endnoten meist ohne Bedeutung; allein die Note der universitären Schwerpunktbereichsprüfung geht in die Erste Juristische Prüfung ein, spielt aber bei Einstellungsverfahren keine oder eine untergeordnete Rolle (Schultz et al., 2018,

S. 211 bezogen auf NRW). Beide **Staatsexamina** werden entweder durch ein Oberlandesgericht oder durch das staatliche Landesprüfungsamt durchgeführt. Universitäten haben darauf keinen Einfluss. Zu erbringen sind – neben der Schwerpunktbereichsprüfung – je nach Bundesland zwischen fünf und sieben Klausuren bei der Ersten Juristischen Prüfung und sieben bis neun beim Zweiten Staatsexamen (BfJ, 2024a, S. 5 f. und 12–14). Hinzu kommen mündliche Prüfungen, die je nach Bundesland bestehen können aus Prüfungsgespräch, Kurzvortrag und/oder Aktenvortrag. Untersuchungen zeigen „geschlechts- und auch migrationsbezogene Benachteiligungseffekte in juristischen Staatsexamensprüfungen" (Böning & Schultz, 2019, S. 200 im Anschluss an Glöckner et al., 2017).

Für Jurist*innen eine herausgehobene Rolle spielt die **Note,** die bis auf zwei Stellen hinter dem Komma berechnet wird. Es gibt sogar eine eigene Notenskala, die nicht nur „ausreichend" (4,00 bis 6,49 Punkte), „befriedigend" (6,50 bis 8,99 Punkte), „gut" (11,50 bis 13,99 Punkte) und „sehr gut" (14,00 bis 18,00 Punkte) kennt, sondern auch „vollbefriedigend" (9,00 bis 11,49 Punkte), das die Schwelle zum Prädikatsexamen markiert. Die Durchfallquoten betrugen 2022 bei der staatlichen Pflichtfachprüfung 26,2 % und bei der Zweiten Juristischen Staatsprüfung 12,3 %. Mit einem Prädikatsexamen haben im selben Jahr insgesamt 2010 Studierende (21,0 %) das Zweite Staatsexamen abgeschlossen, 6 davon (0,1 %) mit „sehr gut", 207 (2,2 %) mit „gut" und der Rest – 1797 (18,7 %) mit „vollbefriedigend" (BfJ, 2024a, S. 11). Verstärkt werden diese Mechanismen durch hohe Abbrecherquoten während des Studiums (Heublein et al., 2022).

4.2 Berufsrichter*innen: demokratische Legitimation, richterliche Unabhängigkeit und „Klassenjustiz"

In einem vielbeachteten Aufsatz hat Ralf Dahrendorf Anfang der 1960er Jahre Züge einer „Klassenjustiz" in der Bundesrepublik Deutschland entdeckt (s. auch Kap. 2). Zwar wäre es „übertrieben" anzunehmen, so Dahrendorf (1960, S. 175), dass Rechtsprechung im Sinne einer „herrschenden Klasse" erfolgen würde. Dennoch dränge sich die Vermutung auf, dass „in unseren Gerichten die eine Hälfte der Gesellschaft über die ihr unbekannte andere Hälfte zu urteilen befugt" sei (Dahrendorf, 1960, S. 175; vgl. auch Dahrendorf, 1962). Dahrendorfs Untersuchung provozierte eine ganze Reihe rechtssoziologischer Studien über Zusammensetzung und soziale Herkunft der Richter*innen, wobei die Vermutung, richterliche Entscheidungen ließen sich auf die „Soziallage" der Richter*innen zurückführen, ohne überzeugenden Beleg blieb. Im vorliegenden Zusammenhang ergeben sich daraus drei Fragen: Welche **demographischen Merkmale** weist die Richterschaft auf (1)? Wie kommen Richter*innen ins **Amt** (2)? Wie wird ihre **Unabhängigkeit** garantiert (3)?

(1) **Entwicklung und Zusammensetzung:** Die Anzahl der Richter*innen hat sich in den letzten sechs Jahrzehnten nahezu verdoppelt (Tab. 4.2). Während 1960 noch 11.609 Richter*innen gezählt wurden, wies das Bundesamt für Justiz (BfJ) 60 Jahre später 21.943 „Arbeitskraftanteile" für Gerichte aus. Das sind zwar keine „Kopfzahlen", aber die Zahl gibt doch annäherungsweise an, wie viele Richter*innen 2020 im Justizdienst tätig waren. Die Steigerungen erfolgten mehr oder weniger sprunghaft

Tab. 4.2   Anzahl der Richter*innen in der Bundesrepublik Deutschland[a)b)]

	1960	1970	1980	1990	2000	2010	2020
Richter*innen gesamt	11.609	12.954	16.657	17.627	20.880	20.411	21.943
• Davon Frauen	349	964	2263	3109	5780	7848	10.419
Bund	293	492	499	513	495	457	461
• Davon Frauen	8	18	23	32	k.A	105	157
Länder	11.316	12.462	16.158	17.114	20.385	19.953	21.482
• Davon Frauen	341	946	2240	3077	k.A	7744	10.262
Einwohner*innen (in Mio.)	73,1	78,1	78,4	79,8	82,3	81,8	83,2
Richter*innen pro 100.000 Einwohner*innen	15,9	16,6	21,2	22,1	25,4	25,0	26,4
Anzahl der Richter*innen an[c)]							
• Verfassungsgerichten	81	83	90	102	k.A	164	164
• Ordentlichen Gerichten	9231	10.356	12.968	13.440	15.215	14.929	16.796
• Verwaltungsgerichten	794	910	1536	1810	2297	1884	2428
• Finanzgerichten	199	310	472	567	581	608	563
• Arbeitsgerichten	327	371	629	745	1110	1011	935
• Sozialgerichten	1007	971	997	1013	1182	1839	1917
• Dienst- u. Disziplinargerichten	481	586	667	771	k.A	k.A	k.A
• Bundespatent-/Truppendienstgericht	k.A	k.A	k.A	k.A	k.A	124	108

a) Z. T. 1.1. des Folgejahres; für 1990: Stand 1.1.1989.

b) Ab 2010 in Arbeitskrafteinheiten (nicht Kopfzahlen), auf- bzw. abgerundet.

c) Angegeben sind die Summen der Richter*innen an den einzelnen Gerichten; darin enthalten sind auch Richter*innen, die ihre Planstelle an einer anderen Dienststelle besitzen und dort auch gezählt sind (wie z. B. Richter an Landesverfassungs- oder an Disziplinargerichten); bei Richter*innen insgesamt sind sie nur einmal gezählt.

Quelle: Statistisches Bundesamt (1961, S. 123, 1971, S. 99, 1981, S. 323, 1990, S. 336, 2002, S. 341); BfJ (2022, 2024c); eigene Berechnungen.

durch den Ausbau des Justizwesens in den 1970er Jahren sowie durch den Aufbau der Justiz in den neuen Bundesländern in den 1990er Jahren. Diese Entwicklungen sind gleichzeitig Ursache für den aktuell zu bewältigenden Richtermangel, da die Richter*innen, die Anfang der 1990 Jahre eingestellt wurden, inzwischen pensioniert wurden oder demnächst in den Ruhestand treten.

Der Löwenanteil der Richter*innen ist in den **Ländern** beschäftigt; durchschnittlich waren dies rund 97 % (Tab. 4.2 und 4.3). Den Ländern kommt bei der Gewähr-

Tab. 4.3 Anzahl der Richter*innen nach Bundesländern[a,b,c]

	1960		1993		2020		„Dichte"[d]
	Abs	(%)	Abs	(%)	Abs	(%)	
BW	1268	(11,2)	2282	(11,3)	2407	(10,6)	21,7
BY	1817	(16,1)	2829	(14,0)	3185	(14,0)	24,2
BE	803	(7,1)	1307	(6,5)	1442	(6,3)	39,4
BB	–	–	283	(1,4)	769	(3,4)	30,4
HB	154	(1,4)	240	(1,2)	235	(1,0)	34,6
HH	495	(4,4)	806	(4,0)	835	(3,7)	45,1
HE	997	(8,8)	1822	(9,0)	1737	(7,6)	27,6
MV	–	–	253	(1,3)	456	(2,0)	28,3
NI	1325	(11,7)	2016	(10,0)	2094	(9,2)	26,2
NW	3097	(27,4)	4965	(24,6)	5300	(23,2)	29,6
RP	675	(6,0)	1055	(5,2)	1003	(4,4)	24,5
SL	198	(1,7)	323	(1,6)	254	(1,1)	25,8
SN	–	–	613	(3,0)	1109	(4,9)	27,3
ST	–	–	371	(1,8)	602	(2,6)	27,6
SH	487	(4,3)	744	(3,7)	785	(3,4)	27,0
TH	–	–	239	(1,2)	591	(2,6)	27,9
Gesamt	11.316	(100,0)	20.148	(100,0)	22.804	(100,0)	27,4

a) Z. T. 1.1. des Folgejahres; die Zahlen für 2020 stammen aus einer Antwort auf eine Anfrage im Bundestag; die Differenzen zu den Angaben in Tab. 4.2 ließen sich nicht aufklären.
b) Ab 2010 in Arbeitskrafteinheiten (nicht Kopfzahlen), auf- bzw. abgerundet.
c) Ohne Richter*innen an Landesverfassungsgerichten.
d) Anzahl der Richter*innen pro 100.000 Einwohner*innen (2020).
Quelle: Statistisches Bundesamt (1961, S. 123, 1971, S. 99, 1995, S. 367); BfJ (2022); eigene Berechnungen; Deutscher Bundestag (2020, S. 1 f.); Statistisches Bundesamt (2021a, b).

leistung des Rechtsstaatsprinzips mithin eine zentrale Rolle zu. Sie entscheiden darüber, wie Richter*innen bestellt werden, wer Richter*in wird und wie viele Richter*innen es geben soll (auf Grundlage verfassungs- und bundesrechtlicher Vorgaben). Dies verweist darauf, dass neben dem Demokratie- und Rechtsstaatsprinzip auch das **Bundesstaatsprinzip** für die Erfüllung dieser Staatsfunktion in hohem Maße relevant ist.

Nach Art. 30 GG ist die „Ausübung und die Erfüllung der staatlichen Aufgaben (…) Sache der Länder, soweit dieses Grundgesetz keine andere Regelung trifft oder zulässt." Die meisten Richter*innen fallen daher unter die Jurisdiktion der Länder, die in entsprechenden **Landesjustizgesetzen** Regelungen treffen über Aufbau und Struktur der Gerichtsorganisation. Zugleich regelt der Bund im Rahmen der konkurrierenden Gesetzgebung die „Gerichtsverfassung", das „gerichtliche Verfahren" sowie „die Statusrechte und –pflichten (…) der Richter in den Ländern mit Ausnahme der Laufbahnen, Besoldung und Versorgung" (Art. 74 Abs. 1 Nr. 27 GG). Es versteht sich, dass den Ländern unterschiedliches Gewicht zukommt, wobei 2020 die Anzahl der Richter*innen ebenso schwankte wie die Richterdichte, die in Hamburg mit 45,1 mehr als doppelt so hoch war wie in Baden-Württemberg, wo 21,7 Richter*innen auf 100.000 Einwohner*innen kamen.

Aktuelle Daten zur **sozialen Herkunft** der Richter*innen liegen nicht vor. Auffällig ist allerdings, dass bis in die späten 1970er Jahre der Rechtsstaat – soweit es die Richterschaft betraf – eine **„Männerbastion"** war. Die „Feminisierung" des Richterberufs erfolgte nur langsam. Erst im Jahr 2006 war ein Drittel der Richter*innen weiblich; 2020 waren es dann 47,5 %. Getrieben wurden diese Entwicklungen vor allem durch die ordentliche Gerichtsbarkeit, bei der sich zwischen 1960 und 2020 die Anzahl der Richter*innen nahezu verdoppelte. Allerdings ist das relative Gewicht dieses Gerichtszweiges von 79,9 (1970) auf 76,5 % (2020) gefallen. Es überrascht daher nicht, dass der Anteil der Richter*innen an Amts-, Land- und Oberlandesgerichten sowie dem Bundesgerichtshof rückläufig ist, während sich der Anteil der Verwaltungsrichter*innen nahezu verdoppelt hat von 6,8 (1960) auf 11,1 % (2020) (Tab. 4.2).

(2) **Bestellungsverfahren:** Wie erwähnt, Richter*innen sind unabhängig und nur dem Gesetz unterworfen. Doch auch sie benötigen eine **demokratische Rechtfertigung** für die Ausübung ihres Amtes. Bei einer Justiz, „deren Entscheidungsträger auf Lebenszeit ernannt sind, bildet die Richterbestellung eine letzte Chance zur unmittelbaren Personalsteuerung durch Regierungen und Parlamente" (Tschentscher, 2006, S. 2). Verfehlt wäre es, für die Richterbestellung dieselben Legitimationsanforderungen wie für Vertreter*innen der anderen Gewalten zu verlangen. Die Amtswalter der dritten Gewalt werden nicht periodisch abgewählt, unterliegen in ihrer Amtsausübung keiner Rechenschaftspflicht und keiner „inhaltlichen Anleitung" (Tschentscher, 2006, S. 3; Böckenförde, 1998, S. 71–80). Ihre Entscheidungen bleiben allein durch eine höhere Instanz überprüfbar. Obwohl Richter*innen „im Namen des Volkes" ihre Urteile sprechen, handeln sie nicht im Auftrag weder des Volkes noch eines anderen Organs. Allein das demokratisch beschlossene Gesetz, bestehendes Recht und die Verfassung sind Grundlage und Maßstab für ihre Entscheidungen.

Für die Legitimation von Richter*innen ist das **Bestellungsverfahren** das zentrale – und zugleich das einzige – demokratische Kontrollinstrument, das folglich nur ex ante wirken kann. Dessen ungeachtet zeigt die Darstellung, dass beachtliche **Unterschiede** sowohl zwischen Bund und Ländern als auch zwischen Gerichtsarten existieren, wobei ich mich allein auf den Bestellungsakt von Berufsrichter*innen (einschl. Bundesverfassungsgericht) und die ehrenamtlichen Richter*innen bei Landesverfassungsgerichten beschränke, also andere personalrechtliche Akte vernachlässige (wie z. B. Beförderungen oder Versetzungen). Maßstab für die Analyse ist die im Wesentlichen von Ernst-Wolfgang Böckenförde (1998, S. 71–79) entwickelte „Legitimationskette", die Eingang gefunden hat in die Rechtsprechung des Bundesverfassungsgerichtes. Danach bedürfen alle „mit der Ausübung staatlicher Befugnisse betrauten Amtswalter" eine „demokratische Legitimation" in der Form, dass zwischen dem Souverän und dem jeweiligen Amtswalter eine nicht unterbrochene Verknüpfung besteht. Nach herrschender Meinung ist eine solche Kette dann unterbrochen, „wenn Personen, die selbst nicht vom Volk gewählt oder durch gewählte Amtsinhaber bestellt sind, an der Bestellung von Richterinnen und Richtern in einem Maße mitwirken, das den legitimierten Einsetzungsorganen den letztentscheidenden Einfluß auf die Bestellung streitig macht" (Tschentscher, 2006, S. 300; vgl. auch Böckenförde, 1998, S. 74 f.; Wittreck, 2006, S. 116–118). Darüberhinausgehende Aspekte (z. B. die Mitwirkung von Präsidialräten) werden vernachlässigt. Grundsätzlich besitzen auf Landesebene die Landesregierungen nach Art. 98 Abs. 4 GG die Kompetenz zur Richterbestellung. Anders als Tschentscher (2006, S. 342–368) differenziere ich **vier Verfahrenstypen.** Außer bei Verfassungsrichter*innen gilt bei allen Verfahren das Prinzip der **Bestenauslese** (Art. 33 GG) (Tab. 4.4).

Parlamentsverfahren: Die Mitglieder der „obersten Hüter" des Grundgesetzes bzw. der Landesverfassungen werden durch dazu berufene **Verfassungsorgane** (Bundestag, Bundesrat, Landesparlamente) gewählt, wobei meist eine **qualifizierte Mehrheit** von zwei Dritteln der

Tab. 4.4 Bestellungsverfahren von Richter*innen in Bund und Ländern: idealtypische Darstellung

	Parlamentsverfahren	Kondominialmodell Bund	Kondominialmodell Länder	Exekutivmodell (Ministerialverwaltung)
Gerichte	Verfassungsgerichte in Bund und Ländern	Fünf oberste Bundesgerichte	Gerichte in den Ländern: BE, BB, HB, HH, HE, RP, SH, TH,	Gerichte in den Ländern BW, BY, MV, NI, NW, SL, SN, ST
Auslesekriterium	–	Bestenauslese	Bestenauslese	Bestenauslese
Bestellungs- bzw. Wahlorgane	Bundestag und Bundesrat/Landesparlamente	Justiz- bzw. Fachminister gemeinsam mit Richterwahlausschuss („Kondominium")	Justiz- bzw. Fachminister gemeinsam mit Richterwahlausschuss („Kondominium")	Justizminister/ Landesregierung
Verfahren	Wahl („geheim", „ohne Aussprache")	Wahl durch Ausschuss gemeinsam mit Minister	Ernennung durch Minister auf Grundlage von Ausschussvorschlag; tw. Wahl durch Ausschuss	Exekutive Ernennung durch Minister oder Ministerpräsident
Mehrheitserfordernis	Zweidrittelmehrheit; tw. einfache oder absolute Mehrheit bei Landesverfassungsrichtern	„Doppelte Mehrheit" von Ausschuss und gewählten Mitgliedern	„Doppelte Mehrheit" von Ausschuss und gewählten Mitgliedern	–
Beteiligung Richterschaft (Kooptation)	Grundsätzlich Nein (Vorschlagslisten möglich)	Keine Kooptation möglich	Im Ausschuss berufsständische Vertretung; tw. Kooptation möglich	Keine Kooptation möglich

Quelle: Eigene Darstellung

jeweiligen Mitglieder oder zumindest der abgegebenen Stimmen erforderlich ist (in Baden-Württemberg, Bayern, Bremen, Hamburg und Hessen sind geringere Mehrheiten notwendig). Die **Legitimationskette** ist bei solchen **parlamentszentrierten Verfahren** ununterbrochen. Nicht vom Souverän zumindest indirekt legitimierte Akteure sind an den Verfahren nicht entscheidungsmächtig beteiligt; die Möglichkeit zur Kooptation ist ausgeschlossen. Allein die beiden Richter*innen, die einem Landesverfassungsgericht *ex officio* angehören (Bremen und Rheinland-Pfalz), werden durch den jeweiligen Richterwahlausschuss gewählt und den*r entsprechenden Minister*in ernannt. Solche parlamentszentrierten „politischen" Verfahren entsprechen dem Status der Verfassungsgerichte als Verfassungsorgane.

Solche Verfahren sind störanfällig, wenn in einem Wahlorgan Parteien vertreten sind, die außerhalb des Verfassungskonsenses stehen und über eine sogenannte Sperrminorität verfügen wie aktuell die AfD in zwei ostdeutschen Landesparlamenten. Eine notwendige Zweidrittelmehrheit kann dann eine destruktive Wirkung entfalten, indem Wahlen torpediert werden. Auf Bundesebene wurde deswegen 2024 die Möglichkeit geschaffen, dass Bundestag bzw. Bundesrat eine Ersatzwahl vornehmen können, sollte die Wahl eines*r Richter*in in dem jeweils eigentlich zuständigen Organ für drei Monate scheitern. Der einfachgesetzlich geregelte Ersatzwahlmechanismus soll verhindern, dass die AfD mit einer aktuell durchaus möglich erscheinenden Sperrminorität Wahlen von Verfassungsrichter*innen blockiert. Bisher ist dieser Mechanismus noch nicht in Anspruch genommen worden. Auf Landesebene wurden noch keine entsprechenden Vorkehrungen getroffen, obschon in Thüringen und Brandenburg in der laufenden Legislaturperiode eine Anzahl neuer Verfassungsrichter*innen zu wählen sind. Hier sollen

Stellvertreterregelungen sowie die kommissarische Weiterführung der Ämter die Funktionsfähigkeit der Landesverfassungsgerichte garantieren (Kap. 7; Reutter, 2024d, a, S. 139–148).

Kondominialmodell Bund (Tschentscher, 2006, S. 322–339; Wittreck, 2006, S. 307–309): Für die obersten Gerichtshöfe des Bundes sieht Art. 95 Abs. 2 GG einen **Richterwahlausschuss** vor, dem 16 durch den Bundestag gewählte Abgeordnete sowie 16 Fachminister der Länder „kraft Amtes" angehören; das sind „die Landesminister, zu deren Geschäftsbereich die diesem obersten Gerichtshof im Instanzenzug untergeordneten Gerichte des Landes gehören" (§ 3 Abs. 1 RiWahlG). Die Mitglieder „kraft Wahl müssen zum Bundestag wählbar und im Rechtsleben erfahren sein" (§ 4 Abs. 1 RiWahlG). Nach § 12 RiWahlG entscheidet der Richterwahlausschuss in geheimer Abstimmung, wer als Bundesrichter*in ernannt werden soll. Der fachlich zuständige Bundesminister – das kann der Sozialminister sein, wenn es um das Bundessozialgericht geht – kann dem Vorschlag zustimmen oder ihn ablehnen, er kann jedoch keinen eigenen Vorschlag unterbreiten. Die meisten Vorschläge kommen aus den Landesministerien (Deutscher Bundestag, 2022a, S. 10). Der Ausschuss ist folglich „Wahlorgan", der Minister „Zustimmungsorgan" (Tschentscher, 2006, S. 334). Die Legitimationskette ist bei diesem Kondominialmodell ununterbrochen, eine Kooptation von Richter*innen in Bundesgerichte ohne Beteiligung von demokratisch gewählten Organen ist ausgeschlossen.

Kondominialmodell Länder: Nach Art. 98 Abs. 4 GG können die Länder bestimmen, dass „über die Anstellung der Richter in den Ländern der Landesjustizminister gemeinsam mit einem Richterwahlausschuss entscheidet". Richterwahlausschüsse gibt es in: Berlin, Brandenburg, Hessen, Rheinland-Pfalz, Schleswig–Holstein und Thüringen. Bremen und Hamburg, die Tschentscher (2006, S. 361–365) als Sonderfälle qualifiziert, werden hier ebenfalls dem Ausschussverfahren oder dem Kondominialmodell zugeordnet. Grundsätzlich entscheiden in diesem Modell **Ausschuss und Justizminister*innen** (bzw. zuständige Ressortminister*innen) gemeinsam über eine Ernennung. Die Länder sind weitgehend frei in der Ausgestaltung dieses Verfahrens. Dementsprechend variantenreich fallen die Regelungen aus. Richterwahlausschüsse setzen sich meist zusammen aus Abgeordneten des jeweiligen Landesparlaments sowie Vertreter*innen einschlägiger Berufsstände (Richter*innen, Staats- oder Rechtsanwälte etc.), wobei in manchen Ländern die von Berufsgruppen vorgeschlagenen Vertreter*innen eine demokratische Bestätigung durch das Landesparlament erfahren, während in anderen eine solche Bestätigung nicht erforderlich ist (Tschentscher, 2006, S. 355; Deutscher Bundestag, 2022a, S. 6). In einigen Fällen gehört zudem ein*e Vertreter*in der Landesregierung diesem Gremium an. Tschentscher sieht in der konkreten Verfahrensausgestaltung eine ganze Reihe von Problemen. So darf die Kompetenz des jeweiligen Richterwahlausschusses „nicht über das Kondominium einer gleichberechtigten Mitentscheidung hinausgehen" (Tschentscher, 2006, S. 350), wobei für die Wahl eines*r Richters*in nicht nur die Ausschussmehrheit notwendig ist, sondern ggfs. auch die Mehrheit der demokratisch gewählten Mitglieder. Nicht alle diesem Typ zugeordneten Fälle erfüllen nach Tschentscher diese Anforderung. So werden in Hessen nur sieben der dreizehn Ausschussmitglieder durch den Landtag gewählt, die restlichen sechs werden lediglich durch die Berufsvereinigungen benannt, aber nicht durch den Landtag per Wahl bestätigt (Tschentscher, 2006, S. 355). Auch in Thüringen und teilweise in Schleswig–Holstein sieht Tschentscher (2006, S. 358 und 359) das „Kriterium der doppelten Mehrheit nicht" immer erfüllt.

Exekutivmodell (Ministerialverfahren): Beim Exekutivmodell oder Ministerialverfahren entscheidet ein fachlich zuständiger **Minister** oder die **Landesregierung** als Kollegialorgan über die Ernennung von Richter*innen (Tschentscher, 2006, S. 342–350). Ein solches Verfahren findet sich in Baden-Württemberg, Bayern, Mecklenburg-Vorpommern, Niedersachsen, Nordrhein-Westfalen, Sachsen, Sachsen-Anhalt sowie im Saarland. Für Tschentscher sind Baden-Württemberg und Mecklenburg-Vorpommern Sonderfälle, weil rechtlich zwar Richterwahlausschüsse vorgesehen sind, diese aber entweder nicht eingerichtet wurden (MV) oder nur „subsidiär" zum Einsatz kommen (Tschentscher, 2006, S. 360). Berufsständischen Organen (Präsidialräte, Richterbund etc.) kommt allenfalls eine beratende, aber keine (mit-)entscheidende Rolle zu. Es handelt sich in diesen Fällen um eine „reine Exekutivbestellung" (Tschentscher, 2006, S. 346), die vom „herrschenden organisatorisch-formalen Modell demokratischer Legitimation als am wenigsten problematisch" angesehen werden kann (Tschentscher, 2006, S. 342). Selbstredend gilt die Bestenauslese.

Auch wenn legitimationstheoretisch die Verfahren unterschiedlich zu bewerten sind, werden alle Varianten aus ähnlichen Gründen **kritisiert.** Sie gelten als **intransparent** und offen für **parteipolitischen Einfluss.** Eine solche Kritik wird gegen das Parlamentsverfahren zur Wahl von Verfassungsrichter*innen ebenso vorgebracht wie gegen das Kondominialmodell oder das Ministerialverfahren. Die Richterbund fordert daher schon lange die „Selbstverwaltung der Justiz", die das Recht erhalten müsse, „im verfassungsrechtlich zulässigen Rahmen ihre Personalentscheidungen selbst zu treffen" (Deutscher Richterbund, 2018). Hans-Jürgen Papier hält es allerdings für eine „Illusion" zu glauben, Personalentscheidungen durch richterliche Gremien und in richterlicher Selbstverwaltung seien immer und ausschließlich fachlich orientiert. Auch innerhalb der Richterschaft gebe es Interessenfraktionen parteipolitischer oder standespolitischer Art, „vielleicht auch nur in Form von Karriereseilschaften" (Papier, 2019, S. 202), ganz abgesehen davon, dass durch solche Formen der Selbstverwaltung der beklagten Intransparenz der Bestellungsverfahren wohl kaum abgeholfen werden kann.

(3) Unabhängigkeit: Richter*innen sind, wie erwähnt, **unabhängig** und **nur dem Gesetz** unterworfen. Diese grundlegende rechtsstaatliche Anforderung prägt den Status von Richter*innen, der im Wesentlichen im Deutschen Richtergesetz und den jeweiligen Landesgesetzen ausbuchstabiert wird (Heyde, 1995, S. 1615–1622). Im internationalen Vergleich gilt die richterliche Unabhängigkeit in der Bundesrepublik Deutschland als hoch, was in Umfragen Bestätigung findet (Birkenkötter & Burchardt, 2025, S. 42 f.). Das Gerichtsverfassungsgesetz (§ 1 GVG) wiederholt nahezu wortgleich den in Art. 97 GG festgelegten Grundsatz der richterlichen Unabhängigkeit, erweitert ihn jedoch auf die „richterliche Gewalt" insgesamt, also auf die Institutionen der Rechtsprechung, während in § 25 DRiG lediglich „[d]er Richter" genannt ist. Richterliche Unabhängigkeit bedeutet, dass Exekutive und Legislative keinen Einfluss nehmen dürfen auf die richterliche Urteilsfindung. Zugleich ist anderen Richter*innen oder dem*der Gerichtspräsident*in untersagt, über die Zuteilung von Fällen oder durch Hinweise zur Verhandlungsführung die Entscheidungsfindung eines*r Richter*in zu beeinflussen. Insoweit manifestiert sich in der Unabhängigkeit der Richter*innen nicht nur das grundlegende Prinzip der Gewaltenteilung, sondern auch der Anspruch auf den gesetzlichen Richter, dem nach vorab festgelegten Regeln ein Fall zugewiesen wird und dem deswegen unterstellt werden kann, „neutral" zu sein. Die **sachliche und persönliche Unabhängigkeit** schließt selbstredend ein, dass Richter*innen aufgrund ihrer Entscheidungen keine beruflichen Nach- oder Vorteile erfahren dürfen. Sie dürfen weder versetzt noch befördert werden mit der Begründung, dass sie bestimmte Urteile gefällt hätten. Eine Korrektur von Entscheidungen erfolgt ausschließlich durch eine nächsthöhere Instanz oder durch ein Verfassungsgericht. Die Tätigkeit eines*r Richters*in ist damit weitgehend geschützt, soweit – salopp formuliert – sie sich auf die Arbeit im Gerichtssaal bezieht und sie nicht offensichtlich rechtswidrig, sprich: willkürlich, ausgeübt wird.

Sobald Richter*innen andere als unmittelbar der rechtsprechenden Gewalt zugehörige Funktionen erfüllen, unterliegen sie den üblichen aufsichts- und dienstrechtlichen Vorschriften. Sie walten dann nicht mehr ihres Amtes als unabhängige Richter*innen (Böckenförde, 1998, S. 62–66), sondern erfüllen administrative, berufsständische oder andere Aufgaben. Es beeinträchtigt daher nicht die richterliche Unabhängigkeit, wenn Richter*innen beurteilt werden, wenn ihnen Dienstvorgesetzte Weisungen erteilen (z. B. bezüglich der Fallzahlen etc.) und anderes mehr.

4.3 Ehrenamtliche Richter*innen, Schöff*innen, Handelsrichter*innen und Laienrichter*innen

Mit ehrenamtlichen Richter*innen und insbesondere mit Schöff*innen sind hohe Erwartungen verbunden. Sie haben ihre Wurzeln in der liberalen Freiheitsbewegung des 19. Jahrhunderts und im „politischen Kampf um Bürgerrechte und gegen die Willkür landesherrlicher Justiz" (Lieber & Sens, 2020, S. 18). Sukzessive wurden in allen Zweigen der Fachgerichtsbarkeit ehrenamtliche

Richter*innen eingesetzt und nach 1945 sogar in Landesverfassungsgerichten.

Kühne (1985) sieht die **Mitwirkung von ehrenamtlichen Richter*innen** in der Gerichtsbarkeit in dreifacher Weise **gerechtfertigt.** Das **Demokratieprinzip** gebiete, erstens, eine direkte Beteiligung der Staatsbürger*innen an der dritten Gewalt. Dies trage zur Legitimation des Justizsystems bei, garantiere ein Minimum an demokratischer „Öffentlichkeit auch im Beratungszimmer" (Lieber & Sens, 2020, S. 24) und könne ggfs. einen „Ausgleich der Sozialstruktur der Berufsrichter bewirken" (Heyde, 1995, S. 1623). Der Souverän nimmt insoweit unmittelbar an der Staatsgewalt teil. Zudem werde, zweitens, die **Qualität der Rechtsprechung** erhöht, weil ehrenamtliche Richter*innen über eine größere „Bürgernähe" als Berufsrichter*innen, über einen ausgeprägten „Gegenwartsbezug" und über ein spezifisches „Rechtsempfinden" verfügen würden, das ihnen eine unabhängige „Plausbilitätskontrolle" der richterlichen Entscheidungen erlaube (Kühne, 1985, S. 238). Ehrenamtliche Richter*innen sind damit „internes Kontrollinstrument gegenüber den Berufsrichtern", zumal sie nicht in „das System der Justiz mit ihren Beförderungen, und Beurteilungen und den gerichtsinternen Beeinflussungen" eingebunden seien (Lieber & Sens, 2020, S. 24 und 26). Schließlich könnten, drittens, Schöff*innen einen „volkspädagogischen Effekt" auslösen, weil sie als **Vermittler** zwischen Rechtsprechung und „Volk" zur Akzeptanz von Entscheidungen beitragen könnten (Kühne, 1985, S. 238 f.; Lieber & Sens, 2020, S. 25 f.; Le Bouedec, 2018; Linkenheil, 2003).

Alle drei Argumente, die Kühne allein auf Schöff*innen im Strafprozess bezieht, lassen sich ohne Weiteres verallgemeinern und auf ehrenamtliche Richter*innen im Allgemeinen anwenden (Heyde, 1995, S. 1623). Diesen Aspekten wird im Weiteren nachgegangen: Untersucht wird, inwieweit die Bestellungsverfahren (2) der ehrenamtlichen Richter*innen und deren Zusammensetzung (3) zur demokratischen Legitimation des Justizsystems beitragen können. Nicht überprüfen lässt sich, ob und inwieweit die Mitwirkung von ehrenamtlichen Richter*innen die Qualität der Rechtsprechung verbessern kann. Ihre Rolle in Gerichtsverfahren wird zudem noch einmal in Kap. 5 angesprochen. Vorab sind einige Bemerkungen zur Begrifflichkeit erforderlich (1).

(1) Heyde definiert einen „ehrenamtlichen Richter" als Person, die „ohne Berufsrichter zu sein, kraft besonderer gesetzlicher Bestimmung in einem Gericht mit vollem Stimmrecht mitwirkt" (Heyde, 1995, Rn. 85). Gemeinsam ist allen ehrenamtlichen Richter*innen, dass sie für ihre Aufgabe, Recht zu sprechen, bestenfalls eine Aufwandsentschädigung erhalten. Eine juristische Ausbildung ist i. d. R. nicht erforderlich, vielfach sogar ein Ausschlussgrund für die Übernahme eines solchen Amtes. Damit enden die Gemeinsamkeiten. Schon die **Bezeichnung** ist uneinheitlich. Sie hängt vom Gerichtszweig ab: In der Strafgerichtsbarkeit heißen die ehrenamtlichen Richter*innen „Schöffen", in den anderen Zweigen der Fachgerichtsbarkeit „ehrenamtliche Richter" und in den Kammern für Handelssachen „Handelsrichter" (Tab. 4.5). Einen Sonderfall stellen wiederum **Landesverfassungsgerichte** dar: Anders als beim Bundesverfassungsgericht sind in den Ländern die Richter*innen der obersten Gerichte ehrenamtlich oder nebenberuflich tätig, die meisten davon müssen jedoch über eine juristische Ausbildung verfügen. Mehr als die Hälfte ist in ihrem Hauptberuf Berufsrichter*in, die meisten anderen lehren Recht an einer Universität oder üben als Anwalt/Anwältin einen juristischen Beruf aus (Reutter, 2020b). Es gibt zudem die Möglichkeit, z. T. ist dies sogar verfassungsrechtlich vorgeschrieben (z. B. in Baden-Württemberg), dass ein Teil der

Tab. 4.5 Ehrenamtliche Richter*innen

Repräsentations-prinzip	„Deskriptive Repräsentation" (Vertreter*innen des „Volkes")	„Funktionale Repräsentation" (Sachkunde)	„Ständische Repräsentation" (Berufsgruppen)
Gerichtszweige (Bezeichnung)	Strafgerichtsbarkeit (Schöff*innen)	Jugendkammern (Jugendschöff*innen)	Disziplinargerichte für Beamte (ehrenamtliche Richter*innen)
	Verwaltungsgerichtsbarkeit (ehrenamtliche Richter*innen)	Ehrenamtliche Richter*innen in: • Landwirtschaftsverfahren • In Flurbereinigungsgerichten • In der Arbeitsgerichtsbarkeit • In der Finanzgerichtsbarkeit	Richterdienstdienst- und Wehrgerichte
			Berufsgerichte der freien Berufe für: Rechtsanwälte, Notare, Heilberufe, Architekten und Stadtplaner, Ingenieure, Wirtschaftsprüfer, Steuerberater und -bevollmächtigte
	Ehrenamtliche Richter*innen in Landesverfassungsgerichten		
	Ehrenamtliche Richter*innen in der Sozialgerichtsbarkeit		

Quelle: Nach Lieber und Sens (2020, S. 12); eigene Ergänzungen.

Verfassungsrichter*innen „Laienrichter*in" zu sein hat, sprich: keine juristische Ausbildung abgeschlossen haben darf.

(2) Die **Bestellungsverfahren** für ehrenamtliche Richter*innen variieren nach Gerichtszweig, z. T. nach Instanz und nach Bundesland. Der folgende Überblick zeigt die Verfahrensvielfalt sowie die variierenden Repräsentationsvorstellungen, die dem jeweiligen Bestellungsmodus unterlegt sind (Tab. 4.5).

In der **Strafgerichtsbarkeit** heißen die ehrenamtlichen Richter*innen **Schöff*innen** bzw. **Jugendschöff*innen** (im Jugendstrafrecht). In diesem Zweig der Rechtsprechung können Schöff*innen in den ersten beiden Instanzen zum Einsatz kommen, wobei sie beim Schöffengericht (1. Instanz) und in der Kleinen Strafkammer (Berufungsinstanz) sogar eine Mehrheit bilden. Ihre Wahl erfolgt in zwei Schritten: Im ersten stellen die Gemeinderäte für die allgemeine Strafgerichtsbarkeit und die Jugendhilfeausschüsse für die Jugendstrafgerichte Vorschlagslisten auf, die „mindestens doppelt so viele Personen" enthalten sollen, „wie als erforderliche Zahl von Haupt- und Ersatzschöffen" bestimmt werden müssen (§ 36 Abs. 3 GVG). Zudem sollen die Listen „alle Gruppen der Bevölkerung nach Geschlecht, Alter, Beruf und sozialer Stellung angemessen berücksichtigen" (§ 36 Abs. 2 GVG). Bei Jugendschöffengerichten „sollen" zu „jeder Hauptverhandlung ein Mann und eine Frau herangezogen werden". Aus den so erstellten Listen wählt ein Ausschuss am Amtsgericht im zweiten Schritt diejenigen Kandidat*innen aus, die in einem Verfahren zum Einsatz kommen sollen. Dieser Ausschuss besteht aus dem*r Richter*in beim Amtsgericht als Vorsitzende*n, einem von der Landesregierung zu bestimmenden Verwaltungsbeamten sowie sieben Vertrauenspersonen als Beisitzer (§ 40 GVG). Die Amtszeit der Schöff*innen beträgt fünf Jahre; wählbar sind Deutsche, die mindestens 25 und höchstens 69 Jahre (Sollvorschrift) alt sind. Angehörige eines Justizberufes, Mitglieder eines Parlamentes, vorbestrafte Personen u. a. sind vom Schöffenamt ausgeschlossen. Folgt man einer Umfrage, hat sich der ganz überwiegende Anteil der Befragten (80 %) aktiv um das Amt beworben, der Rest wurde entweder von einer Organisation vorgeschlagen oder ohne eigene Initiative zum*r Schöffen*in berufen (Iberl & Kinzig, 2023, S. 47).

In ähnlicher Weise erfolgt die Wahl der ehrenamtlichen Richter*innen in der **Verwaltungsgerichtsbarkeit.** Auch hier werden alle fünf Jahre Vorschlagslisten aufgestellt, dann allerdings von Landkreisen und kreisfreien Städten (oder den Bezirken in den Stadtstaaten). Wie bei der Strafgerichtsbarkeit wählt ein am jeweiligen Gericht gebildeter Wahlausschuss die Personen aus, die als ehrenamtliche Richter*innen zum Einsatz kommen sollen. Vorgaben zur Zusammensetzung der Listen bestehen nicht. Es gelten jedoch dieselben Wählbarkeitsvoraussetzungen und Unvereinbarkeiten wie für Schöff*innen, allerdings überlässt es der Bundesgesetzgeber (§ 9 Abs. 3 VwGO) den Ländern, ob ehrenamtliche Richter*innen in einer zweiten Instanz, den Oberverwaltungsgerichten bzw. den Verwaltungsgerichtshöfen, eingesetzt werden müssen. Elf Länder haben von dieser Möglichkeit Gebrauch gemacht; Bayern, Baden-Württemberg, Sachsen, Thüringen und das Saarland haben davon abgesehen. In dritter Instanz, dem Bundesverwaltungsgericht, entscheiden allein Berufsrichter*innen. Anders als in der Strafgerichtsbarkeit bilden ehrenamtliche Richter*innen in der Verwaltungsgerichtsbarkeit auf keiner Stufe eine Mehrheit. Die Kammern der Verwaltungsgerichte bestehen aus drei Berufs- und zwei ehrenamtlichen Richter*innen, es sei denn, es entscheidet ohnehin ein*e Einzelrichter*in (§ 5 Abs. 3 VwGO). Wie bei der Strafgerichtsbarkeit ist die Mitwirkung ehrenamtlicher

Richter*innen auf die mündliche Verhandlung beschränkt, allerdings können die ehrenamtlichen Richter*innen, anders als in der Strafgerichtsbarkeit, Akteneinsicht beantragen, was aber nur selten vorzukommen scheint. Gemeinsam ist beiden Verfahren die Repräsentationsvorstellung: Vorgeschlagen werden beliebig ausgewählte Personen, sofern sie die Wählbarkeitsvoraussetzungen erfüllen; das Wahlorgan ist eine demokratisch legitimierte Kommunalvertretung, und die Zusammensetzung sollte wichtige gesellschaftliche Gruppen widerspiegeln.

Bei der **Arbeitsgerichtsbarkeit** stellen die ehrenamtlichen Richter*innen in den ersten beiden Instanzen die Mehrheit, wenn Kammern Entscheidungen treffen; erst in den 10 Senaten des Bundesarbeitsgerichts sind Berufsrichter*innen in der Mehrheit. In der Arbeitsgerichtsbarkeit werden ehrenamtliche Richter*innen nicht gewählt, sondern „berufen", und zwar durch das jeweilige Ministerium, das ehrenamtliche Richter*innen von Listen auswählt, die Gewerkschaften, andere Arbeitnehmervereinigungen und Arbeitgebervereinigungen erstellt haben. Eine Eigenbewerbung ist nicht vorgesehen, kommt aber wohl durchaus vor (Höland & Buchwald, 2018, S. 26). Das Mindestalter für die Übernahme eines solchen Amtes variiert zwischen 25 (Arbeitsgericht), 30 (Landesarbeitsgericht) und 35 Jahren (Bundesarbeitsgericht). Zudem müssen ehrenamtliche Richter*innen bei einem Landes- bzw. beim Bundesarbeitsgericht mindestens fünf Jahre das Ehrenamt in einer ersten Instanz ausgeübt haben sowie über besondere Kenntnisse und Erfahrungen auf dem Gebiet des Arbeitsrechts verfügen. Schließlich müssen sie Arbeitgeber*in oder Arbeitnehmer*in sein (eine vorübergehende Arbeitslosigkeit ist kein Ausschlussgrund).

Die Berufung von ehrenamtlichen Richter*innen in der **Sozialgerichtsbarkeit** erfolgt – weitgehend – analog zu derjenigen in der Arbeitsgerichtsbarkeit. Auch in der

Sozialgerichtsbarkeit gilt ein zweistufiges Verfahren mit Erstellung von Listen und Berufung ins Amt. Die Vorschlagslisten werden von fachpolitischen Vereinigungen aufgestellt. Bei Angelegenheiten, die das Sozialversicherungsrecht betreffen, sind dies Gewerkschaften, Arbeitgeberverbände oder andere sozialpolitische Vereinigungen; bei krankenversicherungsrechtlichen Streitigkeiten schließt dies auch kassenärztliche und kassenzahnärztliche Vereinigungen ein; bei asylrechtlichen Streitigkeiten haben Kreise und Gemeinden das Recht zur Listenerstellung, das in der dritten Instanz auf kommunale Spitzenverbände übergeht. Im Unterschied zur Arbeitsgerichtsbarkeit wählt nicht der*die fachlich zuständige Minister*in, sondern das jeweilige Landessozialgericht die Kandidat*innen aus den Vorschlagslisten aus. Auch bei der Sozialgerichtsbarkeit variiert das Mindestalter zwischen 25 (erste Instanz), 30 (Landessozialgericht) und 35 Jahren (Bundessozialgericht), wobei hier ebenso gilt, dass in der zweiten und dritten Instanz nur als ehrenamtliche*r Richter*in berufen werden soll, wer bereits vorher fünf Jahre an einem Sozialgericht in erster Instanz tätig gewesen war. Ein Sozialgericht besteht aus einem*r Berufsrichter*in, der*die zugleich Vorsitzende*r ist, sowie zwei ehrenamtlichen Beisitzer*innen. Bei den Landessozialgerichten ebenso wie beim Bundessozialgericht bestehen die Senate hingegen aus drei Berufsrichter*innen sowie zwei ehrenamtlichen Richter*innen. Nach der bereits zitierten Studie von Höland & Buchwald (2018, S. 46 f.) sind durchschnittlich 21 % der befragten ehrenamtlichen Richter*innen der Sozialgerichte in Baden-Württemberg und Berlin aufgrund einer eigenen Bewerbung in die Vorschlagslisten aufgenommen worden (in BW waren es 12, in Berlin 37 %); der überwiegende Rest – 73 % der Befragten – wurde von einer vorschlagsberechtigten Vereinigung gefragt; ohne eigene Kenntnis vorgeschlagen wurden 6 %.

Wieder anderen Regeln folgt die Bestellung von ehrenamtlichen Richter*innen in der **Finanzgerichtsbarkeit.** Die ehrenamtlichen Richter*innen bei Finanzgerichten – beim Bundesfinanzhof gibt es nur Berufsrichter*innen – werden von einem Wahlausschuss aus einer Liste ausgewählt, die vom Präsidenten des Finanzgerichts nach Anhörung von entsprechenden Verbänden (Gewerkschaften, freie Berufe, Industrie- und Handelskammern) erstellt wird. Ehrenamtliche Richter*innen an Finanzgerichten müssen mindestens 30 Jahre alt sein und die üblichen Wählbarkeitsvoraussetzungen erfüllen. Wie bei anderen Gerichtszweigen sind die Mitwirkungsrechte der ehrenamtlichen Richter*innen auf die mündliche Verhandlung und die abschließende Entscheidung begrenzt (sie haben das Recht auf Akteneinsicht). Sie sind stets in der Minderheit; die Senate in den Finanzgerichten bestehen aus drei Berufs- und zwei ehrenamtlichen Richter*innen.

Insgesamt zeigt die Übersicht eine verwirrende **Vielfalt von Wahl- und Bestellungsverfahren.** Demokratischen Legitimationsanforderungen, wie sie für Berufsrichter*innen gelten, kommen bestenfalls die Verfahren nahe, mit denen Schöff*innen/Jugendschöff*innen und ehrenamtliche Richter*innen in der Verwaltungsgerichtsbarkeit bestellt werden. Vorgeschlagen werden können hier beliebig ausgewählte Personen, sofern sie die Wählbarkeitsvoraussetzungen erfüllen; zudem ist das Wahlorgan eine demokratisch legitimierte Kommunalvertretung. Die Repräsentationsvorstellungen bei den anderen Gerichtszweigen fußen eher auf funktionalen (Sachnähe) oder ständischen (Berufsgruppen) Überlegungen. Bei der Sozialgerichtsbarkeit finden sich unterschiedliche Repräsentationsvorstellungen abhängig von der rechtlichen Materie, bei der Finanzgerichtsbarkeit kommt das Verfahren – wie der Bundesverband der ehrenamtlichen Richterinnen und Richtern kritisiert – einer „verfassungsrechtlich untersagten Kooptation" bedenklich nahe (DVS, 2015, S. 3). Darüber hinaus führen die Zweistufigkeit des Verfahrens sowie die Vorgabe, Vorschlagslisten sollten doppelt so viele Bewerber*innen wie notwendig enthalten, zu einer erheblichen Belastung für die Kommunen, die alle fünf Jahr für rund 60.000 zu vergebende Positionen mehr als 120.000 Bewerber*innen finden müssen. Insbesondere in Großstädten habe dies zur Folge, dass eine Anzahl ungeeigneter Bewerber*innen gewählt werde (DVS, 2015, S. 4). Es gab daher immer wieder Versuche, das Verfahren zur Bestellung von ehrenamtlichen Richter*innen zu reformieren und zu vereinfachen (vgl. z. B. Deutscher Bundestag, 2003b; DVS, 2015).

(3) Zusammensetzung der ehrenamtlichen Richter*innen: Zwar soll, wie erwähnt, nach § 36 Abs. 2 GVG eine Vorschlagsliste, die Gemeinden für eine Schöffenwahl aufzustellen hat, „alle Gruppen der Bevölkerung nach Geschlecht, Alter, Beruf und sozialer Stellung angemessen berücksichtigen." Sie soll also „deskriptiv repräsentativ" sein. Für andere Gerichtszweige gelten solche Vorgaben nicht, weil hier die **funktionale Stellung,** die **Sachkunde** der ehrenamtlichen Richter*innen oder die Zugehörigkeit zu einer **Berufsgruppe** ausschlaggebend sind. Schon aus diesem Grund ist es schwierig, generelle Aussagen zu treffen zur Frage, ob und wie sich die ehrenamtlichen Richter*innen zusammensetzen. Zugleich ist die Daten- und Informationslage zur Zusammensetzung der ehrenamtlichen Richter*innen lückenhaft. Offizielle Statistiken existieren allein zu Schöff*innen und Jugendschöff*innen und auch hier nur zur geschlechtsspezifischen Zusammensetzung. Die weitere Darstellung muss daher notwendig selektiv bleiben.

Zuerst ist festzuhalten, dass wie bei den Studierenden und den Berufsrichter*innen sukzessive eine **Feminisierung** stattgefunden hat. Jedenfalls hat sich die Unterrepräsentation von **Schöffinnen** bei Erwachsenenspruchkörpern von −32,6 % (1975) auf −2,1 % (2019) verringert; bei Jugend- und Erwachsenenspruchkörpern betrug die Unterrepräsentation 25,5 % (1975) bzw. 1,4 % (2019) (Lieber, 2020, S. 6). Bemerkenswert ist zudem, dass zwischen den Bundesländern schwer zu erklärende Differenzen bei der Geschlechterparität bestehen. So waren in Bremen 2019 der in Schöffengerichten tätigen Schöff*innen 61 % Frauen, während es im Saarland gerade einmal rund 40,5 % waren (Lieber, 2020, S. 7). Zieht man die Daten der Umfrage von Iberl & Kinzig heran, die 7791 Schöff*innen online befragt haben, weist deren **demografische Zusammensetzung** eine ganze Reihe von Asymmetrien auf im Vergleich zur Bevölkerungsstruktur: danach sind jüngere Schöff*innen unter-, ältere überrepräsentiert. „[M]assiv unterrepräsentiert" (Iberl & Kinzig, 2023, S. 42) sind Bürger*innen mit niedrigem Bildungsabschluss. Andere Untersuchungen bestätigen diese Befunde für andere Perioden (Katholnigg & Bierstedt, 1985). Bei den anderen Gerichtszweigen zeigen sich ähnliche Unwuchten, wobei hier keine gesetzlichen Vorgaben existieren (Machura, 2005, S. 39–32). Jedenfalls stellen einschlägige Untersuchungen fest, dass in der Straf-, Verwaltungs-, Arbeits- und Sozialgerichtsbarkeit Schöff*innen bzw. ehrenamtliche Richter*innen überdurchschnittlich gut ausgebildet und nur zu einem geringen Anteil Arbeiter*in sind; stets ist die jüngere Generation gering vertreten (Machura, 2006, S. 29–31; Iberl & Kinzig, 2023, S. 39–43; Katholnigg & Bierstedt, 1982, S. 267–269; Höland &Buchwald, 2018, S. 22–26). Auch wenn solche Befunde nur mit Vorsicht zu genießen sind, weisen sie doch recht eindeutig darauf hin, dass der von Heyde (1995, S. 1623) erhoffte Ausgleich der Sozialstruktur der Berufsrichter*innen durch ehrenamtliche Richter*innen in der Gerichtspraxis nicht stattgefunden hat.

Mitwirkungsrechte: Prinzipiell verfügen ehrenamtliche Richter*innen über dieselben Rechte in mündlichen Verhandlungen wie Berufsrichter*innen. Sie können Fragen stellen, das Wort ergreifen und, wenn sie in der Mehrheit sind, Berufsrichter*innen überstimmen. Gleichwohl ist ihre Mitwirkung auf die mündliche Verhandlung und die daran anschließende Beratung beschränkt. Sie wirken weder an Beschlüssen eines*r Einzelrichter*in außerhalb der mündlichen Verhandlung noch an der schriftlichen Begründung eines Urteils mit. Hinzu kommt, dass viele Verfahren durch Vereinbarung der beteiligten Parteien (z. B. bei arbeitsrechtlichen Streitigkeiten oder durch Absprachen in Strafprozessen) oder durch Einzelrichter*in entschieden werden. Konkret heißt dies z. B. für die Strafgerichtsbarkeit, dass in den Jahren 2007 bis 2022 nur rund 14 % aller bei Amts- und Landgerichten erledigten Strafverfahren unter Beteiligung von Schöffen stattgefunden haben (1,5 von 11,4 Mio.) (Statistisches Bundesamt, 2023d). Dem entspricht, dass im selben Zeitraum die Anzahl der Verfahren mit Schöffenbeteiligung von 115.215 (2007) auf 79.215 (2022) gefallen ist. Schöff*innen kamen also immer seltener zum Einsatz und nahmen meist nur wenige Tage im Jahr an Verhandlungen teil. In Baden-Württemberg waren Schöff*innen zwischen 2019 bis 2022 rund acht Tage pro Jahr (Landtag Baden-Württemberg, 2023, S. 6) tätig, in den Verwaltungsgerichten in Sachsen-Anhalt und Hessen waren es 1999/2000 durchschnittlich 2,4 Tage (Machura, 2006, S. 26 f.). Die von Höland und Buchwald (2018, S. 31 f.) befragten ehrenamtlichen Richter*innen der Arbeits- und Sozialgerichtsbarkeit in Baden-Württemberg und Sachsen-Anhalt gaben an, durchschnittlich dreimal in den letzten 12 Monaten an Sitzungstagen teilgenommen zu haben. Ehrenamtliche Richter*innen können unter solchen Voraussetzungen nur schwer Erfahrungen sammeln. Das vielfach beschworene

Demokratieprinzip, die Möglichkeit der Kontrolle der Berufs- durch ehrenamtliche Richter*innen und ein möglicher volkspädagogischer Effekt kann allenfalls bei einer Minderheit der Strafverfahren überhaupt zum Tragen kommen.

Folgt man Umfragen, sind ehrenamtliche Richter*innen dennoch **zufrieden** mit ihrer Tätigkeit. Werden die divergierenden Fragestellungen, die unterschiedlichen Zeiträume und die variierenden Stichprobengrößen ignoriert, lassen sich die Ergebnisse der diversen Untersuchungen stichwortartig wie folgt zusammenfassen: Die Mehrheit der ehrenamtlichen Richter*innen beteiligt sich nach eigenen Angaben oft oder sogar sehr oft an einer Beratung und fühlt sich durch die Berufsrichter*innen fair behandelt und gut informiert. Das gilt für alle Gerichtszweige, bei denen entsprechende Befragungen durchgeführt wurden (Machura, 2006, S. 56 f.; Iberl & Kinzig, 2023, S. 56–64), wobei über 80 % der von Iberl & Kinzig befragten Schöff*innen angaben, sich auf die Einschätzungen der Berufsrichter*innen zu verlassen (Iberl & Kinzig, 2023, S. 57). Folgt man der Studie von Armin Höland und Christina Buchwald (2018), erfüllte die Beteiligung von ehrenamtlichen Richter*innen in der Arbeits- und Sozialgerichtsbarkeit in Baden-Württemberg, Berlin und Sachsen-Anhalt die oben genannten Hoffnungen. Die befragten Richter*innen waren davon überzeugt, eine „gerichtliche Entscheidungslage mit ihrem gesunden Menschenverstand" kontrollieren und gegebenenfalls korrigieren zu können. Aufgrund ihrer Berufserfahrung und „ihrer Kenntnis der betrieblichen bzw. sozialen Wirklichkeit" hätten sie „starken Einfluss oder relativ viel Einfluss auf Verhandlung und Entscheidung" nehmen können; zudem habe ihre Beteiligung die Akzeptanz der Entscheidungen erhöht (Höland & Buchwald, 2018, S. 93–96). Gefordert werden von den ehrenamtlichen Richter*innen u. a. mehr und qualifizierte Schulungsangebote, eine frühzeitige Akteneinsicht, (die es bei Arbeitsgerichten ab der zweiten Instanz gibt) sowie eine stärkere Einbindung in „das gerichtliche und auch das soziale Geschehen am Gericht" (z. B. durch mehr Sitzungsteilnahmen) (Höland & Buchwald, 2018, S. 95 f.).

4.4 Rechtsprechende Personen: eine kritische Bestandsaufnahme

Der „Richter", dem in Art. 92 die rechtsprechende Gewalt autoritativ anvertraut ist, stellt sich bei näherer Betrachtung als **komplexe Sozialfigur** heraus. Schon die schiere Anzahl der Berufsrichter*innen spricht nicht dafür, dass Studierende der Rechtswissenschaft, Richter*innen, Anwälte*innen und Staatsanwält*innen eine nach außen geschlossene Gemeinschaft bilden, die nach innen die dafür notwendige soziale und kulturelle Homogenität aufweist. Die Annahme, Jurist*innen seien eine Gruppe „mit zünftischem Zusammenhalt" (Bryde, 2000, S. 145), kann für Berufsrichter*innen dennoch durchaus Geltung beanspruchen, auch wenn erschöpfende Belege dafür fehlen. Immerhin weist die **soziale Herkunft** der Studierenden eine soziale Schieflage auf. Zudem unterstellt das Studium als staatsnahe, justizlastige Ausbildung den „Volljuristen" und vermittelt einen berufsspezifischen „Fachhhabitus" (Schultz et al., 2018, S. 204). Die ehrenamtlichen Richter*innen bilden trotz gegenteiliger Hoffnungen keinen Ausgleich zu dieser sozialen Schieflage.

Hinzu kommen **Bestellungsverfahren,** die insbesondere bei ehrenamtlichen Richter*innen (in einigen Bundesländern aber auch bei hauptamtlichen Richter*innen) keineswegs in jedem Fall der von Böckenförde entwickelten demokratischen Legitimationskette genügen. Neben den demographischen und legitimatorischen Problemen bei der Ausbildung, Zusammensetzung und Bestellung der haupt- und ehrenamtlichen Richter*innen ist in den letzten Jahren ein weiteres Problem virulent geworden: **„rechte Richter".** Wie ist mit Richter*innen umzugehen, die im Amt Rechtsbeugung begehen oder außerhalb ihres Amtes verfassungsfeindliche Bestrebungen unterstützen? Für den ersten Fall steht stellvertretend der Weimarer Amtsrichter Christian Dettmar, der in einem familienrechtlichen Streit über die Maskenpflicht einer Schulleitung u. a. untersagt hat, eine Maskenpflicht oder andere Schutzmaßnahmen gegen die Corona-Pandemie anzuordnen (Wagner, 2021, S. 71). Zwar wurde der Richter später wegen Rechtsbeugung verurteilt und die Entscheidung aufgehoben. Doch machte der Fall deutlich, dass der Rechtsstaat über kein effektives Instrumentarium verfügt, um zu verhindern, dass „rechte Richter" (Wagner, 2021; Franzen, 2023) Recht sprechen. Ähnliche Probleme stellten sich bei der Wahl der Schöff*innen 2023, als rechtextreme Parteien wie Die Heimat (ehemals NPD) oder die Partei Freie Sachsen ihre Anhänger aufriefen, sich als Schöff*innen zu bewerben (Sehl & Schröter, 2023; Lenz & Wurster, 2024). Der demokratische Rechtsstaat ist offenbar kein wehrhafter Rechtsstaat (Kap. 7).

5

Rechtsprechende Institutionen: Gerichte und Gerichtsverfassung

Schlüsselwörter Gerichtsverfassung · Fachgerichtsbarkeit · Verfassungsgerichtsbarkeit · Gleichheit vor dem Gesetz · Dauer von Gerichtsverfahren

Nach Wolfgang Heyde (1995, Rn. 1) hängt die „reale Kraft des Rechts", das Ausmaß an Gerechtigkeit, Freiheit und Ordnung, an Schutz und Förderung auch von der „Art und Weise der Verwirklichung des Rechts durch die Rechtspflege ab." Die „Organisation der Gerichte und die Gestaltung der gerichtlichen Verfahren" sind folglich ein „Kernstück des Rechtsstaats" (Heyde, 1995, Rn. 1). In diesem Kapitel wollen wir dieses „Kernstück" untersuchen. Dafür werden zuerst die rechtlichen Grundlagen der Rechtspflege dargestellt (Abschn. 5.1), sodann werden Geschäftsanfall, Aufbau und Instanzenzug der Gerichtszweige analysiert (Abschn. 5.2). Abschließend wird diskutiert, ob

W. Reutter, *Der Rechtsstaat in Deutschland*, Elemente der Politik, https://doi.org/10.1007/978-3-658-50451-9_5

und inwieweit Rechtsprechung ihre Funktionen so erfüllt, wie dies begründet erwartet werden kann (Abschn. 5.3).

5.1 Gerichtsverfassung und Verfahrensrecht

Gerichte entscheiden in Deutschland „in einem förmlichen, gesetzlich genau geregelten Verfahren" (Heyde, 1999, S. 35). Ausgestaltet sind diese „genau geregelten Verfahren" in einer **hierarchisch abgestuften Legalstruktur,** die in der Europäischen Menschenrechtskonvention (EMRK) und im Grundgesetz ihren Ausgangspunkt findet. Art. 6 Abs 1 EMRK garantiert jeder Person ein faires Verfahren vor Gericht sowie das Recht, dass über zivilrechtliche Streitigkeiten oder eine Anklage „öffentlich und innerhalb angemessener Frist verhandelt wird". Die im Grundgesetz normierten Justizgrund- und Verfahrensrechte (Kap. 3) – wie die Rechtsschutzgarantie des Art. 19 Abs. 4 GG, das Recht auf den gesetzlichen, unabhängigen Richter, der Anspruch auf rechtliches Gehör, das Recht auf ein faires Verfahren (Heyde, 1999, S. 29–35) – werden konkretisiert durch einfachgesetzliche Regelungen sowohl auf Bundes- wie auf Landesebene. Dazu zählen das Deutsche Richtergesetz, das Bundesverfassungsgerichtsgesetz, die Verfahrensordnungen der Gerichtszweige (einschließlich des Gerichtsverfassungsgesetzes), die Landesjustizgesetze, die Verfassungsgerichtsgesetze der Länder sowie Geschäftsverteilungs- bzw. Organisationspläne (bei Verfassungsgerichten zählen dazu auch Geschäftsordnungen, die durch die Präsidenten/Präsidien bzw. dem Richterkollegium der jeweiligen Gerichte angenommen werden).

Nach 1945 erfolgte eine „Restauration der deutschen Gerichtsverfassung aus der Zeit vor der nationalsozialistischen Ära" (Sörgel, 1985, S. 135 f.). Es galt dann wieder das Gerichtsverfassungsgesetz von 1877 in seiner 1924 veröffentlichten Neufassung. Gleichzeitig prägten die bundesstaatliche Gliederung und die historisch ausgebildeten Gerichtszweige die **Struktur der Rechtspflege,** die in den 1950er Jahren mit der Errichtung des Bundesarbeitsgerichtes sowie der Etablierung der Sozialgerichtsbarkeit und schließlich der Finanzgerichtsbarkeit komplettiert wurde (Kap. 3). Allein die nach 1945 geschaffene Verfassungsgerichtsbarkeit in Bund und Ländern markierten einen Neubeginn im Bereich der dritten Gewalt.

Gerichtsverfassungs- und Verfahrensrecht ist „dienendes Recht" (Alexy et al., 2020, S. 202). Es regelt, wie materielles Recht durchgesetzt wird (Heyde, 1995, Rn. 45). Die rechtliche Materie, die es anzuwenden gilt, prägt naturgemäß die jeweilige Verfahrensordnung. Das Strafrecht, das in Grundrechte eingreift, verlangt andere verfahrensrechtliche Regeln als die Arbeitsgerichtsbarkeit, in der privatrechtliche Streitigkeiten verhandelt werden. Zugleich muss das Verfahrensrecht **verfassungs- und rechtsstaatlichen Anforderungen** genügen. Es leitet sich mithin nicht allein aus der Rechtsmaterie ab, die es durchzusetzen gilt, sondern besitzt einen Eigenwert. Das schließt ein, dass Gerichtsverfahren „innerhalb angemessener Frist" durchzuführen sind (Art. 6 Abs. 3 EMRK). Gerichte müssen folglich effizient Recht sprechen. Aus diesen komplexen Anforderungen resultiert eine ganze Reihe von Unterschieden zwischen den Verfahrensordnungen. So folgt die Einleitung eines Strafverfahrens dem Offizial-, Legalitäts- und Akkusationsprinzip (§§ 151 ff. StPO) sowie dem Grundsatz des gesetzlichen Richters (Art. 101 GG), während für dessen Durchführung unter anderem der Ermittlungsgrundsatz (§ 244 Abs. 2 StPO), der Grundsatz des rechtlichen Gehörs (Art. 103 Abs. 1 GG) und das Beschleunigungsgebot gelten. Für Verfahren bei

Verwaltungsgerichten sind die Dispositionsmaxime (§ 88 VwGO), die Möglichkeit zur Klagerücknahme (§ 92), zur Klageänderung (§ 91) oder zum Vergleich (§ 106) u. a. einschlägig; die Zivilprozessordnung wiederum enthält sieben Prozessmaximen wie den bereits erwähnten Dispositionsgrundsatz, das Öffentlichkeits- und Mündlichkeitsprinzip, den Unmittelbarkeitsgrundsatz sowie den Beschleunigungsgrundsatz. Ich beschränke mich auf **drei zentrale Prozessmaximen** und die Frage, inwieweit diese die Gerichtspraxis prägen (vgl. für das Weitere Heyde, 1999, S. 38–46).

Zuerst ist zu fragen: Wann und worüber ein Gericht überhaupt verhandeln kann? Kein Gericht darf von sich aus tätig werden. **Wo kein Kläger, da kein Richter!** Das gilt für die Zivil- und die Strafgerichtsbarkeit ebenso wie für alle anderen Gerichtszweige. Der erwähnte **Dispositionsgrundsatz** besagt, dass Beginn und Gegenstand eines Prozesses – teilweise auch dessen Ende – grundsätzlich durch den*die Antragsteller*in bestimmt werden (Heyde, 1999, S. 38). In Zivilverfahren (ebenso bei der Arbeitsgerichtsbarkeit) heißt dies, dass allein das, was die beteiligten Parteien in einem Prozess vorbringen, überhaupt zur Verhandlung stehen kann (Beibringungsgrundsatz). Das entscheidende Gericht erhebt in diesen Verfahren keine eigenen Beweise. Bei Familienstreitigkeiten und für die freiwillige Gerichtsbarkeit gilt anderes, nämlich, dass das Gericht „von Amts wegen die zur Feststellung der entscheidungserheblichen Tatsachen erforderlichen Ermittlungen durchzuführen“ hat (§ 26 FamFG). Auch in Strafverfahren wird das Dispositionsprinzip, sobald das Hauptverfahren eröffnet ist, durch das **Offizialprinzip** überlagert, das es dem Gericht erlaubt (es sogar verpflichtet), eigenständig Beweise zu erheben, um die „materielle Wahrheit“ zu ermitteln über die „in der Klage bezeichnete Tat“ und über die „durch die Klage beschuldigten

Personen" (§ 155 Abs. 1 StPO), wobei ein Gericht „bei Anwendung des Strafgesetzes an die gestellten Anträge nicht gebunden" ist (§ 155 Abs. 2 StPO, vgl. aber auch Abschn. 6.1). In ähnlicher Weise klären Verwaltungsgerichte (ebenso Sozialgerichte) den zur Entscheidung stehenden Sachverhalt von Amts wegen auf (§ 86 Abs. 1 VwGO). Doch ändert dies nichts daran, dass kein Gericht selbstständig ein Verfahren eröffnen darf.

Auch im Grundsatz der **Mündlichkeit,** der zweiten hier behandelten Prozessmaxime, zeigt sich, dass das Prozessrecht unterschiedlichen Anforderungen genügen muss. Grundsätzlich ist vor deutschen Gerichten mündlich zu verhandeln (Art. 6 Abs. 1 EMRK; Art. 103 Abs. 1 GG). Nur das, was in der „mündlichen Verhandlung zur Sprache gekommen ist, darf Grundlage des späteren Urteils sein" (Heyde, 1999, S. 38). Geständnisse, die z. B. ein Straftäter vor der Polizei ablegt, sind insoweit nur ein Beweismittel unter anderen. Der Grundsatz der Mündlichkeit hat sich historisch herausgebildet (Kap. 2) und ist schon deswegen unerlässlich, weil bei vielen Verfahren ehrenamtliche Richter*innen mitwirken, die in der Regel über keine Aktenkenntnis verfügen. In der Gerichtspraxis ist dieser Grundsatz allerdings vielfach gebrochen, nicht selten wird er – aus Gründen der Prozessökonomie und des Verfahrenszwecks – zur Ausnahme. So schreibt die Verwaltungsgerichtsordnung zwar vor, dass grundsätzlich „auf Grund mündlicher Verhandlung" zu entscheiden ist – es sei denn, etwas anderes ist bestimmt, die Beteiligten verzichten auf eine mündliche Verhandlung oder das Gericht trifft Entscheidungen, die „nicht Urteile sind" (Art. 101 Abs. 1 bis 3 VwGO). Wie so häufig bei solchen Bestimmungen ist die Ausnahme praktisch folgenreicher als die Regel. Denn 2023 wurde bei Verwaltungsgerichten lediglich bei rund einem Drittel der Verfahren (32,4 %) eine mündliche Verhandlung anberaumt und ein Urteil gefällt. Der Rest der Verfahren fand sein Ende ohne mündliche Verhandlung durch Beschluss, durch Bescheid oder in anderer Form. Zudem ist bei bestimmten Verfahren und Verfahrensabschnitten der freiwilligen Gerichtsbarkeit „das schriftliche Verfahren" durch Gesetz erlaubt (Heyde, 1999, S. 39).

Eng mit dem Grundsatz der Mündlichkeit verknüpft ist das **Prinzip der Öffentlichkeit,** das im Strafprozess und bei der Verwaltungsgerichtsbarkeit von besonderer Bedeutung ist (Heyde, 1999, S. 38–40). Das Prinzip ermöglicht nicht am Verfahren beteiligten Personen (einschl. der Presse), der Verhandlung beizuwohnen; es dient der Kontrolle der Gerichte und der Aufklärung der Bevölkerung. Nach Art. 6 Abs. 1 EMRK kann die Öffentlichkeit ausgeschlossen werden, „wenn dies im Interesse der Moral, der öffentlichen Ordnung oder der nationalen Sicherheit in einer demokratischen Gesellschaft liegt, wenn die Interessen von Jugendlichen oder der Schutz des Privatlebens der Prozessparteien es verlangen oder – soweit das Gericht es für unbedingt erforderlich hält – wenn unter besonderen Umständen eine öffentliche Verhandlung die Interessen der Rechtspflege beeinträchtigen würde."

Wie das Prinzip der Mündlichkeit findet das Prinzip der Öffentlichkeit seine Grenzen zudem in der Beratung (bei kollegialen Spruchkörpern) und bei Entscheidungen, die von Einzelrichtern getroffen werden. Viele Verfahren enden zudem mit einer Entscheidung, dem keine öffentliche Verhandlung vorausgegangen ist. In Amtsgerichten wurden 2023 von insgesamt 572.247 erledigten Strafverfahren gerade einmal 219.600 mit einem Urteil nach einer öffentlichen Verhandlung abgeschlossen (38,4 %). Der Rest der Verfahren wurde ohne öffentliche Verhandlung eingestellt oder erledigte sich in anderer Form. Auch bei Arbeits-, Verwaltungs-, Sozial- und Finanzgerichten ist eine öffentliche Verhandlung keineswegs der Regelfall (siehe unten). Hinzu kommen je nach Gerichtszweig weitere Verfahrensgrundsätze wie z. B. bei Strafprozessen die Offizialmaxime (§ 152 Abs. 1 StPO) oder der Unmittelbarkeitsgrundsatz (§§ 226 und 250 StPO). Für alle gilt zudem ein Beschleunigungsgebot (siehe unten).

Insgesamt zeigt sich, dass wichtige Prozessmaximen, die in rechtsstaatlichen Überlegungen gründen, in der Gerichtspraxis durch verfahrensökonomische und materiellrechtliche Anforderungen nur beschränkt Anwendung finden.

5.2 Gerichtszweige, Gerichtsaufbau und Geschäftsanfall

Nach Angaben des Bundesamtes für Justiz gab es 2024 **neun Bundesgerichte** (einschließlich der fünf obersten Bundesgerichte, die das Grundgesetz vorschreibt) sowie 1083 **Gerichte in den Ländern**. Von Letzteren entfielen: 778 auf die ordentliche, 124 auf die Arbeits-, 82 auf die Sozial-, 66 auf die Verwaltungs-, 18 auf die Finanz- und 16 auf die Verfassungsgerichtsbarkeit (Abb. 5.1). Diese Zahlen verweisen auf die Gestaltungsprinzipien für Aufbau und Funktionsweise der dritten Gewalt: Das Bundesstaatsprinzip fordert die Aufteilung der Gerichte auf Bund und Länder, während die fachliche Differenzierung sich in den unterschiedlichen Gerichtszweigen manifestiert. Die dritte Gewalt gilt daher zurecht als „außerordentlich spezialisiert und organisatorisch zersplittert" (Hesse & Ellwein, 2012, S. 535). Eine die fünf Gerichtszweige (plus die Verfassungsgerichte) koordinierende Institution besteht nicht; die Gerichtszweige sind sogar unterschiedlichen Ministerien zugeordnet (die meisten Verfassungsgerichte keinem). Das wirft **Zuständigkeits- und Abgrenzungsprobleme**

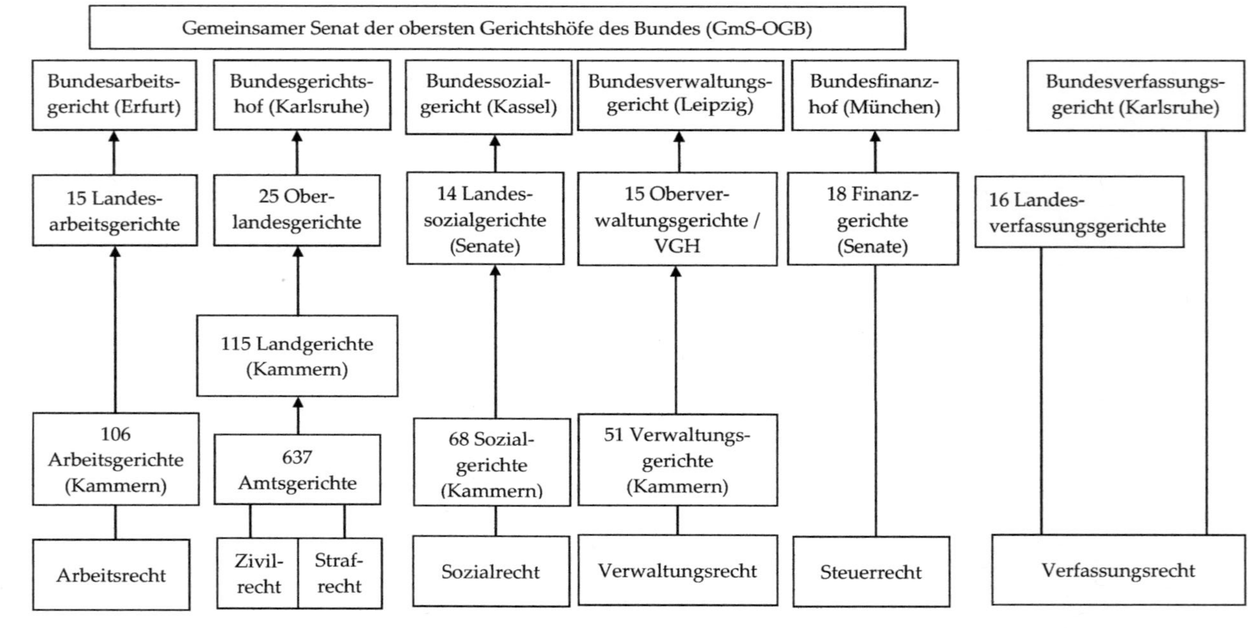

Abb. 5.1 Rechtsgebiete und Gerichtsaufbau (Stand: 2025). Quelle: L. Alexy et al., 2020, S. 209, eigene Ergänzungen

auf und erschwert allgemeine Aussagen über die Funktionsweise der rechtsprechenden Gewalt. Zuständigkeiten, Geschäftsanfall, Instanzenzug und Entscheidungsarten unterscheiden sich so beträchtlich zwischen den Gerichtszweigen, dass nur eine überblicksartige Darstellung erfolgen kann (vgl. dazu Heyde, 1999, 1995; Plöhn, 1997, S. 359–363).

Die weitere Darstellung stützt sich teilweise auf die Berichte des Statistischen Bundesamtes (1975 ff., 2021, 2025), auf die vom Bundesamt für Justiz veröffentlichten Statistiken (BfJ, 2024b, c, d) sowie auf Geschäfts- bzw. Jahresberichte der obersten Bundesgerichte (BAG, 2024; BGH, 2024; BVerwG, 2024; BFH, 2024; BSG, 2024). Verfassungsgerichte sind gesondert zu behandeln (BVerfG, 2020, 2021 ff.). Auf die internationale Gerichtsbarkeit sowie die nicht-staatliche Gerichtsbarkeit wird nur am Rande eingegangen.

Die Väter und Mütter des Grundgesetzes wollten neben dem Bundesverfassungsgericht (siehe unten) ein „Oberstes Bundesgericht" sowie weitere „obere Bundesgerichte" errichten, um die „Einheitlichkeit der Rechtsprechung" zu gewährleisten (Art. 92 i. V. m. 95 und 96 GG a. F.; Plöhn, 1997, S. 359; Sörgel, 1985, S. 134–157). Das **Oberste Bundesgericht** wurde jedoch nie geschaffen. Seine Aufgabe übernahmen das Bundesverfassungsgericht sowie der 1968 entstandene **Gemeinsame Senat der obersten Gerichtshöfe des Bundes,** der beim Bundesgerichtshof angesiedelt ist, sich aus den Präsidenten der obersten Bundesgerichte sowie je einem*r Richter*in der betroffenen Senate zusammensetzt und angerufen werden kann, wenn ein Senat eines obersten Bundesgerichtes von der Rechtsprechung eines Senates eines anderen obersten Bundesgerichtes abweichen will (Abb. 5.1), was nur selten vorkommt (auf der Website des BGH sind für die letzten 25 Jahre gerade einmal vier Entscheidungen aufgeführt; die jüngste [GmS-OGB 1/10] stammt aus dem Jahr 2012).

Die **obersten Bundesgerichte** sollen die „einheitliche Anwendung des geltenden Rechts" in dem jeweiligen Rechtsgebiet gewährleisten (Heyde, 1999, S. 52; Tab. 5.1). Sie entscheiden nahezu ausschließlich über Rechtsfragen in Revisionsverfahren durch fachlich spezialisierte Senate, können aber auch erste und letzte Instanz sein (so gingen beim Bundesverwaltungsgericht 2023 insgesamt 91 erstinstanzliche Klagen nach § 50 VwGO ein). Der in allen Gerichtshöfen bestehende Große Senat (beim BGH gibt es einen für Zivilsachen und einen für Strafsachen sowie „Vereinigte Große Senate") wird angerufen, wenn Rechtsfragen von grundsätzlicher Bedeutung zu klären sind oder von einer bestehenden Rechtsprechung abgewichen werden soll (Heyde, 1999, S. 52). Ehrenamtliche Richter*innen finden sich nur beim Bundesarbeits- und Bundessozialgericht sowie in Senaten für besondere Sachgebiete des Bundesgerichtshofes; sie bleiben auf dieser Ebene stets in der Minderheit (Abschn. 4.3). Die Rechtsprechung der obersten Bundesgerichte prägt die Entscheidungen der Gerichte der Länder „in zentraler Weise" und befördert die dem deutschen kooperativen Föderalismus innewohnende Tendenz zur **Unitarisierung** (Plöhn, 1997, S. 363).

Fachlich analog zum Bund gliedert sich die **Rechtspflege in den Ländern**. Sie besteht aus der ordentlichen Gerichtsbarkeit sowie der Verwaltungs-, Arbeits-, Sozial- und Finanzgerichtsbarkeit. Im Weiteren werden bei jedem Gerichtszweig die unterschiedlichen Rechtsgebiete und der variierende Geschäftsanfall skizziert, um sodann den jeweiligen Instanzenzug einschließlich der Spruchkörper zu erläutern. Abschließend werden ggfs. Entscheidungsarten untersucht.

Tab. 5.1   Die obersten Gerichtshöfe des Bundes: Senate, Neuzugänge in Rechtsmittelverfahren, Richter*innen sowie Verfahrensdauer (2023/2024).

	Anzahl Senate (2024)	Neuzugänge (2023)[d]	Anzahl der Richter*innen	Verfahrensdauer (Monate)[f]
Bundesgerichtshof				
• Zivilsenate (einschl. Familiensachen)	13[b]	5897	104	k. A.[g]
• Strafsenate	6	3703	48	k. A
• Senate für besondere Sachgebiete[a]	8	k. A	-	k. A
Bundesarbeitsgericht	10	1336	38[e]	9,1
Bundesverwaltungsgericht	11[c]	977	59	14[h]
Bundessozialgericht	12	1084	41[e]	15,1[h]
Bundesfinanzhof	11	1816	55	23[h]

a) Senate für Landwirtschafts-, Anwalts-, Notar-, Patentanwalts-, Wirtschaftsprüfer-, Steuerberater- und Steuerbevollmächtigtensachen, der Kartellsenat und das Dienstgericht des Bundes.
b) Hinzu kommt ein Hilfssenat VIa.
c) Außerdem noch zwei Wehrdienstsenate sowie ein Fachsenat.
d) Anzahl Neuzugänge bei Rechtsmittelverfahren.
e) Ohne ehrenamtliche Richter*innen.
f) Durchschnittliche Verfahrensdauer für Revisionsverfahren (ohne Nichtzulassungsbeschwerden oder andere Verfahren).
g) 71,7 % der Revisionsverfahren dauerten 2023 länger als ein Jahr.
h) Für alle Verfahren beträgt die Dauer durchschnittlich 10 Monate.
Quelle: BfJ (2024b, d); BGH (2024), S. 18 und 20; BAG (2024), S. 11; BFH (2024), S. 10; BVerwG (2024), S. 71; BSG (2024), S. 9

Ordentliche Gerichtsbarkeit: Gemessen an der Anzahl der Fälle, der Richter*innen und der Gerichte, ist die ordentliche Gerichtsbarkeit der bei weitem bedeutendste

Gerichtszweig (Abb. 5.1, Tabs. 5.2 und 5.3). Sie ist deswegen „ordentlich", weil sie die erste war, in der formal bestellte und unabhängige Richter in Zivil- und Strafsachen Recht gesprochen haben. Dieses Alleinstellungsmerkmal hat sie schon lange verloren, die Bezeichnung ist dennoch geblieben. Die ordentliche Gerichtsbarkeit umfasste 2024 insgesamt 637 Amtsgerichte, 115 Landgerichte (mit 1491 Zivil- und 1670 Strafkammern), 25 Oberlandesgerichte (mit 496 Zivil- und 90 Strafsenaten) sowie dem bereits erwähnten Bundesgerichtshof. Insgesamt sind der ordentlichen Gerichtsbarkeit 16.255,78 Richterstellen (Arbeitskraftanteile) zugewiesen. Die ordentliche Gerichtsbarkeit umfasst die Zivil- (einschl. der Familien-) und die Strafgerichtsbarkeit (einschl. der Jugendstrafgerichtsbarkeit) sowie die freiwillige Gerichtsbarkeit. Je nach Rechtsgebiet gilt das Gerichtsverfassungsgesetz (GVG), die Zivilprozessordnung (ZPO), die Strafprozessordnung (StPO) oder das Gesetz über das Verfahren in Familiensachen und in den Angelegenheiten der freiwilligen Gerichtsbarkeit (FamFG) (Abb. 5.2).

Durchschnittlich verzeichneten die Amtsgerichte zwischen 1995 und 2023 pro Jahr rd. 1,2 Mio. Neuzugänge an Zivil-, 0,75 Mio. an Straf- und 0,56 Mio. an Familiensachen (Tab. 5.2). Die Anzahl der Neuzugänge bei Zivil- und Strafsachen ist – unter leichten Schwankungen – bei Amtsgerichten seit Jahren rückläufig; allein die Anzahl der Familiensachen ist gestiegen und bewegt sich kontinuierlich über dem Niveau des Basisjahres 1995 (Abb. 5.3; vgl. auch Ekert et al., 2023). Doch ändert das nichts daran, dass Amtsgerichte rd. 70 % aller Fälle, die bei einem deutschen Gericht 2023 registriert wurden, zu bearbeiten hatten.

Der ordentlichen Gerichtsbarkeit zugeordnet ist die **Patentgerichtsbarkeit,** die mit dem Bundespatentgericht

Tab. 5.2 Ordentliche Gerichtsbarkeit: Neuzugänge, Erledigungen (1995 bis 2023; Durchschnitt pro Jahr) sowie Verfahrensdauer (2023).

	Neuzugänge (1995–2023; Ø)	Erledigungen (1995–2023; Ø)	Verfahrensdauer (Monate; 2023)
Amtsgerichte			
• Zivilsachen	1.234.140	1.245.010	5,4
• Strafsachen	754.430	757.189	5,0
• Familiensachen	556.241	559.563	6,1
Landgerichte (erste Instanz)			
• Zivilsachen	372.0891	369.040	12,1
• Strafsachen	14.054	13.948	8,4
Landgerichte (Rechtsmittelinstanz)			
• Zivilsachen	64.155	64.896	8,4
• Strafsachen	50.262	50.085	5,8
Oberlandesgerichte (erste Instanz)			
• Strafsachen	35	38	11,0
Oberlandesgerichte (Revisionsinstanz)			
• Zivilsachen	59.471	58.411	[b]12,2
• Strafsachen	5639	5634	1,6
• Familiensachen	25.249	25.326	[c]4,7
Bundesgerichtshof			
• Zivilsachen[d]	4021	4238	k. A
• Strafsachen[e]	3071	3047	k. A

a) Ohne Bußgeldverfahren und ohne Verfahren der Freiwilligen Gerichtsbarkeit.

b) Dauer der Verfahren mit streitigem Urteil 15,1 Monate.

c) Verfahren Eingang 1. Instanz bis Ende Rechtsmittelinstanz 19,1 Monate.

d) Revisionen und Zulassungsbeschwerden (ab 2002); Erledigungen: Durchschnittwerte für die Jahre 2014–2023.

e) Revisionen und Vorlegungssachen.

Quelle: Statistisches Bundesamt (2023a); BfJ (2024b); BGH (2024), S. 10 und S. 17–20

Tab. 5.3 Neuzugänge, erledigte Verfahren und Verfahrensdauer in der Arbeits-, Verwaltungs-, Sozial- und Finanzgerichtsbarkeit (2023).

	Neuzugänge (1995–2023; Ø)[c]	Erledigte Verfahren[a] (1995–2023; Ø)	Dauer (2023; in Monaten)
Arbeitsgerichtsbarkeit (Urteilsverfahren)			
• Arbeitsgerichte	461.028	466.453	3,3
• Landesarbeitsgerichte[a]	19.231	19.467	10,6
• Bundesarbeitsgericht[b]	2197	2215	9,5
Verwaltungsgerichtsbarkeit			
• Verwaltungsgerichte	173.289	177.635	16,4
• OVG/VGH (erstinstanzlich)	1171	1171	20,6
• OVG/VGH (Berufungsinstanz)	21.659	22.080	13,6
• Bundesverwaltungsgericht	1960	1984	k. A
Sozialgerichtsbarkeit			
• Sozialgerichte	318.361	313.617	17,9
• Landessozialgerichte (erstinstanzlich)[c]	178	168	19,1
• Landessozialgerichte (Berufungsinstanz)	25.709	25.251	19,1
• Bundessozialgericht[b]	1261	1265	14,4
Finanzgerichtsbarkeit			
• Finanzgerichte	46.987	48.798	15,3
• Bundesfinanzhof	2986	3047	[d]11,1

a) Berufungen.
b) Rechtsmittelverfahren.
c) 2009 bis 2023.
d) Bei Revisionsverfahren 23 Monate.
Quellen: Statistisches Bundesamt (2023a) (Statistische Berichte und Fachserien); BfJ (2024b); BAG (2024), S. 11; BSG (2024), S. 9; BFH (2024), S. 10, BVerwG (2024)

	Streitige Gerichtsbarkeit		Freiwillige Gerichtsbarkeit
Bundesgerichtshof Zivilsenat 5 Richter*innen		Revisionsinstanz	
Oberlandesgericht Zivilsenat 3 Richter*innen		Erste und Berufungsinstanz	Weitere Beschwerdeinstanz
Landgericht[b] Zivilkammer 3 Richter*innen	Berufungsinstanz	Erste Instanz	Beschwerdeinstanz
Amtsgericht Einzelrichter	Erste Instanz[a]		Erste Instanz

a) In Familien- und Kindschaftssachen ist das Oberlandesgericht Berufungsinstanz

b) ohne Kammer für Handelssachen (1 Richter*in; 2 ehrenamtliche Richter*innen.

Abb. 5.2 Ordentliche Gerichtsbarkeit – Zivilgerichtsbarkeit (Instanzen). Quelle: Heyde (1999), S. 54

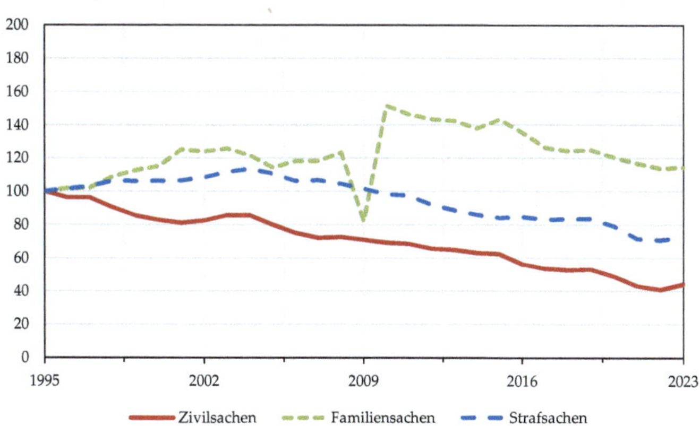

a) 2008 erfolgte eine Änderung der statistischen Grundlage; für 2009 nur Januar bis August.

Abb. 5.3 Entwicklung der Neuzugänge bei Amtsgerichten (1995 bis 2023; Basisjahr, 1995). Quelle: Eigene Darstellung; Statistisches Bundesamt (2023a) (Statistische Berichte: Strafsachen, Zivilsachen, Familiensachen)

in München als Eingangs- sowie im Bundesgerichtshof als Berufungsinstanz einen zweistufigen Aufbau besitzt. Außerdem ist der ordentlichen Gerichtsbarkeit die **freiwillige Gerichtsbarkeit** zugewiesen, die eher „administrative Aufgaben" – wie Nachlasssachen, Vormundschaftsangelegenheiten, Grundbuch etc. – zu erledigen hat; sie ist „nichtstreitige Gerichtsbarkeit" (Plöhn, 1997, S. 359).

Zuständigkeiten, Verfahren und Spruchkörper variieren bei der ordentlichen Gerichtsbarkeit nach Rechtsgebiet und Instanz. In **Zivilsachen** können erstinstanzlich zuständig sein: Amtsgerichte; ab einem Streitwert von 5000 € sind es Landgerichte und bei einer Entscheidung „über Musterverfahren nach dem Kapitalanleger-Musterverfahrensgesetz" Oberlandesgerichte (§ 118 GVG). Bei Strafsachen können Amts- bzw. Landgerichte erste Instanz sein; das Oberlandesgericht ist erste Instanz bei schweren Straftaten, bei Hoch- oder Landesverrat sowie bei den weiteren in § 120 GVG genannten Fällen. Land- und Oberlandesgerichte sind ansonsten Rechtsmittelinstanz und entscheiden über Berufungen bzw. Beschwerden oder Revisionen gegen Urteile und Entscheidungen unterer Instanzen. **Revision** (ggfs. Sprungrevision) beim BGH oder beim OLG kann nur erhoben werden, wenn sie zugelassen wird; gegen eine Nichtzulassung kann Beschwerde erhoben werden (Abb. 5.4).

Ebenso wie die Eingangsinstanz kann der **Spruchkörper** variieren. Bei Amtsgerichten entscheiden in Zivilsachen Einzelrichter; bei Strafsachen kann ein Schöffengericht (bzw. ein erweitertes Schöffengericht) zuständig sein, in dem ehrenamtliche Richter*innen über eine Mehrheit verfügen. Letzteres gilt auch beim Landgericht, bei denen zumeist Kammern die Entscheidung treffen. Erst ab der nächsthöheren Ebene, den Oberlandesgerichten, entscheiden Senate, die aus drei oder fünf Berufsrichter*innen bestehen. Es versteht sich, dass sich diese Varianz bei den Spruchkörpern bei den Entscheidungsarten niederschla-

Schwere Kriminalität / Staatsschutz

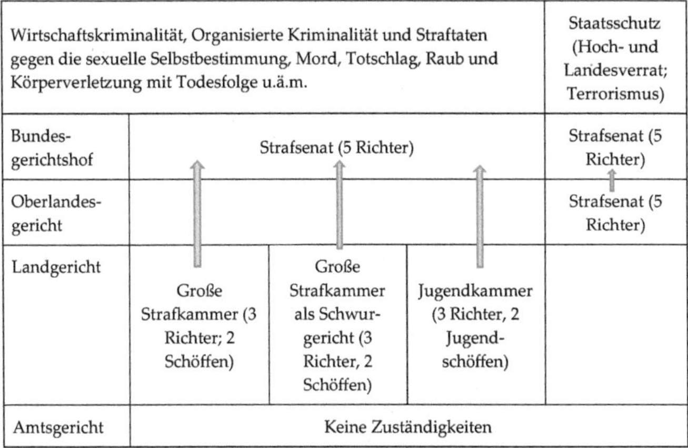

Leichte und mittlere Kriminalität

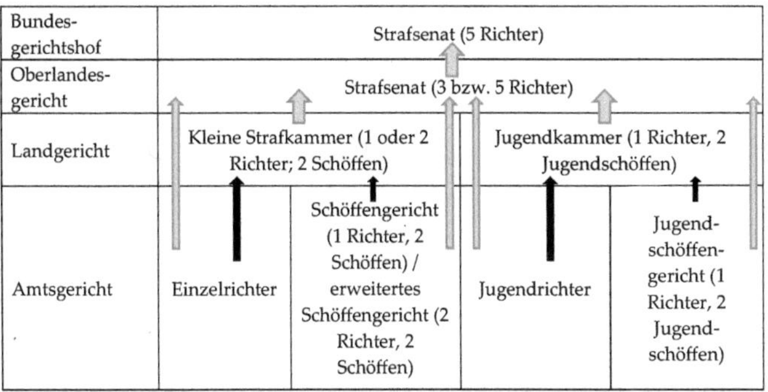

Anmerkung: graue Pfeile = Revisionen bzw. Sprungrevisionen; schwarze Pfeile = Berufung

Abb. 5.4 Ordentliche Gerichtsbarkeit – Strafgerichtsbarkeit (Instanzen). Quelle: Heyde (1999), S. 64

gen. So wurden 2023 von Amtsgerichten lediglich 23,4 % aller Zivilverfahren mit „streitigem Urteil" beendet, der Rest erledigte sich durch Versäumnisurteil (19,3 %), Vergleich (12,9 %), Rücknahme der Klage (11,5 %) oder in anderer Weise (32,9 %). Bei Strafsachen verteilten sich die Erledigungsarten 2023 bei den Amtsgerichten auf Urteile

(38,4 %), Einstellungen (28,2 %), Strafbefehle (4,4 %) und sonstige Erledigungsarten (29,0 %).

Arbeitsgerichtsbarkeit (Heyde, 1999, S. 71–74; Alexy et al., 2020, S. 38 f.; Kap. 6). Arbeitsgerichte entscheiden über Gegenstände, die im Arbeitsgerichtsgesetz aufgezählt sind. Das können sein im Urteilsverfahren: Ansprüche aus Arbeits- und Tarifverträgen oder Klagen zwischen Tarifparteien und andere in § 2 ArbGG genannte Fälle; im Beschlussverfahren (§ 2a ArbGG) wird über mitbestimmungsrechtliche Angelegenheiten oder die Tariffähigkeit von Organisationen entschieden. Die Anzahl der Verfahren, die ganz überwiegend auf Klagen von Arbeitnehmer*innen zurückgehen, ist seit Ende der 1990er Jahre rückläufig und 2023 auf 282.088 gefallen; das war über ein Drittel weniger als noch 1995 mit 627.935 Neuzugängen (Abb. 5.5). Die wichtigsten Streitgegenstände bei Verfahren mit nur einem Streitgegenstand waren 2023 Kündigungen (113.992 Neuzugänge) sowie Entgeltzahlungen (63.133 Neuzugänge).

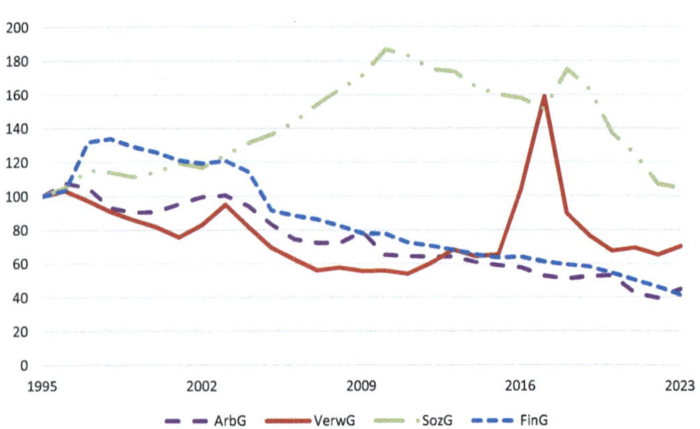

Abb. 5.5 Entwicklung der Neuzugänge bei Arbeits-, Verwaltungs-, Sozial- und Finanzgerichten (1995 bis 2023; Basisjahr 1995). Quelle: Eigene Darstellung; Statistisches Bundesamt (2023a) (Statistische Berichte und Fachserien)

Die Arbeitsgerichtsbarkeit verfügt über 909,55 Richter*innen (Arbeitskraftanteile), die in 106 Arbeits-, 15 Landesarbeitsgerichten und dem Bundesarbeitsgericht Recht sprechen. Durchschnittlich waren bei Arbeitsgerichten zwischen 1995 und 2023 jährlich rund 0,46 Mio. Neuzugänge im Urteilsverfahren und rund 0,01 Mio. im Beschlussverfahren zu verzeichnen. Im Unterschied zu anderen Gerichtszweigen wirken in der Arbeitsgerichtsbarkeit auf allen Ebenen **ehrenamtliche Richter*innen** mit, die von Gewerkschaften und Arbeitgeber*innen (bzw. Arbeitgebervereinigungen) vorgeschlagen worden sind. In den ersten beiden Instanzen bilden ehrenamtliche Richter*innen sogar die Mehrheit (2:1), erst beim Bundesarbeitsgericht sind in den aktuell 10 Senaten Berufsjurist*innen in der Überzahl (3:2). Verfahrensrechtlich gelten die Zivilprozessordnung sowie das Arbeitsgerichtsgesetz. Vertretungszwang besteht erst ab dem Landesarbeitsgericht. In der Arbeitsgerichtsbarkeit haben zudem Kläger und Beklagte in der ersten Instanz ihre jeweiligen Kosten stets selbst zu tragen – unabhängig vom Ausgang des Verfahrens.

Eingangsinstanz ist das örtlich zuständige Arbeitsgericht; Landesarbeitsgerichte sind Berufungs- bzw. Beschwerdeinstanz. Das Bundesarbeitsgericht ist Revisionsinstanz, prüft also nur, ob angefochtene Entscheidungen rechtmäßig getroffen wurden. Das Bundesarbeitsgericht soll die Einheitlichkeit der Rechtsprechung auf dem Gebiet des Arbeitsrechts gewährleisten. Es ist zudem dort **rechtsschöpfend** tätig, wo der Gesetzgeber – wie im Arbeitskampfrecht – untätig geblieben ist (Kap. 6).

Ziel arbeitsgerichtlicher Urteilsverfahren ist die **gütliche Einigung**. Im Arbeitsgericht findet eine (öffentliche) Kammerverhandlung, an der ehrenamtliche Richter*innen teilnehmen, erst statt, nachdem in einer von einem*r Berufsrichter*in anberaumten Güteverhandlung versucht wurde, ein Vergleich zu erzielen. In der Regel geschieht dies mit Erfolg: So wurden 2023 rund zwei Drittel der erledigten Urteilsverfahren durch Vergleich beendet (182.351 von 275.550), verlangten also keine Kammerentscheidung. Eine **Berufung** gegen ein Urteil einer Kammer ist möglich, wenn sie zugelassen wurde, bei Streitigkeiten von grundsätzlicher Bedeutung, wenn der Streitwert über 600 € liegt oder bei Kündigung eines Arbeitsverhältnisses. Im Beschlussverfahren kann stets Beschwerde gegen eine Entscheidung eines Arbeitsgerichtes beim Landesarbeitsgericht erhoben werden. Bei Landesarbeitsgerichten gingen zwischen 2007 und 2023 jährlich durchschnittlich 14.477 Berufungen sowie 1361 Beschwerden ein, ebenfalls mit fallender Tendenz. Gegen Urteile der Landesarbeitsgerichte ist Revision zum Bundesarbeitsgericht möglich, wenn die Rechtsfrage von grundsätzlicher Bedeutung ist und das Rechtsmittel zugelassen wird (wird sie nicht zugelassen, kann Nichtzulassungsbeschwerde eingelegt werden).

Verwaltungsgerichtsbarkeit (Heyde, 1999, S. 74–76): Gegenstand der Verwaltungsgerichtsbarkeit ist das **öffentliche Recht,** soweit nicht ein anderer Rechtsweg vorgeschrieben ist wie beim Sozial- oder Steuerrecht (§ 40 VwGO). Ist eine Person mit einer Entscheidung einer Verwaltungsbehörde – üblicherweise handelt es sich dabei um einen Verwaltungsakt – nicht einverstanden, kann sie Widerspruch einlegen, über den die Verwaltung selbst entscheidet. Erst gegen die Ablehnung des Widerspruchs kann **Anfechtungsklage** vor einem Verwaltungsgericht erhoben werden. Soll eine Verwaltung zu einer Leistung verpflichtet werden, wird **Verpflichtungsklage** erhoben. Auch die Anzahl der bei Verwaltungsgerichten erhobenen Klagen weist seit Mitte der 1990er Jahre eine fallende Tendenz auf, wobei in einzelnen Jahren dramatische Aufwüchse zu verzeichnen waren. So stieg die Anzahl der Neuzugänge zwischen 2015 auf 2017 um fast das Zweieinhalbfache von 144.628 (2015) auf 352.331 (2017), was auf Asylverfahren zurückging, deren Anzahl sich innerhalb von zwei Jahren von 50.422 (2015) auf 260.160 (2017) verfünffachte.

Eingangsinstanz bei der Verwaltungsgerichtsbarkeit ist grundsätzlich eines der 51 Verwaltungsgerichte, die in Klageverfahren durch Kammern entscheiden, die aus drei Berufsrichter*innen und zwei ehrenamtlichen Richter*innen bestehen; in **Beschlussverfahren** sind es allein Berufsrichter*innen; in Asylsachen entscheidet grundsätzlich ein*e Einzelrichter*in. In Streitigkeiten über Landesrecht (Polizei-, Schul-, Kommunalrecht etc.) ist das jeweilige Oberverwaltungsgericht bzw. der Verwaltungsgerichtshof einzige Berufungsinstanz. Revision beim Bundesverwaltungsgericht ist nur möglich, wenn die Verletzung von Bundesrecht behauptet wird (§ 137 Abs. 1 VwGO).

Ehrenamtliche Richter*innen waren 2023 nur bei rund einem Drittel der verwaltungsgerichtlichen Verfahren beteiligt; der Rest waren Beschlussverfahren (87.733 von 163.498), bei denen ehrenamtliche Richter*innen ebenso wenig mitwirkten wie in Asylverfahren (75.283), sowie sonstige Beendigungen. Die 12 Oberverwaltungsgerichte bzw. 3 Verwaltungsgerichtshöfe (Baden-Württemberg, Bayern und Hessen) – Berlin und Brandenburg besitzen ein gemeinsames Oberverwaltungsgericht – sind bei bestimmten Angelegenheiten (z. B. technische Großvorhaben) erste Instanz, ansonsten Berufungsinstanz. Wie die Berufungsinstanzen in den anderen Gerichtszweigen sind Oberverwaltungsgerichte Kollegialgerichte, die je nach Landesrecht und Verfahrensart in Senaten mit drei bzw. fünf Berufsrichter*innen entscheiden. Das Bundesverwaltungsgericht in Leipzig ist überwiegend Revisionsinstanz, kann aber nach § 50 Abs. 1 VwGO „erste und letzte Instanz" sein bei Klagen gegen ein Vereinsverbot oder bei „öffentlich-rechtliche[n] Streitigkeiten nichtverfassungsrechtlicher Art zwischen dem Bund und den Ländern und zwischen verschiedenen Ländern" (§ 50 Abs. 1 Nr. 1 VwGO) sowie in den anderen in § 50 Abs. 1 VwGO genannten Fällen. Erfolgt eine mündliche Verhandlung, entscheidet einer der aktuell 10 Senate mit je fünf Berufsrichter*innen; bei Verfahren ohne mündliche Verhandlung, die mit Beschlüssen enden, sind die Spruchkörper mit drei Berufsrichter*innen besetzt. Ehrenamtliche Richter*innen sind nicht vorgesehen; sie können nur in **Wehrdienst- und Disziplinarverfahren** beteiligt sein (Tab. 5.3).

Sozialgerichtsbarkeit: Eine eigenständige Sozialgerichtsbarkeit gibt es erst seit 1954 (davor waren Versicherungsbehörden dafür zuständig, Streitfälle zu entscheiden). Die Sozialgerichtsbarkeit entscheidet in Angelegenheiten des Sozialrechts, kann aber auch für zivilrechtliche Streitigkeiten zuständig sein (z. B. bei Verfahren zur privaten Krankenversicherung). Von den 2023 erledigten 269.176 Verfahren bei Sozialgerichten betraf fast ein Viertel, nämlich 61.606 (22,9 %), die Grundsicherung für Arbeitssuchende bzw. Bürgergeld (SGB II), gefolgt von Streitfällen zur Kranken- und zur Rentenversicherung (22,7 bzw. 15,8 % aller erledigten Fälle). Sie ist der einzige Gerichtszweig, bei dem die Anzahl der jährlichen Neuzugänge konstant über dem Basisjahr von 1995 (226.048 Neuzugänge) lag; in den Jahren 2010 und 2011 stieg die Anzahl der Klagen sogar auf 422.214 bzw. 413.821.

Die Sozialgerichtsbarkeit ist dreistufig aufgebaut und umfasst 68 Sozialgerichte, 14 Landessozialgerichte sowie das für Revisionen zuständige Bundessozialgericht. Die Verfahren sind für Leistungsempfänger, die als Kläger oder Beklagte beteiligt sein können, grundsätzlich kostenfrei. **Eingangsinstanz** sind die örtlich zuständigen Sozialgerichte, deren Kammern sich aus einem*r Berufsrichter*in als Vorsitzendem*r und zwei ehrenamtlichen Richter*innen als Beisitzer*innen zusammensetzen. Wie bei den anderen Gerichtszweigen wirken **ehrenamtliche Richter*innen** bei Beschlüssen und Bescheiden nicht mit, die außerhalb der mündlichen Verhandlung getroffen werden. **Berufungsinstanz** sind die Landessozialgerichte, in denen die Berufsrichter*innen in den Senaten über eine Mehrheit verfügen. Das Bundessozialgericht ist reine Revisionsinstanz. Eine Revision ist durch das Landessozialgericht zuzulassen (in Ausnahmefällen ist eine Sprungrevision durch ein Sozialgericht möglich); gegen eine Nichtzulassung kann Beschwerde erhoben werden.

Finanzgerichtsbarkeit: Die 18 Finanzgerichte und der 1950 errichtete und in München angesiedelte Bundesfinanzhof entscheiden in öffentlich-rechtlichen Streitigkeiten über Abgabenangelegenheiten (es sind 18, weil es in Bayern zwei, in NRW drei und in Berlin-Brandenburg ein gemeinsames gibt; alle anderen Länder verfügen über ein Finanzgericht). Es gibt jedoch auch Steuern oder Abgaben, bei denen Verwaltungsgerichte zuständig sind (wie z. B. für die Kirchensteuer oder für Gemeindesteuern). Wie andere Gerichtszweige verzeichnet die Finanzgerichtsbarkeit seit Jahren einen rückläufigen Geschäftsanfall. Zwar stieg die Anzahl der Klagen von 54.962 (1995) innerhalb von fünf Jahren auf 69.160, doch fiel sie danach kontinuierlich auf zuletzt 22.731 (2023). Durchschnittlich wurden zwischen 1995 und 2023 pro Jahr 46.987 neue Klagen bei Finanzgerichten eingereicht. Von den 2023 erledigten 26.113 Verfahren wurden beendet: 7905 durch Einstellung wegen Zurücknahme der Klage, 9391 durch Beschluss sowie 4580 durch Urteil; bei 3685 Verfahren (14,1 %) erfolgte eine mündliche Verhandlung.

Verfahren bei der Finanzgerichtsbarkeit folgen weitgehend demjenigen der Verwaltungsgerichtsbarkeit (Heyde, 1999, S. 79 f.), allerdings ist die Finanzgerichtsbarkeit **zweistufig** aufgebaut. Begonnen wird ein Verfahren durch eine **Anfechtungs- oder Verpflichtungsklage** eines Steuer- oder Abgabepflichtigen, nachdem das vorher durchzuführende Einspruchsverfahren von der örtlich zuständigen Finanzbehörde abschlägig entschieden worden ist oder der Erlass eines Verwaltungsaktes einer Finanzbehörde angestrebt wird. Die in den Finanzgerichten bestehenden Senate setzen sich aus drei Berufs- und zwei ehrenamtlichen Richter*innen zusammen (Letztere wirken bei Beschlüssen bzw. bloßen Gerichtsbescheiden nicht mit). Die Senate entscheiden, wenn das Verfahren nicht einem*r Einzelrichter*in übertragen worden ist (§ 5 Abs. 3 FinGO). Einzelrichter*innen sind zuständig, wenn die entsprechende Rechtsfrage „nicht von grundsätzlicher Bedeutung" ist, wenn „keine besonderen Schwierigkeiten tatsächlicher oder rechtlicher Art" erwartet werden oder wenn die Verfahrensbeteiligten damit einverstanden sind, dass Vorsitzende*r oder Berichterstatter*in entscheiden (§ 6 Abs. 1 i. V. m. § 79a Abs. 3 und 4 FinGO).

Verfassungsgerichtsbarkeit: Die Verfassungsgerichte in Bund und Ländern stehen außerhalb des skizzierten Gerichtsaufbaus. Weder das Bundesverfassungsgericht noch die Landesverfassungsgerichte sind Superrevisionsinstanzen. Sie entscheiden in den verfassungsrechtlich bzw. einfachgesetzlich vorgesehenen Verfahren als „erste und letzte Instanz" (Heyde, 1999, S. 81) – unbeschadet der Möglichkeit, Entscheidungen des Bundesverfassungsgerichtes vor dem EuGH bzw. dem EGMR anzufechten. Die Verfassungsgerichte von Bund und Ländern bilden – zusammen mit EuGH und EGMR – einen „Verfassungsgerichtsverbund" (Voßkuhle, 2011), wobei für das

Bundesverfassungsgericht das Grundgesetz Maßstab seiner Entscheidungen ist, während die 16 Landesverfassungsgerichte die Landesverfassungen auslegen und anwenden. Die Verfassungsgerichte in Bund und Ländern verfügen über einen Doppelstatus als Rechtsprechungs- und Verfassungsorgan. Sie sind – von zwei Ausnahmen abgesehen – selbständige und unabhängige Gerichtshöfe, die keinem Ministerium zugeordnet sind und über Geschäftsordnungs-, Personal- und Haushaltautonomie verfügen. Allein in **Bayern** und **Hessen** sind Verfassungs- bzw. Staatsgerichtshof einem anderen Gericht per Organleihe und/oder in Personalunion angeschlossen. Unbeschadet dieser Gemeinsamkeiten sind die Verfassungsgerichte von Bund und Ländern getrennt zu behandeln.

Zuerst zum **Bundesverfassungsgericht** (vgl. dazu Jestaedt et al., 2019 sowie Ooyen & Möllers, 2025): Nach Inkrafttreten des Grundgesetzes am 23. Mai 1949 dauerte es über zwei Jahre, ehe das Bundesverfassungsgerichtsgesetz in Kraft trat, die ersten Richter*innen gewählt worden waren und das Gericht seine Tätigkeit aufnehmen konnte. Seine **erste Entscheidung** traf es am 9. September 1951 zur Neugliederung der Länder Baden, Württemberg-Baden und Württemberg-Hohenzollern (BVerfGE 1, 1), feierlich eröffnet wurde es am 28. September 1951 in Karlsruhe, wo es noch immer residiert. Das Bundesverfassungsgericht ist somit „verspätetes Verfassungsorgan", das sich seinen Status per Selbstermächtigung mühsam erstreiten musste (Lembcke, 2025). Seine Aufgabe besteht grundsätzlich darin, die Verfassungsordnung zu schützen und zu gewährleisten, dass das Grundgesetz effektiv gilt. Es prüft, ob Gesetze (oder andere Akte der öffentlichen Gewalt) und deren Anwendung mit der Verfassung in Einklang stehen.

Das Bundesverfassungsgericht besteht aus **zwei Senaten** mit je acht Richter*innen (deswegen heißt es auch „Zwillingsgericht"), die zur Hälfte von Bundestag bzw.

Bundesrat mit Zweidrittelmehrheit zu wählen sind. Um zu verhindern, dass bei entsprechenden Mehrheitsverhältnissen eine Wahl nicht zustande kommt, wurden 2024 die Regeln zur Wahl von Verfassungsrichter*innen geändert (s. oben Abschn. 4.2). Sollten Bundestag bzw. Bundesrat die erforderliche Mehrheit für die Wahl eine*r Richter*in nicht zustande bringen, kann das jeweils andere Verfassungsorgan eine Ersatzwahl vornehmen (§ 7a BVerfGG). Dieser Ersatzwahlmechanismus muss seinen Praxistest erst noch bestehen.

Mindestens drei Richter*innen jeden Senats müssen Richter*innen an einem obersten Bundesgericht gewesen sein. Sie alle müssen mindestens 40 Jahre alt sein, die Befähigung zum Richteramt erworben haben, zum Bundestag wählbar sein und dürfen keinem anderen Verfassungsorgan auf Bundes- oder Landesebene angehören. Getroffen werden können Entscheidungen von einem der beiden Senate, die bis zu drei **Kammern** einrichten können, die aus je drei Richter*innen bestehen und über den Großteil der Verfassungsbeschwerden entscheiden. Die aus der Anfangszeit stammende Bezeichnung des Ersten Senats als „Grundrechtssenat" und des Zweiten als „Staatsrechtssenat" spiegelt nicht mehr die aktuellen Zuständigkeiten wider, hat sich aber gehalten. Das **Plenum,** die Vollversammlung aller Richter*innen, entscheidet über Rechtsfragen, die zwischen den beiden Senaten strittig sind. Die Senate treffen ihre Entscheidungen mit Mehrheit und auf Grundlage eines deliberativ geprägten und auf Konsens zielenden Beratungsverfahrens (Lübbe-Wolff, 2011; Baer, 2025).

Wie alle anderen Gerichte wird das Bundesverfassungsgericht nur auf Antrag tätig. Bis Ende 2024 verzeichnete das Bundesverfassungsgericht insgesamt 268.777 **Eingänge,** von denen 266.588 erledigt wurden (BVerfG, 2025, S. 63). Die Anzahl der Eingänge pro Jahr erreichte ihren Höchststand 2014 mit 6811 neuen Verfahren; seitdem ist der jährlich registrierte Geschäftsanfall gefallen und betrug zuletzt „nur" noch 4640 (Abb. 5.6; vgl. auch Böckenförde, 1996).

Grundgesetz (Art. 93 GG) und Bundesverfassungsgerichtsgesetz (§ 13 BVerfGG) kennen 24 mögliche **Verfahrensarten,** von denen einige noch nie praktisch relevant wurden (z. B. Richteranklagen [§ 58 ff. BVerfGG] oder Anklagen gegen den Bundespräsidenten [§ 49 ff. BVerfGG]) oder wieder abgeschafft wurden (wie z. B. Rechtsgutachten des Plenums [bis 1952]). Viele andere werden nur selten in Anspruch genommen. Vorgestellt werden können hier nur wenige ausgewählte Verfahrensarten.

Quantitativ dominiert die **Verfassungsbeschwerde,** die bis 1969 lediglich im Bundesverfassungsgerichtsgesetz vorgesehen war. Sie begründete den Ruf des Gerichtes als „Bürgergericht", trug wesentlich zur Akzeptanz des Grundgesetzes bei, stieß zu Beginn jedoch auf erhebliche Skepsis bei den Verfassungsrichter*innen selbst. Rudolf

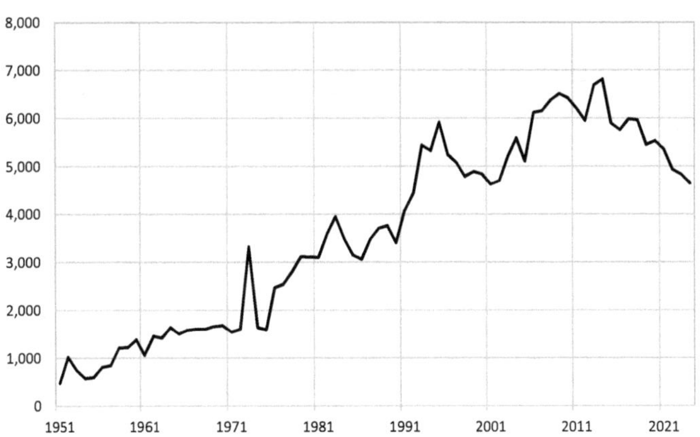

Abb. 5.6 Bundesverfassungsgericht: Anzahl der Eingänge (absolut; 1951 bis 2024). Quelle: BVerfG (2020 ff.)

Katz, der erste Vizepräsident des Bundesverfassungsgerichtes, meinte 1952, dass vier Fünftel der beim Bundesverfassungsgericht eingegangenen Verfassungsbeschwerden Anträge gewesen seien von „„notorische[n] Querulanten und Geisteskranke[n]"" (zit. nach Darnstädt 2019, S. 16). Dennoch entwickelte das Verfahren große Beliebtheit. „Jedermann" kann Verfassungsbeschwerde erheben mit der Behauptung, dass seine oder ihre Grundrechte oder grundrechtsgleichen Rechte verletzt worden seien. Abgesehen von einigen formalen Voraussetzungen (Frist, Erschöpfung des Rechtsweges, Nennung der verletzten Grundrechte) sind die **Hürden** niedrig, was die hohe Anzahl von Verfassungsbeschwerden erklärt, die jährlich erhoben werden. Die im Jahre 2024 erledigten 3839 **Urteilsverfassungsbeschwerden** bezogen sich vor allem auf Entscheidungen von Fachgerichten der Länder; auch Entscheidungen der obersten Bundesgerichte wurden per Verfassungsbeschwerde angefochten (allesamt erfolglos). Die im selben Jahr erledigten 110 **Rechtssatzverfassungsbeschwerden** griffen ein Gesetz oder einen anderen Rechtsakt an; sie wurden alle als unzulässig oder unbegründet verworfen. Der Popularität des Verfahrens tat keinen Abbruch, dass nicht einmal jede sechzigste Beschwerde erfolgreich war; in den letzten zehn Jahren waren es 1,56 % (BVerfG, 2025, S. 46–58).

Bei der zweiten darzustellenden Verfahrensart, der **Normenkontrolle,** prüft das Gericht, ob eine Norm (ein Gesetz, eine Rechtsverordnung oder Teile davon) mit dem Grundgesetz in Einklang steht. Das Bundesverfassungsgericht hat diesbezüglich ein **Verwerfungsmonopol**. Fachgerichte sind nicht dazu befugt, Normen für verfassungswidrig zu erklären; sie müssen vielmehr die jeweilige Norm dem Bundesverfassungsgericht zur Prüfung vorlegen. In diesen Fällen handelt es sich um **konkrete Normenkontrollen** (oder „Richtervorlagen"). Eine **abstrakte Normenkontrolle** kann von einem Viertel der Mitglieder des Bundestages, einer Landesregierung oder der Bundesregierung beantragt werden. Bei einem solchen Verfahren wird ein Gesetz auf seine Verfassungskonformität überprüft, ohne dass es angewandt worden ist. Bis Ende 2024 verzeichnete das Bundesverfassungsgericht in dieser Verfahrensart 4054 Eingänge, wobei die abstrakte Variante seltene Ausnahme geblieben ist. So waren von allen bis Ende 2024 eingegangenen Normenkontrollanträgen gerade einmal 193 (4,7 %) abstrakt. Der **Erfolg** solcher Verfahren ist – quantitativ betrachtet – eher übersichtlich. In den letzten zehn Jahren wurden gerade einmal zwei Bundesgesetze/Verordnungen ganz sowie zwei weitere teilweise für verfassungswidrig erklärt; hinzu kamen 24 Einzelnormen, die ganz, sowie 34 weitere, die teilweise verfassungswidrig waren (BVerfG, 2025, S. 56 f.). Weitere 32 Landesgesetze waren ganz und/ oder teilweise verfassungswidrig; außerdem hielt das Gericht 70 Einzelnormen insgesamt (26) oder teilweise (44) für verfassungswidrig. Unbeschadet der geringen Fallzahlen ist die abstrakte Normenkontrolle umstritten. Ihr geht kein Rechtsstreit voraus; sie stellt somit nichts anderes dar als die Fortsetzung von Politik mit rechtlichen Mitteln.

Anders als bei Normenkontrollverfahren kennen die seit 1951 eingegangenen 411 kontradiktorischen **Organstreitverfahren** (Art. 93 Abs. 1 Nr. 1 GG und §§ 63 ff. BVerfGG) Antragsteller und Antragsgegner. Antragsteller können sein alle im Grundgesetz genannten Verfassungsorgane sowie die mit „eigenen Rechten ausgestatteten Teile dieser Organe" (§ 63 BVerfGG). Das können sein: Fraktionen, einzelne Abgeordnete oder auch politische Parteien. Das Bundesverfassungsgericht fungiert bei diesem Verfahren als „Staatsgerichtshof", als eine Art „Streitschlichter" zwischen Verfassungsorganen (oder deren Teile). Es entscheidet über Inhalt und Grenzen **von Kompetenzen** der im Grundgesetz aufgeführten Verfassungsorgane, ob z. B.

Auslandseinsätze der Bundeswehr zulässig sind (und wer darüber entscheiden muss), welche Informationsrechte der Bundestag gegenüber der Bundesregierung besitzt, welche Rechte Fraktionen zukommen oder über Chancengleichheit politischer Parteien (BVerfG, 2025, S. 32).

Kontrovers diskutiert wird das **Parteiverbotsverfahren**. Einschließlich der Anträge zum Ausschluss einer Partei von der Parteienfinanzierung sind beim Bundesverfassungsgericht bis Ende 2024 zehn solcher Verfahrensanträge eingegangen (BVerfG, 2025, S. 63). Dies ist das einzige Verfahren bei dem das Bundesverfassungsgericht als Tatsacheninstanz fungiert, d. h. es muss Beweise erheben, um feststellen zu können, ob eine Partei verfassungswidrig ist. Eingeleitet werden kann ein Verfahren von **der Bundesregierung, dem Bundestag oder dem Bundesrat** (§ 43 Abs. 1 BVerfGG). Eine **Landesregierung** kann ein Verbot beantragen für eine Partei, die sich auf das jeweilige Land beschränkt. Die in Art. 21 Abs. 2 GG formulierte Feststellung, dass Parteien, die „nach ihren Zielen oder nach dem Verhalten ihrer Anhänger darauf ausgehen, die freiheitlich demokratische Grundordnung zu beeinträchtigen oder zu beseitigen oder den Bestand der Bundesrepublik Deutschland zu gefährden, (…) verfassungswidrig (sind)", reicht nicht. Die Verfassungswidrigkeit muss durch das Bundesverfassungsgericht festgestellt werden. Die Hürden für ein Verbot sind hoch. Die Partei oder ihre Anhänger müssen **verfassungsfeindliche Ziele** verfolgen, eine **aktiv kämpferische Haltung** gegenüber der freiheitlich-demokratischen Grundordnung besitzen sowie – seit 2017 – über das **Potential** verfügen, ihre Ziele erreichen zu können. Verboten wurden bisher die Sozialistische Reichspartei (1952) sowie die Kommunistische Partei Deutschlands (1956). Alle anderen Verbotsanträge scheiterten aus unterschiedlichen Gründen, einmal an Verfahrensmängeln (beim ersten NPD-Verbotsverfahren 2003), an einer mangelnden

Potentialität (beim zweiten NPD-Verbotsverfahren 2017) oder daran, dass sich der Antrag nicht gegen eine Partei richtete (bei FAP und NL 1994). Nach R. Chr. van Ooyen (2025, S. 1178) weist die Rechtsprechung des Bundesverfassungsgerichtes zum Parteiverbot „kein klares Muster auf." Zu groß sei die Zeitspanne und zu unterschiedlich seien die jeweils aufgeworfenen Fragen. Das BVerfG habe verfassungsrechtliche Maßstäbe „situativ differenziert und sogar neu kreiert" (Ooyen, 2025, S. 1178).

Das Bundesverfassungsgericht genießt national und international ein außerordentlich **hohes Ansehen und großes Vertrauen** in der Bevölkerung (Patzelt, 2025). Allerdings erfährt es auch Kritik. Einzelne Entscheidungen (wie zum Abtreibungsverbot), das Wahlverfahren der Richter*innen oder die Institution selbst waren schon Gegenstand kontroverser Debatten (Jestaedt et al., 2019; Schaal, 2025; Lembcke, 2025). Dessen ungeachtet wurden im Dezember 2024 Art. 93 und 94 GG neu gefasst. Seitdem sind neben wichtigen Zuständigkeiten der Status des Gerichtes als Verfassungsorgan, die Bindungswirkung verfassungsgerichtlicher Entscheidungen, die wichtigsten Strukturen des „obersten Hüters der Verfassung", die Amtszeit der Richter*innen, die Altersgrenze und der Ausschluss der Wiederwahl grundgesetzlich verankert. Ziel der Grundgesetzänderung war, das Gericht tagespolitischen Auseinandersetzungen „dauerhaft zu entziehen" sowie „Bestrebungen" vorzubeugen, die „Unabhängigkeit der Verfassungsgerichtsbarkeit in Frage zu stellen, wie sie seit einiger Zeit in einzelnen europäischen Ländern zu beobachten waren" (Deutscher Bundestag, 2024a, S. 1).

Landesverfassungsgerichte (Reutter, 2022, 2024a): Die 16 Landesverfassungsgerichte entscheiden über Streitigkeiten zwischen Verfassungsorganen der Länder und prüfen, ob Gesetze oder andere staatliche Hoheitsakte mit der jeweiligen Landesverfassung übereinstimmen. Sie bilden mit dem Bundesverfassungsgericht und dem Europäischen Gerichtshof einen „Verfassungsgerichtsverbund" (Voßkuhle, 2011), jedoch gibt es keinen Instanzenzug, in dem eine Entscheidung eines Landesverfassungsgerichtes beim Bundesverfassungsgericht angefochten werden kann (selbstredend bleibt die Möglichkeit, eine Verfassungsbeschwerde einzulegen). Dennoch können sich die Landesverfassungsgerichte insbesondere bei der **Grundrechtsjudikatur** dem „Sog" der Rechtsprechung des Bundesverfassungsgerichtes kaum entziehen (Gärditz, 2013, S. 451 und 493). Gleichzeitig besitzen sie im Bereich des Kommunalverfassungsrechts und der Zulässigkeit direktdemokratischer Initiativen ein **Interpretationsmonopol.**

Inzwischen bestehen in allen 16 Bundesländern Verfassungsgerichte: acht davon heißen Verfassungsgerichtshof, zwei Staatsgerichtshof, drei Verfassungsgericht und drei Landesverfassungsgericht (Tab. 5.4). Errichtet wurden drei Landesverfassungsgerichte vor Verabschiedung des Grundgesetzes, acht in den 1950er Jahren und sieben weitere nach der Vereinigung 1990; zuletzt hat sich Schleswig–Holstein 2008 ein Landesverfassungsgericht gegeben (bis dahin hat das Bundesverfassungsgericht im Rahmen der Organleihe über 26 landesverfassungsrechtliche Streitigkeiten in diesem Bundesland entschieden). Die **Kompetenzprofile** der Gerichte variieren, wobei alle Landesverfassungsgerichte in Organstreit- und Normenkontrollverfahren, über Wahl- und Mandatsprüfungen sowie über die Zulässigkeit direktdemokratischer Verfahren entscheiden können. Außer in den Stadtstaaten besteht in allen Ländern zudem die Möglichkeit zur kommunalen Verfassungsbeschwerde. **Individualverfassungsbeschwerden** können inzwischen bei elf Landesverfassungsgerichten erhoben werden. Die Anzahl der Eingänge variiert in absoluten Zahlen, im Jahresdurchschnitt oder bezogen auf die Einwohnerzahl beträchtlich

Tab. 5.4 Eingänge bei Landesverfassungsgerichten.

Verfassungsgericht (Periode)	Gesamt	Pro Jahr	Pro 100.000 EW (2020)
Verfassungsgerichtshof Baden-Württemberg (1955–2020)	1475	22,3	1,1
Bayerischer Verfassungsgerichtshof (1947–2020)	10.023	135,4	1,8
Verfassungsgerichtshof des Landes Berlin (1992–2020)	5269	181,7	7,1
Verfassungsgericht des Landes Brandenburg (1993–2020)	2630	93,9	4,9
Staatsgerichtshof der Freien Hansestadt Bremen (1950–2020)	95	1,3	0,4
Hamburgisches Verfassungsgericht (1953–2020)	193	2,8	0,1
Hessischer Staatsgerichtshof (1949–2020)	869	12,1	0,1
Landesverfassungsgericht Mecklenb.-Vorpommern (1994–2020)	274	10,1	0,1
Niedersächsischer Staatsgerichtshof (1955–2020)	207	3,1	0,1
Verfassungsgerichtshof für das Land NRW (1952–2020)	1651	23,9	1,2
Verfassungsgerichtshof Rheinland-Pfalz (1947–2020)	1266	17,1	2,0
Verfassungsgerichtshof Saarland (1959–2020)	393	6,3	2,9
Verfassungsgerichtshof des Freistaates Sachsen (1993–2020)	3267	116,7	5,5
Landesverfassungsgericht von Sachsen-Anhalt (1993–2020)	644	23,0	1,4
Schleswig-Holsteinisches Landesverfassungsgericht (2008–2020)	61	4,7	0,0
Thüringer Verfassungsgerichtshof (1995–2020)	1161	44,7	6,1
Gesamt (1947–2020)	29.478	398,4	1,8

Quelle: Reutter (2022, S. 111); eigene Erhebung und Berechnungen; Auskünfte und Websites der Landesverfassungsgerichte

(Tab. 5.4). Zurückzuführen sind die Unterschiede auf die möglichen Verfahrensarten sowie auf durch politische Konflikte provozierte Antragskonjunkturen (Territorial- und Kommunalverfassungsreformen, Corona-Pandemie). In den letzten Jahren ist zudem die AfD häufig als Antragstellerin aufgetreten.

Im Unterschied zum Bundesverfassungsgericht entscheiden die meisten Landesverfassungsgerichte im Plenum, also durch alle Richter*innen. Allein der Bayerische Verfassungsgerichtshof verfügt über drei Spruchgruppen. Hinzu kommt, dass die Richter*innen an Landesverfassungsgerichten **ehren- bzw. nebenberuflich** tätig sind. Sie sind in ihrem Hauptberuf Richter*in an einem Fachgericht, Professor*in des Rechts an einer Universität, Rechtsanwalt oder Laienrichter*in, die über keine juristische Ausbildung verfügen. Richter*innen von Landesverfassungsgerichten werden ganz überwiegend durch das jeweilige Landesparlament gewählt, wobei keineswegs immer eine Mehrheit von zwei Dritteln der gesetzlichen Mitglieder des jeweiligen Parlaments vorgeschrieben ist. Die Amtszeiten betragen zwischen 6 und 12 Jahren, wobei in Bayern, Bremen und Hessen die Amtszeit von Verfassungsrichter*innen teilweise an die Legislaturperiode gekoppelt ist; in sechs Ländern ist eine einmalige und in weiteren sechs eine mehrmalige Wiederwahl möglich.

Überwiegend wird Landesverfassungsgerichten nur geringe **Bedeutung** zugeschrieben. Sie seien weitgehend **unbekannt,** und ihnen würden Kompetenzen, Personal und Ressourcen fehlen, um eine die Verfassungswirklichkeit prägende Rechtsprechung zu entwickeln und sich dem „Gravitationsfeld" des Bundesverfassungsgerichtes entziehen zu können (Gärditz, 2013, S. 451; Höreth, 2020; Bachof, 1968). Peter M. Huber ist anderer Auffassung. Er sieht in der „(Binnen-)Rechtsvergleichung", die durch

Landesverfassungsgerichte erst möglich wird, einen „zentralen methodischen Ansatz" im deutschen Verfassungsgerichtsverbund, wobei Landesverfassungsgerichte als eine „Art Laboratorium" fungieren und „eigenständig Entwicklungen" anstoßen könnten (Huber, 2019, S. 51).

Ergänzt und komplettiert wird das staatliche Gerichtswesen der Bundesrepublik Deutschland durch die nicht-staatliche sowie die internationale **Gerichtsbarkeit**. Bei der **nicht-staatlichen Gerichtsbarkeit** kann es sich handeln um **Schiedsgerichte,** die aufgrund von Abmachungen zwischen den Streitparteien entscheiden können (Plöhn, 1997, S. 362; Heyde, 1999, S. 23). Die kirchliche Gerichtsbarkeit fällt ebenfalls unter die nicht-staatliche Gerichtsbarkeit, zu der zudem die differenzierte und komplexe Sportgerichtsbarkeit sowie **Parteischiedsgerichte** zu zählen sind.

Nach § 14 des **Parteiengesetzes** sind zur „Schlichtung und Entscheidung von Streitigkeiten der Partei oder eines Gebietsverbandes mit einzelnen Mitgliedern und Streitigkeiten über Auslegung und Anwendung der Satzung" Schiedsgerichte zu bilden. Geregelt wird dies in der jeweiligen Parteisatzung sowie ggfs. in einer entsprechenden Schiedsordnung. Üblicherweise können Verstöße gegen die Grundsätze einer Partei, deren Finanzordnung, deren Satzung oder ähnliches zu Ordnungsmaßnahmen führen. Die unterschiedlich bezeichneten Schiedsgerichte können eine Rüge erteilen, dem betroffenen Mitglied zeitlich befristet das Recht zur Bekleidung von Parteiämtern entziehen oder es sogar von der Partei ausschließen, was durchaus vorkommt. So sind in der Datenbank der Parteischiedsgerichtsurteile, die vom Institut für Deutsches und Internationales Parteienrecht und Parteienforschung der Heinrich-Heine-Universität Düsseldorf unterhalten wird, seit 2002 allein 200 Dokumente verzeichnet, die sich auf den Ausschluss eines Parteimitgliedes beziehen (hier der Link zur Datenbank: https://www.pruf.de/datenbank-der-parteischiedsgerichtsurteile).

In der langfristigen Entwicklung zeigt sich eine **Verschiebung** von der staatlichen hin zur **nichtstaatlichen Gerichtsbarkeit**. Während die kumulierte Anzahl der Neuzugänge bei den untersten staatlichen Gerichten kontinuierlich gesunken ist (Abb. 5.7) und nach Umfragen der Anteil der Personen, die in den letzten 10 Jahren an einem Gerichtsprozess beteiligt waren, von 29 (2011 und 2015) auf 23 % (2024) gefallen ist, hat die private Schiedsgerichtsbarkeit an Attraktivität gewonnen (Kuthning & Sommer, 2024, S. 22 und 23). Die **internationale Gerichtsbarkeit** umfasst europäische Gerichte, wobei der EuGH in Angelegenheiten der Europäischen Union entscheidet, während der Europäische Gerichtshof für Menschenrechte zuständig ist für die Auslegung und Anwendung der EMRK.

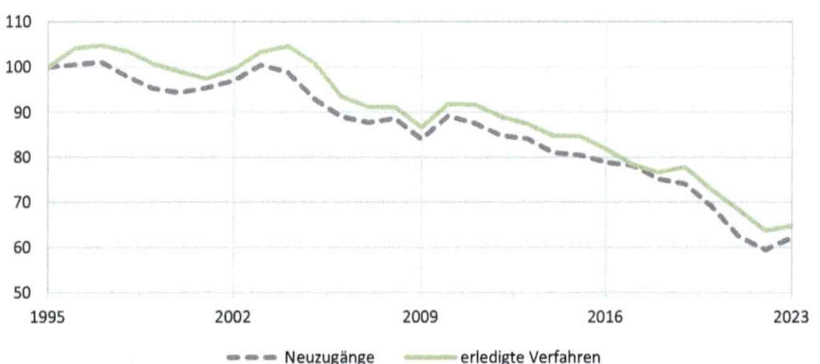

a) Abgebildet sind: die kumulierten Neuzugänge bzw. erledigten Verfahren bei den untersten Gerichten der fünf Gerichtszweige. Zu beachten ist, dass sich 2007 die Erhebungsmethode änderte; zudem gilt bei erledigten Verfahren: ohne Abgaben innerhalb der Gerichte.

Abb. 5.7 Neuzugänge und erledigte Verfahren bei Amts-, Verwaltungs-, Arbeits-, Sozial- und Finanzgerichten (1995 bis 2023; kumuliert; Basisjahr 1995). Quelle: Eigene Berechnung; Fachserie 10, Statistisches Bundesamt (2025b)

5.3 „Funktionsfähige Rechtspflege"?

Wolfgang Heyde geht, wie eingangs erwähnt, davon aus, dass das Ausmaß an Gerechtigkeit von der Art und Weise abhängt, wie Recht in Streitfällen angewandt und durchgesetzt wird und wie das Gerichtswesen organisiert ist. In dieser Perspektive setzt das Ausmaß der Gerechtigkeit eine „funktionsfähige Rechtspflege" voraus, die sich an formalen und substanziellen Ansprüchen messen lassen muss, d. h. sie sollte **transparent, effizient organisiert und für alle in gleicher Weise** zugänglich sein (Birkenkötter & Burchardt, 2025, S. 41–71). Glaubt man Umfragen, erfüllen die deutschen Gerichte diese Anforderung. Das Vertrauen in die Gerichte ist, wie erwähnt, hoch, und die Richter*innen sind ganz überwiegend zufrieden mit den Arbeitsbedingungen, die sie in Gerichten vorfinden (Bohlen & Sommer, 2023, S. 11 f. und 63). Mit diesen Befunden kontrastiert eine zum Teil fundamentale Kritik an der Struktur und Leistungsfähigkeit insbesondere der rechtsprechenden Gewalt. Drei Aspekte sind hier zu diskutieren: (a) die Vielfalt der Verfahrensvorschriften und Zuständigkeiten, (b) die fortwährende Klage über eine „überlange" Verfahrensdauer (c) sowie die Frage, ob und inwiefern bei Gericht alle über dieselben Chancen verfügen.

(a) **Vielfalt von Verfahrensvorschriften und Zuständigkeiten:** Wie dargestellt, **variieren die Verfahrensvorschriften, die Instanzenwege sowie die Zuständigkeiten**. Für einen juristischen Laien ist dies undurchschaubar. Selbst für eine*n Jurist*in ist die „Vielfalt von Gerichtsbarkeiten und Zuständigkeiten (…) verwirrend und schwer zu überschauen", findet jedenfalls Wolfgang Heyde (1999, S. 24). Heyde illustriert dies an einem Beispiel: einem Verkehrsunfall durch einen Berufskraftfahrer. Die Folgen dieses Unfalls könnten einen Strafrichter beim Amtsgericht, ein Zivilgericht bei Schadensersatzforderungen (je nach Streitwert Amts- oder Landgericht), ein Verwaltungsgericht (bei Entzug der Fahrerlaubnis), ein Arbeitsgericht (wenn dem Berufskraftfahrer gekündigt wird) sowie ein Sozialgericht (wenn er mit der Höhe der Sozialleistung nicht einverstanden ist) beschäftigen. Hinzu kommt, dass die Prozessmaximen in der Gerichtspraxis nicht selten nur bei einer Minderheit der Fälle zur Anwendung kommen. Von Transparenz lässt sich dann jedoch schwerlich sprechen.

(b) Überlange Verfahrensdauer ist ein ständiger Topos bei der Diskussion über die Effizienz des deutschen Justizsystems (Birkenkötter & Burchardt, 2025, S. 51–53). Im internationalen Vergleich schneidet die deutsche Rechtspflege in dieser Hinsicht durchaus zufriedenstellend ab. Auf dem Rechtsstaatsindex des World Justice Project (WJP, 2024a) rangiert die Zivilgerichtsbarkeit auf Platz 10 bei der Dimension „Alternative dispute resolution mechanisms are accessible, impartial, and effective", während die Strafgerichte „timely and effective" operieren und in dem internationalen Ranking auf Platz 5 von 142 landen. Weniger beeindruckend fällt die Bilanz aus bei einem Vergleich mit den Ländern der EU. Hier nahm die Bundesrepublik 2024 bei Zivil- und Verwaltungsgerichtsverfahren gerade einmal mittlere Plätze ein (EU, 2024b, S. 11 f. und 15–19). Allerdings beruhen solche Statistiken auf Durchschnittswerten, die nur über eine begrenzte Aussagekraft verfügen. Bei einer genaueren Betrachtung zeigt sich, dass 2023 erstinstanzliche Verfahren in Amtsgerichten zwischen rund 5 und 6,1 Monate dauerten, in Arbeitsgerichten sogar nur 3,3 Monate; in den anderen Gerichtszweigen benötigen erstinstanzliche Verfahren deutlich länger, nämlich 15,3 bzw. 20,6 Monate. Auf ähnliche Werte stützt sich die Bundesregierung in ihrem Bericht an die EU im Rahmen des Rechtsstaatsmechanismus. Dort stellt sie fest: „Die deutsche Justiz arbeitet – insgesamt betrachtet – zügig und qualitativ auf sehr hohem Niveau" (Bundesregierung, 2022, S. 12).

Medial werden dabei besonders Verfahren thematisiert, die sich **über Jahre** hinziehen. Und davon gibt es in allen Gerichtszweigen mehr als genug: Beim Bundesverfassungsgericht dauerten zwischen 2015 und 2024 von insgesamt 55.980 Verfahren 1510 (2,7 %) länger als drei Jahre; die Verwaltungsgerichte benötigten für 13,1 % der Verfahren mindestens 36 Monate. Addiert man noch die 20,9 Monate hinzu, bis eine Berufung bei einem Oberverwaltungsgericht im Durchschnitt entschieden ist, kann ein verwaltungsgerichtliches Verfahren sich leicht über drei oder sogar mehr Jahre hinziehen, ohne dass die dritte Instanz überhaupt in Anspruch genommen worden wäre. Bei Finanz- und Sozialgerichten sah die Situation 2023 nicht viel besser aus; auch hier wurden 22,9 bzw. 27,0 % der Verfahren erst nach zwei Jahren abgeschlossen. Bei **Leistungsempfängern** kann eine solche Verfahrensdauer bei der Sozialgerichtsbarkeit zu existentiellen Problemen führen. Noch dramatischer ist dies bei **Strafverfahren,** von denen rd. 6 % länger als ein Jahr dauerten; bisweilen müssen sogar Angeklagte, die eines schweren Verbrechens beschuldigt werden, aus der Untersuchungshaft entlassen werden (Schulze-Bünthe, 2023).

Es wundert daher kaum, dass die Verfahrensdauer selbst immer wieder Gegenstand von **Rechtsprechung** wurde. Besonders häufig hat sich der EGMR mit diesem Thema beschäftigt. Birkenkötter und Burchardt (2025, S. 51) schätzen, dass in rund 40 % aller Verfahren, die beim EGMR gegen die Bundesrepublik Deutschland angestrengt wurden, eine überlange Verfahrensdauer moniert wurde (Birkenkötter & Burchardt, 2025, S. 51 und S. 132; der EGMR berichtet, dass zwischen 1959 und 2022 bei 102 von 363 Urteilen, die die Bundesrepublik betrafen, die Verfahrensdauer eine Rolle spielte; [ECHR, 2023]). Das Bundesverfassungsgericht hat ebenso festgestellt, dass „nur ein zeitgerechter Rechtsschutz" wirksam sei (BVerfG, Beschluss vom 27.09.2011, 1 BvR 232/11, Rn. 21), ohne allerdings zu präzisieren, wie lange ein Gerichtsverfahren dauern darf. Der Gesetzgeber hat ebenfalls versucht, durch rechtliche Vorgaben die Verfahrensdauer zu begrenzen und mit dem Pakt für den Rechtsstaat die personellen und infrastrukturellen Rahmenbedingungen zu verbessern – offenbar mit wenig Erfolg (Birkenkötter & Burchardt, 2025, S. 53).

(c) **Gleichheit vor dem Gesetz** und „Zugang zum Recht" (Wrase et al., 2023): Vor dem Gesetz sind alle gleich. Das ist ein rechtsstaatlicher Grundsatz, der international und national umfassend ausgestaltet und verankert ist (so etwa in der EMRK, durch die Rechtswegegarantie des Art. 19 Abs. 4 GG, das Rechtsstaatsprinzip in Art. 20 Abs. 3 GG sowie den allgemeinen Gleichheitssatz in Art. 3 GG). Im Kern geht es bei diesem Grundsatz, so Wrase et al. (2023, S. 30), um „den Zugang zu einer materiell richtigen, diskriminierungsfreien Entscheidung innerhalb angemessener Zeit". Jede Person sollte mithin **gleichen Zugang** haben zu Gerichten und **gleiche Chancen** in Gerichtsverfahren. Für die Bundesregierung ist dieser „Zugang zum Recht" – soweit er sich als „Zugang zu Gerichten" manifestiert – ohne Einschränkung gegeben. Zumindest behauptete sie 2020 in ihrem Bericht an die EU im Rahmen des Rechtsstaatsmechanismus, dass in Deutschland „niemand aus finanzieller Not auf die

Durchsetzung seiner Rechte verzichten müsse" (Bundesregierung, 2020, S. 8). Das **Beratungshilfegesetz, Prozesskostenhilfe** und die Möglichkeit in Strafverfahren, einen **Pflichtverteidiger** zu erhalten, würden gewährleisten, dass auch Personen mit niedrigen Einkommen ihre Rechte vor Gericht durchsetzen könnten. Zudem seien seit dem 1. Januar 2018 die Gerichte in Bund und Länder „elektronisch erreichbar" (Bundesregierung, 2020,. S. 9).

Die Gerichtswirklichkeit spricht eine andere Sprache. In Kap. 2 und 4 wurde bereits darauf verwiesen, dass die soziale Zusammensetzung der Richterschaft für viele Grund genug ist, um von einer „Klassenjustiz" zu sprechen. Im vorliegenden Zusammenhang kommt hinzu, dass auch der Zugang zu Gerichten und die Gerichtsverfahren keineswegs immer diskriminierungsfrei funktionieren. Ronen Steinke (2022, S. 14) spricht sogar von einer „neuen Klassenjustiz", weil in Strafverfahren die „unterschiedliche Behandlung von Arm und Reich noch immer sehr real" sei. Zwar existiere zu dieser Frage für die Bundesrepublik Deutschland nur wenig Forschung, doch gebe es eine Reihe von Indizien, die es wahrscheinlich machten, dass vor Gericht manche „gleicher" seien als andere. Dafür sprächen die **Parteienkonstellation** sowie Defizite bei der **Beratungs- und Prozesskostenhilfe.**

Eine ganze Reihe von Untersuchungen insbesondere über das Rechtssystem in den USA haben herausgearbeitet, dass die Erfolgschancen bei Gericht von der **Parteienkonstellation** abhängen würden. Höchst einflussreich war in dieser Hinsicht die Studie von Marc Galanter (1974), der in Zivilrechtsverfahren zwischen „repeat players" und „one shotters" unterscheidet. „Repeat players" sind Organisationen, Unternehmen oder Institutionen, die Erfahrung haben mit Gerichtsverfahren, sich Spezialwissen angeeignet haben, auf entsprechende Anwälte zurückgreifen können und über ausreichend Ressourcen verfügen (Wrase et al., 2023, S. 49–52). Sie sind im Vorteil gegenüber den „one shotters", die keine oder nur wenige rechtliche Kenntnisse und Erfahrung besitzen, selten mit einem Gericht zu tun haben und nur auf geringe Ressourcen zurückgreifen können. Diese Überlegungen beziehen sich zwar auf das amerikanische Rechtssystem, doch spricht einiges dafür, dass ähnliche Muster auch die deutsche Gerichtswirklichkeit prägen. Jedenfalls glaubten in einer Umfrage 62 %, dass die **Chancen vor Gericht** deutlich besser seien, wenn man „sich einen bekannten Anwalt leisten" könne (Kuthning & Sommer, 2024, S. 17 f.). Unterfüttern lässt sich dies mit der ernüchternden Feststellung von Anne Brorhilker, der Staatsanwältin und Chefermittlerin im Cum-Ex-Skandal, die ihre Kündigung unter anderem damit begründete: „Täter mit viel Geld und guten Kontakten treffen auf eine schwach aufgestellte Justiz und können sich aus diesen Verfahren schlicht herauskaufen" (LTO, 2024).

Die staatliche finanzierte **Beratungs- und Prozesskostenhilfe** gilt als das „zentrale Instrument für Personen ohne Vermögen und mit geringem Einkommen, um vor Gericht eine sogenannte ‚Waffengleichheit' mit der Gegenseite herzustellen" (Wrase et al., 2023, S. 183). So jedenfalls die Hoffnung, die mit den entsprechenden gesetzlichen Regelungen verbunden war – die sich allerdings nicht erfüllten, und zwar aus zwei Gründen: Erstens fällt im internationalen Vergleich die „legal aid" in Deutschland vergleichsweise gering aus. Nach Wrase et al. (2023, S. 444) wurde in der Bundesrepublik 2002 gerade einmal 6,8 € pro Einwohner*in und Jahr für Rechtshilfe (legal aid) ausgegeben; in den Niederlanden waren es 21 und in England/Wales sogar 56 €. Auch gegenwärtig gehöre die Bundesrepublik „zu den Schlusslichtern beim

Rechtshilfebudget im Verhältnis zum Bruttoinlandsprodukt" (Wrase et al., 2023, S. 444).

Zweitens ist die **Anzahl der gewährten Beratungs- und Prozesskostenhilfen** seit vielen Jahren rückläufig. Wrase et al. (2023, S. 191 f.) haben die Anträge auf **Prozesskostenhilfe** bei Amtsgerichten für den Zeitraum 2002 bis 2021 untersucht und dabei eine „deutliche Schwankung" erkannt: Zwar stieg die Zahl der Anträge von 60.902 (2002) bis 2010 auf den vorläufigen Höchstwert von 88.850, doch fiel sie danach kontinuierlich auf 49.468 (2019). Im Jahre 2021 wurden bei 4,8 % bei von Amtsgerichten erledigten Verfahren ein entsprechender Antrag gestellt, wobei die Bewilligungsquote über den betrachteten Zeitraum zwischen 70 und 77 % lag. Eine ähnliche Entwicklung zeigte sich bei der **Beratungshilfe**. Wrase et al. (2023, S. 445 f.) bezweifeln sogar, dass aufgrund der seit 2010 rückläufigen Antragszahlen bei der staatlichen Beratungshilfe nicht mehr davon ausgegangen werden könne, „dass das Beratungshilfegesetz seinen eigentlichen gesetzlichen Zweck noch in vollem Umfang erfüllt." Nicht besser sieht es bei der **Prozesskostenhilfe** aus. Auch hier ist seit 2013 die Anzahl der Anträge kontinuierlich zurückgegangen und fiel bis 2019 um rund 44 % im Vergleich zu 2010 (Wrase et al., 2023, S. 456). Auch **Pflichtverteidiger*innen** in Strafverfahren sind keineswegs die Regel, sondern seltene Ausnahmen. Ronen Steinke (2022, S. 29) schätzt, dass in lediglich zehn Prozent der Fälle ein*e Pflichtverteidiger*in vom Gericht bestellt werde, was umso dramatischer sei, als mit Verteidiger*innen die Chance auf einen Freispruch in einem Strafverfahren deutlich höher sei als ohne Anwalt/Anwältin (Steinke, 2022, S. 343 f.).

Insgesamt stellen diese Befunde der deutschen Gerichtsbarkeit ein eher **mittelmäßiges Zeugnis** aus. **Zuständigkeiten und Verfahrenswege** sind kompliziert und nicht einmal für juristische Experten ohne Weiteres zu durchschauen. Die Verfahren können **mehrere Jahre** in Anspruch nehmen, was für Personen mit geringem Einkommen ein Verfahrenshindernis darstellt. Schließlich ist der **Zugang zu Gerichten** keineswegs für alle in gleicher Weise gegeben, wie nicht nur anekdotische Evidenz, sondern auch systematische Untersuchungen zeigen. Die Frage liegt daher nahe, ob rechtsstaatliche Erfordernisse die primären Prinzipien sind bei der Ausgestaltung der rechtsprechenden Gewalt durch den Gesetzgeber.

6

Die dritte Gewalt zwischen Justizpolitik und Justizialisierung

Schlüsselwörter Justizpolitik; Justizialisierung; Arbeitskampfrecht; Richterrecht; Streikrecht

Die dritte Gewalt ist sowohl Gegenstand als auch Ausgangspunkt politischer Gestaltung. Gegenstand ist sie im Rahmen der Justizpolitik, die die Voraussetzungen schaffen soll, damit die Judikative nach rechtsstaatlichen Prinzipien funktionieren und ihre Aufgaben erfüllen kann. Ausgangspunkt politischer Gestaltung ist sie, wenn Richter*innen – wie paradigmatisch beim Arbeitskampfrecht – rechtsschöpfend wirken und eine Justizialisierung von Politik befördern. Unter solchen Voraussetzungen schafft nicht die durch demokratische Wahl auf Zeit legitimierte Legislative Recht in Form von Gesetzen, sondern eine unabhängige, grundsätzlich nicht abwählbare Judikative kreiert Richterrecht.

© Der/die Autor(en), exklusiv lizenziert an Springer Fachmedien Wiesbaden GmbH, ein Teil von Springer Nature 2026
W. Reutter, *Der Rechtsstaat in Deutschland*, Elemente der Politik,
https://doi.org/10.1007/978-3-658-50451-9_6

6.1   Justizpolitik: Justizreformen in der Bundesrepublik Deutschland

Justizpolitik beschäftigt sich mit der **Einrichtung von Gerichten, der Struktur der Gerichtsbarkeit und der Gerichtsverfassung** einschließlich dem jeweiligem Prozess-, Vollzugs- bzw. Vollstreckungsrecht (Plöhn, 2021, S. 795). Die politikwissenschaftliche Subdisziplin, mit der sich Ursachen, Ergebnisse und Wirkungen von materieller Politik erschließen, einordnen und bewerten lassen, ist die Politikfeld- bzw. die **Policyanalyse** (Blum & Schubert, 2018). Bisher ist Justizpolitik allerdings noch nicht zum Gegenstand einschlägiger Untersuchungen geworden, sie wurde bestenfalls als Teilbereich anderer Politikfelder wie der Politik der Inneren Sicherheit oder der Rechtspolitik behandelt (Wenzelburger, 2023; Plöhn, 2021). Dieses Desiderat mag darauf zurückzuführen sein, dass der Justizpolitik wichtige Merkmale fehlen, die ein Politikfeld entstehen lassen und dauerhaft stabilisieren (Loer et al., 2015). So weist Justizpolitik eine **pluralistische Zuständigkeitsstruktur** auf. Sie wird von mehreren Ressorts in Bund und Ländern verantwortlich bearbeitet und verfügt über eine differenzierte gesetzliche Grundlage. Bundesgerichtshof, Bundesverwaltungsgericht und Bundesfinanzhof (sowie Bundespatent- und Bundesdisziplinargericht) ressortieren beim Bundesjustizministerium, während Bundessozialgericht und Bundesarbeitsgericht dem Sozialministerium zugeordnet sind. Das Bundesverfassungsgericht verfügt als Verfassungsorgan über Personal- Haushalts- und Geschäftsordnungsautonomie. In den Ländern sind Landesjustizministerien grundsätzlich für die ordentliche Gerichtsbarkeit zuständig, die Landesarbeitsministerien meist für die Arbeits- und Sozialgerichtsbarkeit, Landesinnenministerien für die Verwaltungsgerichtsbarkeit und Landesfinanzministerien für die Finanzgerichtsbarkeit (Heyde,

1999, S. 105). Mit diesem Ressortpluralismus korrespondiert, dass jeder Gerichtszweig eine **eigene Verfahrensordnung** besitzt (Kap. 5). Eine einheitliche Verwaltung einschließlich übergreifender prozessrechtlicher Prinzipien, die für alle Gerichtszweige in gleicher Weise gelten, existiert nicht. Diese Strukturbedingungen mögen der Grund dafür sein, dass Justizpolitik bisher nicht mit den Theorien und Methoden der Politikfeldanalyse untersucht wurde. Auf einen konsolidierten politikwissenschaftlichen Forschungsstand lässt sich mithin nicht zurückgreifen. Folglich bleibt die weitere Darstellung kursorisch. Sie beschränkt sich auf zwei Aspekte: (a) zum einen auf **politische Faktoren und Entscheidungen zum Aufbau der Gerichtsbarkeit** sowie zum anderen auf (b) **ausgewählte Reformen des Verfahrensrechts**.

(a) **Gerichtsaufbau und Struktur der Gerichtsbarkeit:** Wie erwähnt, legte das Grundgesetz 1949 in Art. 96 Abs. 1 fest, dass für „das Gebiet der ordentlichen, der Verwaltungs-, der Finanz-, der Arbeits- und Sozialgerichtsbarkeit (…) obere Bundesgerichte" zu errichten seien. Erfüllt wurde der Verfassungsauftrag: mit dem 1950 in das Gerichtsverfassungsgesetz eingefügten Neunten Titel (§§ 123 ff. GVG), mit den 1953 in Kraft getretenen Sozialgerichts- und Arbeitsgerichtsgesetzen, mit dem 1950 verabschiedeten Gesetz über den Bundesfinanzhof sowie mit dem Gesetz über das Bundesverwaltungsgericht vom 23. September 1952. Auf dieser Basis nahmen die oberen Bundesgerichte – später die „obersten Gerichtshöfe des Bundes" – Anfang der 1950er Jahre ihre Arbeit auf, wobei die Finanzgerichte in den Ländern nach Verabschiedung der Finanzgerichtsordnung 1966 z. T. neu geordnet wurden. Obschon immer wieder gefordert wurde, Arbeits- und Sozialgerichtsbarkeit zusammenzulegen oder Letztere – wieder – in die Verwaltungsgerichtsbarkeit zu integrieren, blieb die in den 1950er Jahren geschaffene Struktur bestehen. Eine Innovation in der Rechtspflege bildete, wie in Kap. 5 ausgeführt, allein die Verfassungsgerichtsbarkeit.

Während rechtsstaatliche Überlegungen Pate standen bei der Schaffung der Arbeits-, Sozial- und Finanzgerichtsbarkeit sowie bei der Etablierung der Verfassungsgerichtsbarkeit, veränderten deutsche Vereinigung und kommunale Gebietsreformen die **territoriale Struktur der Rechtspflege**. Die deutsche Vereinigung ließ die Anzahl der Fachgerichte auf der lokalen/regionalen Ebene von 745 (1990) auf 956 (1999) anwachsen und führte zudem zu sechs neuen Landesverfassungsgerichten (Statistisches Bundesamt, 1991, S. 364, und 2000, S. 345). Dagegen reduzierten die kommunalen Gebietsreformen in den westdeutschen Ländern zwischen 1967 und 1978 die Anzahl der Amtsgerichte von 865 (1966) auf 557 (1980) – wobei die Anzahl der Richter*innen sogar leicht anstieg (sie betrug 1965: 12.247 und 1980: 12.968) (Statistisches Bundesamt, 1966, S. 124; 1980, S. 312). Ähnliche Effekte ließen sich nach Gebietsreformen in den neuen Bundesländern beobachten, in denen die Anzahl der Gerichte zwischen 2000 und 2024 von 227 auf 208 leicht sank, wobei in Brandenburg (2003), in Mecklenburg-Vorpommern (2011), in Sachsen (2008) und in Sachsen-Anhalt (2004/05 und 2007) Gemeinde- bzw. Kreisreformen stattgefunden hatten (Statistisches Bundesamt, 2001, S. 131; BfJ, 2024d; eigene Berechnungen). Bereits diese wenigen Informationen verdeutlichen, dass Veränderungen von Struktur und Aufbau der Gerichtsbarkeit von unterschiedlichen Faktoren geprägt waren. Rechtsstaatliche Überlegungen spielten ebenso eine Rolle wie der Aufbau des politisch-administrativen Systems. Keinen erkennbaren Einfluss hatte die parteipolitische Färbung von Bundes- oder Landesregierungen.

(b) Prozess und Verfahrensrecht: In den unterschiedlichen Gerichtszweigen wurden immer wieder kleinere und größere Reformen des Prozess- und Verfahrensrechts angestoßen und durchgeführt (Oestmann, 2021, S. 291–298). Sie können hier nur selektiv nachgezeichnet werden. Ziel der Darstellung ist keine umfassende Bestandsaufnahme aller durchgeführten Reformen über alle Gerichtszweige hinweg. Im Vordergrund stehen vielmehr **grundlegende Motive** ausgewählter justizpolitischer Vorhaben. Oestmann (2021, S. 291) vermutet, dass der „klassische Staat" mit seinen „drei Elementen Staatsgebiet, Staatsvolk und Staatsgewalt" (Georg Jellinek) seinen „Zenit" überschritten habe, was die dritte Gewalt nicht unberührt gelassen habe. Internationale Gerichtshöfe und europäische Gerichtsbarkeit hätten das Monopol nationaler Rechtsprechung teilweise unterlaufen, während Reformen des Prozessrechts den **hoheitlichen Richterspruch verdrängt** und Verfahren privilegiert hätten, die auf Ausgleich, Schlichtung und „gütliche Einigung" zielten (Oestmann, 2021, S. 291). In wirtschaftlich wichtigen Streitfällen würden staatliche Gerichte „fast keine Rolle mehr" spielen (Oestmann, 2021, S. 291). Die weitere Analyse bestätigt diese Einschätzungen.

In der 1976 verabschiedeten **Vereinfachungsnovelle** zur ZPO lassen sich bereits grundlegende Motive der Justizpolitik der letzten 50 Jahre ausmachen (die Regelungen der Vereinfachungsnovelle wurden auf die Arbeitsgerichtsbarkeit übertragen; vgl. dazu: Barwasser, 1978). Begründet wurde die Novelle von der sozialliberalen Bundesregierung damit, dass Amtsgerichte durch eine „ständig wachsende Zahl von Prozessen" überfordert würden und die „vielfach zu lange Verfahrensdauer" die „Rechtsschutzfunktion" der dritten Gewalt gefährden könnte; dadurch werde das Vertrauen in die Rechtspflege untergraben (Deutscher Bundestag, 1974, S. 1). Um gerichtliche Verfahren **zu**

rationalisieren, zu vereinfachen und zu beschleunigen, wurde unter anderem die mündliche Verhandlung auf einen Haupttermin konzentriert, beim Landgericht der entscheidende Einzelrichter eingeführt und die Wertgrenze für Streitfälle bei Amtsgerichten von 500 DM auf 3000 DM erhöht. Wie ein solches Maßnahmenbündel dazu beitragen soll, rechtsstaatliche Prinzipien zu bewahren oder gar zu stärken, blieb das Geheimnis der damals regierenden sozialliberalen Koalition (Oestmann, 2021, S. 285 f.).

Auch danach überwogen, so Oestmann (2021, S. 286), „pragmatische Argumente und Effizienzüberlegungen, wenn es um Gesetzesreformen ging". Ein Beispiel: Der Bundesrat hat 1991 einen Gesetzentwurf zur **Entlastung der Rechtspflege** eingebracht, der von ähnlichen Motiven wie die Vereinfachungsnovelle von 1976 geprägt war. Hintergrund des von zehn Ländern mit variierender Regierungszusammensetzung unterstützten Gesetzesantrags war die deutsche Vereinigung, die „zu einer besonderen Belastung der Justiz" geführt habe; da die Justiz bereits „am Rande der Belastbarkeit" arbeite, müssten „alle Möglichkeiten zu einer Vereinfachung und Straffung der Gerichtsverfahren ausgeschöpft werden" (Deutscher Bundestag, 1991, S. 1). Unter anderem sollten Rechtsmittelangebote beschränkt, Einzelrichter in allen Gerichtszweigen vermehrt eingesetzt, die amtsgerichtlichen Zuständigkeiten in der Zivilgerichtsbarkeit erweitert sowie Beweisantragsrechte in der Strafgerichtsbarkeit begrenzt werden. Ein auf Grundlage der Empfehlungen des Rechtsausschusses (Deutscher Bundestag, 1992) veränderter Gesetzentwurf wurde in dritter Lesung am 27. November 1992 vom Bundestag angenommen. In Kraft getreten ist das Gesetz zum 1. März 1993, also während der Amtszeit einer christlich-liberalen Bundesregierung.

Das **1. Justizmodernisierungsgesetz** von 2003 liest sich wie ein verspätetes Echo auf das Entlastungsgesetz von 1992. Mit dem im Verlauf des Verfahrens ebenfalls geänderten Gesetzentwurf wollte die damalige rot-grüne Bundesregierung „die Verfahren der Zivil-, Straf-, Sozial-, Verwaltungs- und Finanzgerichtsbarkeit (…) straffen und (…) vereinfachen, um auf diesem Wege personelle Reserven freizumachen und Justizpersonal für die neuen Länder zu gewinnen" (Deutscher Bundestag, 2003a, S. 1). Auch 2003 waren damit **Pragmatismus und Effizienz** zentrale Leitmotive der Reform (Oestmann, 2021, S. 286). Wie bei der Novelle 1976 und beim Entlastungsgesetz 1992, sollte „eine optimale effiziente Verfahrenssteuerung durch die Gerichte" ermöglicht werden. Dafür sollten Gerichtsverfahren vereinfacht werden, um diese effektiver und flexibler durchführen zu können, und zwar – wie üblich – „ohne rechtsstaatliche Standards zu beeinträchtigen" (Deutscher Bundestag, 2003a, S. 1).

Auch **Reformen der Strafprozessordnung** folgten den skizzierten justizpolitischen Motiven der **Entlastung, Beschleunigung und Vereinfachung** – und unter dem Diktat haushaltspolitischer Konsolidierung. Bei Strafprozessen konstatiert Oestmann (2021, S. 287) insgesamt einen „Niedergang des Legalitätsprinzips", das den Staat verpflichtet, ihm bekannt gewordene Straftaten aufzuklären, zu verfolgen und gerichtlich zu sanktionieren. Dieses rechtsstaatliche Prinzip, das im staatlichen Gewaltmonopol seinen legitimierenden Grund findet, gilt allerdings nicht mehr uneingeschränkt. Es wurde ergänzt – teilweise wird es sogar überlagert – durch das **Opportunitätsprinzip,** nach dem die Staatsanwaltschaft „mit Zustimmung des für die Eröffnung des Hauptverfahrens zuständigen Gerichts von der Verfolgung absehen [kann], wenn die Schuld des Täters als gering anzusehen wäre und kein öffentliches Interesse an der Verfolgung besteht" (§ 153 Abs. 1 StPO; s. a. § 153a StPO). In bestimmten Fällen kann sogar von der Zustimmung des Gerichtes abgesehen werden; die Entscheidung liegt dann allein bei der Staatsanwaltschaft, d. h. bei einem*r Vertreter*in der Exekutive. (Das Opportunitätsprinzip gilt im Übrigen auch im Verwaltungsrecht sowie bei Ordnungswidrigkeiten; Oestmann, 2021, S. 287).

Gerechtfertigt wurde die Neufassung der Regelung – Überraschung! – mit pragmatischen Überlegungen. Die Verfolgung der Kleinkriminalität sollte **vereinfacht** und Strafverfahren sollten **beschleunigt** werden (Deutscher Bundestag, 1973, S. 26). Die angestrebte Beschleunigung von Strafverfahren ließ sich nicht im erhofften Umfang realisieren; allerdings fand insoweit eine Entlastung der Gerichte statt, als ein Großteil der bei Staatsanwaltschaften registrierten Verfahren nicht den Weg ins Gericht findet. Von rund 5,5 Mio. von Staats- bzw. Amtsanwaltschaften erledigter Ermittlungsverfahren wurden 2023 circa 0,16 Mio. mit Auflagen, 1,4 Mio. ohne Auflagen und weitere 1,7 Mio. wegen nicht ausreichender Beweislage eingestellt (Statistisches Bundesamt, 2024a). Zu einer Anklage führten gerade einmal 352.609 Verfahren oder 6,4 % (2022 waren es 340.243 oder 6,7 %; Statistisches Bundesamt, 2023d; vgl. auch Oestmann, 2021, S. 288). Der Staat scheint mithin den Anspruch, ihm bekannte Vergehen und Straftaten gerichtlich zu verfolgen, nur noch eingeschränkt einlösen zu wollen. Opportunitätsprinzip geht im Strafverfahrensrecht häufig vor Legalitätsprinzip.

Zudem ist auch bei Erhebung einer Anklage noch keineswegs sichergestellt, dass eine öffentliche Verhandlung in einem Gericht stattfindet, um die „materielle Wahrheit" – das Ziel eines Strafverfahrens – zu ermitteln. Denn es gibt den „Strafbefehl", der die Eröffnung des Hauptverfahrens suspendiert und die strafprozessualen Maximen der Mündlichkeit und der Öffentlichkeit außer Kraft setzt. Der Strafbefehl erlaubt eine Verurteilung für Vergehen nach § 12 StGB und kann von der Staatsanwaltschaft (ggfs. auch vom

Privatkläger) beantragt werden. Der Strafbefehl nützt allen Beteiligten: Er entlastet die Staatsanwaltschaft, die Gerichte und die*den Angeklagte*n. Gestellt wird ein entsprechender Antrag, wenn die Staatsanwaltschaft „nach dem Ergebnis der Ermittlungen eine Hauptverhandlung nicht für erforderlich erachtet" (§ 407 StPO). Auch diese Art der Strafverfolgung hat ihren Niederschlag in der Gerichtspraxis gefunden. So beantragten 2023 Staatsanwaltschaften bei rund 9,7 % aller erledigter Verfahren einen Strafbefehl, im Jahre 2022 waren es sogar 10,5 % (Statistisches Bundesamt, 2024a, 2023d; eigene Berechnungen).

Insgesamt werfen die dargestellten Entwicklungen und Befunde die Frage auf, ob „das derart zerfaserte Strafprozessrecht" den erwähnten Prozessmaximen noch ausreichend entspricht (Oestmann, 2021, S. 289). Das moderne Prozessrecht erweist sich immer „weniger prinzipienorientiert als vielmehr pragmatisch und flexibel" (Oestmann, 2021, S. 289). Justizpolitik scheint somit eher dem Diktat haushaltspolitischer Imperative zu folgen als an der Erfüllung und Optimierung rechtsstaatlicher Anforderungen interessiert zu sein.

6.2 „Justizialisierung": Richterrecht, Streiks und Aussperrungen

Streiks sind elementarer Bestandteil der Tarifautonomie (Infokasten 6–2). Ohne das Recht, die Arbeit niederlegen und verweigern zu können, wären Tarifforderungen von Arbeitnehmer*innen nichts weiter als „kollektives Betteln", wie das Bundesarbeitsgericht in seinem Urteil vom 10. Juni 1980 konstatiert hat (1 AZR 822/79). Ohne das Streikrecht hätten Arbeitnehmer*innen keine Möglichkeit, im Konfliktfall ihre Interessen und Anliegen gegenüber Arbeitgeber*innen durchzusetzen und das „strukturelle

Machtungleichgewicht auf dem Arbeitsmarkt zumindest ein Stück weit auszugleichen" (Schulten, 2024, S. 9). Es sollte daher kaum überraschen, dass Streiks in der Bundesrepublik Deutschland nahezu alltäglich sind. Jedenfalls wurden beim Arbeitskampfarchiv des Wirtschafts- und Sozialwissenschaftlichen Instituts (WSI) der gewerkschaftsnahen Hans-Böckler-Stiftung zwischen 2006 und 2023 insgesamt 3554 Arbeitskämpfe registriert. Rechnerisch fand damit fast an jedem zweiten Tag irgendwo in Deutschland ein Arbeitskampf statt, an dem sich – durchschnittlich – rund 3661 Streikende beteiligten und der zu 3538 Ausfalltagen führte (Abb. 6.1).

Doch hat weder das durch Art. 9 Abs. 3 GG grundrechtlich geschützte Streikrecht noch hat die Alltäglichkeit oder die wirtschaftliche Bedeutung von Arbeitskämpfen den Gesetzgeber veranlasst, diesen Gegenstand rechtlich

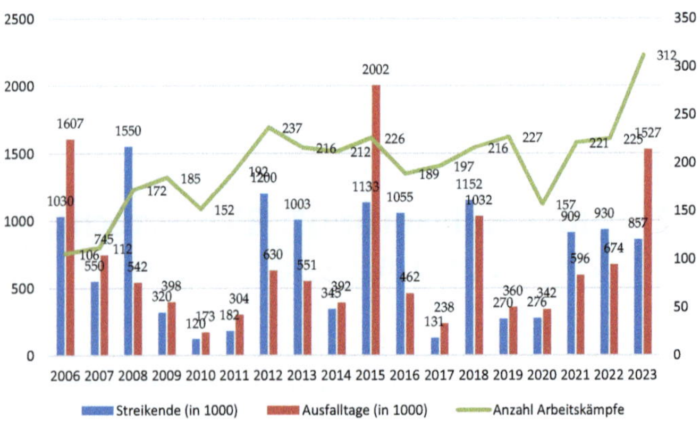

a) Die Angaben beruhen auf der WSI-Arbeitskampfstatistik, die von der amtlichen Statistik erheblich abweicht; bis 2014 liegen für IG Metall und Verdi nur Schätzungen vor.

Abb. 6.1 Arbeitskämpfe, Streikende und Ausfalltage in der Bundesrepublik Deutschland (2006 bis 2023). Quelle: WSI-Arbeitskampfstatistik zit. nach Dribbusch et al. (2024), S. 4 und S. 5

verbindlich zu regeln. Wer wie wann in welcher Form und wie lange die Arbeit verweigern (also streiken) oder Arbeitnehmer*innen die Arbeitsaufnahme untersagen (also aussperren) darf, steht in keinem Gesetz. Selbstredend gab es immer wieder entsprechende Forderungen, wie etwa 2023 und 2024, als Arbeitsniederlegungen bei der Bahn, an Flughäfen und im öffentlichen Nahverkehr erhebliche Beeinträchtigungen und wirtschaftliche Schäden verursachten. Daraufhin wollten die Mittelstands- und Wirtschaftsunion der CDU/CSU, der damalige Generalsekretär der FDP Bijan Djir-Sarai sowie Arbeitgeberverbände das Streikrecht insbesondere im Bereich der sogenannten kritischen Infrastruktur oder der Daseinsfürsorge begrenzt wissen oder sogar insgesamt verbieten lassen (Dribbusch et al., 2024, S. 24; Janssen & Lübker, 2025, S. 19). Thorsten Schulten hält gesetzliche Regelungen allerdings für „überflüssig" und für „kontraproduktiv, da sie ein austariertes tarifpolitisches System des Interessenausgleichs infrage stellen" würden (Schulten, 2024, S. 15). Ohnehin würden solche Forderungen primär darauf zielen, „die Machtposition der Beschäftigten und ihrer Gewerkschaften zu schwächen" (Schulten, 2024, S. 24). Bisher ist keine Initiative zur gesetzlichen Ausgestaltung des Arbeitskampfrechts über das Entwurfsstadium hinausgekommen (Brenner, 2024, S. 17; Birke et al., 1988). Arbeitskampfrecht war und ist Richterrecht.

Beim Richterrecht schaffen Richter*innen das Recht, das sie anwenden. Es ist „die Summe der im Rahmen der gerichtlichen Entscheidungspraxis von den zuständigen Spruchkörpern selbst gesetzten Rechtsnormen" (Hillgruber, 2022). Offensichtlich wirft die Fusion von legislativer und judikativer Gewalt grundsätzliche Fragen auf, schon weil das Bundesverfassungsgericht verlangt, dass Entscheidungen, mit denen Grundrechte – wie die Koalitionsfreiheit in Art. 9 Abs. 3 GG – „wesentlich" ausgestaltet werden, vom Gesetzgeber zu treffen sind (BVerfG, Urteil vom 19. September 2018, 2 BvF 1/15, Rn. 190 ff.). In solchen Fällen gilt ein Parlaments- und Gesetzesvorbehalt – aber nur grundsätzlich. Denn das Bundesverfassungsgericht konnte bei der Ausgestaltung des Arbeitskampfrechts durch das Bundesarbeitsgericht keinen Verstoß gegen die von ihm selbst aufgestellte „Wesentlichkeitstheorie" erkennen (Infokasten 6–1). Es sei zwar „Sache des Gesetzgebers", die Koalitionsfreiheit nach Art. 9 Abs. 3 GG näher zu regeln. Doch müssten die Gerichte bei „unzureichenden gesetzlichen Vorgaben das materielle Recht mit den anerkannten Methoden der Rechtsfindung aus den allgemeinen Rechtsgrundlagen ableiten" können, die für das betreffende Rechtsverhältnis maßgeblich seien. Nur dann könnten die „Gerichte die ihnen vom Grundgesetz auferlegte Pflicht erfüllen, jeden vor sie gebrachten Rechtsstreit sachgerecht zu entscheiden" (BVerfG, Beschluss vom 26. Juni 1991–1 BvR 779/85, Rn. 50). Es sei zudem zulässig, die Rechtsprechung zu ändern. Höchstrichterliche Urteile seien „kein Gesetzesrecht" und könnten keine damit vergleichbare Rechtsbindung erzeugen. Von einer Rechtsprechung abzuweichen, verstoße mithin nicht gegen das Rechtsstaatsprinzip in Art. 20 Abs. 3 GG und das daraus abzuleitende Rückwirkungsverbot (BVerfG, Beschluss vom 26. Juni 1991–1 BvR 779/85, Rn. 49 ff.). Ob und inwieweit dies verfassungstheoretisch überzeugen kann, soll hier nicht diskutiert werden (Engels, 2008). Wichtig im vorliegenden Kontext ist allein, dass Arbeitskampfrecht Richterrecht ist (Hillgruber, 2022; Bobke, 1982).

> **Infokasten 6–1 Wesentlichkeitstheorie nach dem BVerfG**
>
> Die Wesentlichkeitstheorie folgt aus dem Rechtsstaatsprinzip und aus der daraus abgeleiteten Lehre vom Vorbehalt des Gesetzes (s. auch Kap. 3). Die Wesentlichkeitstheorie gilt insbesondere für Entscheidungen, die Grundrechte betreffen. Die Exekutive darf danach nur tätig werden, wenn sie durch das Parlament ermächtigt wurde (Parlamentsvorbehalt). Oder in den Worten des Bundesverfassungsgerichts (BVerfG, Urteil vom 19. September 2018–2 BvF 1/15): „In der Ordnung des Grundgesetzes trifft die grundlegenden Entscheidungen das vom Volk gewählte Parlament. In ständiger Rechtsprechung hat das Bundesverfassungsgericht daher aus grundrechtlichen Gesetzesvorbehalten und dem Rechtsstaatsprinzip (Art. 20 Abs. 3 GG) einerseits sowie dem Demokratieprinzip (Art. 20 Abs. 1 und 2 GG) andererseits die Verpflichtung des Gesetzgebers abgeleitet, in allen grundlegenden normativen Bereichen die wesentlichen Entscheidungen selbst zu treffen (…).“ (Rn. 192) „Die Entscheidung wesentlicher Fragen ist vor diesem Hintergrund dem parlamentarischen Gesetzgeber vorbehalten (…). Damit soll gewährleistet werden, dass Entscheidungen von besonderer Tragweite aus einem Verfahren hervorgehen, das der Öffentlichkeit Gelegenheit bietet, ihre Auffassungen auszubilden und zu vertreten, und das die Volksvertretung dazu anhält, Notwendigkeit und Ausmaß von Grundrechtseingriffen in öffentlicher Debatte zu klären. (…).“ (Rn. 193). „‚Wesentlich‘ bedeutet (…) zum einen ‚wesentlich für die Verwirklichung der Grundrechte‘“ (…) Der Gesetzgeber ist zum anderen zur Regelung der Fragen verpflichtet, die für Staat und Gesellschaft von erheblicher Bedeutung sind.“ (Rn. 194).

Richterrecht kann unterschiedliche Formen annehmen. Auf die **Rechtsfortbildung** wurde schon an anderer Stelle verwiesen (Abschn. 3.1). Bei der im vorliegenden Kontext interessierenden Variante tritt Richterrecht „an die Stelle eines fehlenden Gesetzes" (Hillgruber, 2022). Die Rechtsprechung hat beim Arbeitskampfrecht die Aufgabe „des untätigen Gesetzgebers" übernommen (BAG, Beschluss vom 21. April 1971, Az.: GS 1/68, Rn. 92; Bobke, 1982). Es handelt sich mithin nicht um Rechtsfortbildung, sondern um die **Schöpfung neuen Rechts**. Richterrecht in diesem Sinne ist damit zugleich ein Beispiel für die Tendenz zur **Justizialisierung** von Politik, sprich dafür: dass Gerichte gesellschaftliche Teilbereiche gestalten (oder zumindest mitgestalten). Entscheidungskompetenzen wandern in solchen Fällen von gewählten (und abwählbaren) Abgeordneten hin zu ernannten (und nicht abwählbaren) Richter*innen. Dies befördert die De-Politisierung gesellschaftlicher Konflikte, weil politische Diskurse, die in der demokratischen Öffentlichkeit stattfinden, die Form rechtlicher Auseinandersetzungen annehmen, die sich auf fachspezifische „epistemische Gemeinschaften" beschränken (Rehder, 2011). Eine solche Justizialisierung wird immer wieder mit Verfassungsgerichtsbarkeit verknüpft, sie kann aber auch in der Fachgerichtsbarkeit ihre Ursache finden (Landfried, 1994; Reutter, 2020a; Rehder, 2011, S. 35). Beim **Arbeitskampfrecht** lässt sich die Tendenz zur **Justizialisierung** in zweierlei Hinsicht aufweisen: (1) **substanziell** durch die Rechtsprechung des Bundesarbeitsgerichts sowie (2) **praktisch** durch die Entwicklung von Arbeitskampfniveau und Arbeitskampfformen.

(1) **Rechtsprechung des BAG:** Die **Verrechtlichung der Arbeitsbeziehungen** in der Bundesrepublik Deutschland ist Ergebnis eines langen und komplexen **Institutionalisierungsprozesses,** bei dem der Konflikt zwischen Kapital und Arbeit sukzessive entschärft, in Teilkonflikte zerlegt und in eine rechtlich und organisatorisch eingehegte „Konflikt-" bzw. „Sozialpartnerschaft" überführt wurde (Müller-Jentsch, 1993). Solche Prozesse haben in allen industriekapitalistischen Ländern stattgefunden, in der Bundesrepublik Deutschland kam der Arbeitsgerichtsbarkeit – und z. T. dem Bundesverfassungsgericht – eine zentrale Rolle zu (Rehder, 2011; Tschenker, 2023; Engels,

2008). So war nach einer Erhebung von Britta Rehder das Arbeitskampfrecht zwischen 1990 bis 2010 jährlich bei durchschnittlich 45 Entscheidungen Gegenstand eines Verfahrens beim Bundesarbeitsgericht, zwischen 2004 und 2009 machte es sogar „einen beträchtlichen Anteil der Agenda des Bundesarbeitsgerichts" aus (Rehder, 2015, S. 65; vgl. auch Engels, 2008, S. 98–145).

Das über fast drei Jahrzehnte die Rechtsprechung dominierende Leitmotiv formulierte der Große Senat des Bundesarbeitsgerichts in seinem Beschluss vom 28. Januar 1955 (Az. GS 1/54). Wesentlich geprägt wurde der Beschluss von **Hans Carl Nipperdey,** der im Dritten Reich an der Abschaffung des kollektiven Arbeitsrechts mitgewirkt und die Idee der Volksgemeinschaft auf das Wirtschaftsleben übertragen hatte (Tschenker, 2023, S. 234–247; Borowsky, 2022, S. 407; 2011, S. 164 f.; Boll & Kalass, 2013, S. 555; vgl. auch Balz, 2025, S. 363 f.). Unbeschadet seiner Rolle im Nationalsozialismus machte Nipperdey nach Gründung der Bundesrepublik rasch Karriere und war bis 1952 „der wichtigste Berater der Gewerkschaften" (Wesel, 2019, S. 94). In seinem jedoch von der Arbeitgeberseite bestellten Gutachten zur Rechtmäßigkeit des Zeitungsdruckerstreiks 1952, mit dem die Gewerkschaften die Verabschiedung des Betriebsverfassungsgesetzes verhindern wollten, stellte Nipperdey zum einen fest, dass grundsätzlich „jeder Streik eine zum Schadensersatz verpflichtende Verletzung des Rechts am eingerichteten und ausgeübten Gewerbetrieb" sei (Wesel, 2019, S. 94). Zum anderen sei ein Streik nur dann nicht rechtswidrig (und würde nicht zum Schadensersatz verpflichten), wenn er „sozialadäquat" sei, sich also auf arbeits- oder tarifrechtliche Gegenstände beschränken würde (Wesel, 2019, S. 94; Tschenker, 2023, S. 241–266).

Infokasten 6–2 Arbeitskampf, Streik, Aussperrung

Ein Arbeitskampf ist zentrales Element der kollektiven Arbeitsbeziehungen zwischen Arbeitgeber*innen und Arbeitnehmer*innen. Arbeitskampfformen sind Streiks auf Seiten der Arbeitnehmer*innen sowie Aussperrungen auf Seiten der Arbeitgeber*innen. Das Recht zum Arbeitskampf beruht auf der Koalitionsfreiheit (Art. 9 Abs. 3 GG).

Bei einem Streik verweigert eine größere Anzahl von Arbeitnehmer*innen einer Produktionsstätte (Betrieb), einer rechtlichen Organisation (Unternehmen) oder einer öffentlich-rechtlichen Körperschaft (Staat) geschlossen die Arbeit, meist um bessere Arbeitsbedingungen (Löhne, mehr Urlaub, kürzere Arbeitszeiten etc.) durchzusetzen, wobei das Arbeitsverhältnis nach Beendigung des Streiks fortgeführt werden soll. Es gibt unterschiedliche Formen des Streiks: z. B. Warnstreiks (wenige Beteiligte, kurze Dauer), Erzwingungsstreiks (zur Durchsetzung eines tarifpolitischen Ziels), „wilde" Streiks (nicht gewerkschaftlich organisiert), Generalstreiks (tendenziell alle Arbeitnehmer), politische Streiks (zur Durchsetzung politischer Ziele) u. a. m. Rechtlich zulässig sind in der Bundesrepublik nur gewerkschaftlich organisierte Streiks zur Durchsetzung tarifpolitischer Ziele.

Bei Aussperrungen schließen Arbeitgeber*innen Arbeitnehmer*innen von der Arbeit aus und stellen Lohn- und Gehaltszahlungen ein. Mit Aussperrungen, die in Deutschland ein Unternehmen oder ein Arbeitgeberverband anordnen kann, soll die Gegenseite – die jeweilige Gewerkschaft – unter Druck gesetzt und der Abschluss eines Tarifvertrages erzwungen werden. In der Regel setzen die ausgesperrten Arbeitnehmer*innen nach Ende des Arbeitskampfes ihre Beschäftigung fort. In der Bundesrepublik ist eine Aussperrung nur als Reaktion auf einen Streik zulässig (Abwehraussperrung), räumlich auf das jeweilige Tarifgebiet beschränkt und personell auf eine bestimmte Anzahl von Arbeitnehmer*innen zu beziehen (Übermaßverbot).

„Belohnt" worden sei Nipperdey für seine Stellungnahme, so Uwe Wesel, mit der Ernennung zum Präsidenten des Bundesarbeitsgerichts, „das 1954 seine Tätigkeit in Kassel aufnahm und an dem er Vorsitzender des für das Streikrecht zuständigen 1. Senats geworden ist" (Wesel, 2019, S. 95). Zudem sei für Nipperdey für seine Dienstreisen zur Universität, an dem er weiterhin lehrte, „eine direkte Zugverbindung zwischen Kassel und Köln eingerichtet" worden (Wesel, 2019, S. 94; Tschenker, 2022, S. 413 f.; Tschenker, 2023, S. 241–266).

In dem Gutachten hatte Nipperdey wichtige Aspekte der späteren Rechtsprechung vorweggenommen. Nach Nipperdey und dem Großen Senat des Bundesarbeitsgerichts sind Arbeitskämpfe **„im allgemeinen unerwünscht",** da sie „volkswirtschaftliche Schäden" verursachen und den „im Interesse der Gesamtheit liegenden sozialen Frieden beeinträchtigen" würden. Streiks, die zur Durchsetzung besserer Arbeitsbedingungen geführt würden, seien lediglich „in bestimmten Grenzen erlaubt" und in der „freiheitl[ichen], sozialen Grundordnung der Deutschen Bundesrepublik zugelassen", soweit sie „sozial adäquat" seien (BAG, Beschluss vom 28. Januar 1955, GS 1/54). Mit der aus dem Strafrecht stammenden Lehre von der **Sozialadäquanz** schuf das Bundesarbeitsgericht eine Rechtsfigur, mit der sich Beschränkungen des Arbeitskampfrechts im Allgemeinen und des Streikrechts im Besonderen nahezu willkürlich begründen ließen, wobei Nipperdey und seine damaligen Kollegen das Streikrecht nicht aus Art. 9 Abs. 3 GG ableiteten, sondern aus der „freiheitlich-demokratischen Grundordnung". Die Teilnahme an einem Arbeitskampf war mithin keine Grundrechtsausübung und unterlag folglich auch nicht dem Schutz des Art. 9 Abs. 3 GG. Zudem erfand das Bundesarbeitsgericht in diesem Beschluss den „Grundsatz der Waffengleichheit, der **Kampfparität",** nach der beide Seiten ihre Kampfmittel (einschließlich der Aussperrung) grundsätzlich frei wählen können (Tschenker, 2022, S. 417–423). Das Bundesarbeitsgericht hat damit Arbeitnehmer*innen zwar zum ersten Mal die Möglichkeit eingeräumt, rechtmäßig streiken zu können, ohne vorher kündigen zu müssen. Doch verblasste mit der Möglichkeit einer „ermessensfreien Wiedereinstellungsbefugnis" nach einer Aussperrung das „frisch gebackene Arbeitskampfrecht (…) zur Farce" (Tschenker, 2023, S. 266 f.).

Auf dieser Grundlage regelte das Bundesarbeitsgericht das Arbeitskampfrecht detailliert in weiteren Beschlüssen und Urteilen. Sogenannte **wilde Streiks,** die von keiner Gewerkschaft getragen werden, wurden als **rechtswidrig** verboten; eine Teilnahme daran kann eine Auflösung des Arbeitsverhältnisses nach sich ziehen und Schadensersatzforderungen begründen (BAG, Urteil vom 20. Dez. 1963, Az.: 1 AZR 428/62, 3. Leitsatz; vgl. auch Löwisch & Hartje, 1970). Ebenso sind Streiks seit 1955 ausschließlich zur **Durchsetzung tariffähiger Ziele** rechtmäßig und **politische Streiks** rechtswidrig (BAG, Beschluss des Großen Senats vom und Urteil vom 23. Oktober 1984, Az. 1 AZR 126/81; Tschenker, 2023, S. 26–30). Gleichzeitig dürfen Arbeitskampfmaßnahmen nur **letztes Mittel** sein (Ultima Ratio), das nur eingesetzt werden darf, wenn alle anderen Bemühungen zum Abschluss eines Tarifvertrages gescheitert sind. Die Friedenspflicht ist einzuhalten, und ehe die Gewerkschaft eine Urabstimmung über die Aufnahme von Arbeitskampfmaßnahmen durchführen darf, muss der Tarifvertrag gekündigt worden sein und ein Schlichtungsverfahren stattgefunden haben.

Eine Änderung des Arbeitskampfrechts erfolgte mit dem Beschluss des Großen Senats vom 21. April 1971, mit dem die Lehre von der Sozialadäquanz durch das **Verhältnismäßigkeitsprinzip** ersetzt wurde. Doch steht dieser Beschluss ansonsten noch in der Tradition der Entscheidung von 1955 und der „Nipperdeyschen Lehre" zum Arbeitskampfrecht (Tschenker, 2023, S. 293–296). Erst mit den Urteilen des Ersten Senats vom 10. Juni 1980 läutete das BAG eine Abkehr von der bis damals geltenden Rechtsprechung ein (BAG, Urteile vom 10. 6. 1980–1 AZR 822/79; 1 AZR 168/79; 1 AZR 331/79; 1 AZR 935/79): Zum einen gab es die Auffassung auf, dass Streiks grundsätzlich „unerwünscht" seien und eine „Störung" darstellen würden. In den Urteilen von 1980 erkannte das BAG an, dass „Tarifverhandlungen ohne das Recht zum Streik im allgemeinen nicht mehr als ‚kollektives Betteln'" wären (BAG, Urteil vom 10. Juni 1980; AZR 822/79; NJW, 1980, 1642, S. 1643 f.). Das Streikrecht – ebenso wie das Recht auf Aussperrung – ist mithin nicht mehr bloß akzessorischer Bestandteil der grundrechtlich geschützten Tarifautonomie und Ausfluss der freiheitlich-demokratischen Grundordnung. Vielmehr finden Streik und Aussperrung „verfassungsrechtlich ihre Grundlagen unmittelbar im Grundrecht der Koalitionsfreiheit gemäß Art. 9 Abs. 3 GG" (Engels, 2008, S. 105; Tschenker, 2023, S. 296–300). Zum anderen entwickelte das Bundesarbeitsgericht das Konzept der **materiellen Kampfparität** und leitete daraus Schranken für das Recht auf Aussperrung ab. Bereits in seinem Beschluss von 1971 hatte das BAG die Auffassung vertreten, dass Aussperrungen grundsätzlich nur suspendierenden Charakter hätten (es gibt also einen Anspruch auf Wiedereinstellung nach Ende des Arbeitskampfs). In seiner Aussperrungsentscheidung vom 10. Juni 1980 hat das BAG diese Auffassung bestätigt und zugleich die **Abwehraussperrung** grundsätzlich für zulässig erklärt. Allerdings ist eine solche Aussperrung begrenzt (Bobke, 1982); die Urteile begründen eine „Arbeitskampf-arithmetik" (Engels, 2008, S. 106). Danach kann bei einem „enggeführten Teilstreik", an dem weniger als ein Viertel der Arbeitnehmer*innen eines Tarifgebietes teilnehmen, „die Arbeitgeberseite den Kampfrahmen erweitern", wobei eine „Ausdehnung um 25 % der betroffenen Arbeitnehmer nicht unproportional" erscheinen würde, eine weitergehende Reaktion würde „regelmäßig" jedoch nicht proportional erscheinen (NJW, 1980, S. 1651). Würden mehr als ein Viertel der Arbeitnehmer*innen eines Tarifgebietes zum Streik aufgerufen, sei das Bedürfnis der Arbeitgeber „zur Erweiterung des Kampfrahmens" entsprechend geringer. (NJW, 1980, S. 1651; s. a. BAG, Urteil vom 10. Juni 1980–1 AZR 168/79 = NJW, 1980, 1653).

Zuletzt zu nennen ist die Rechtsprechung des BAG zur **Tarifeinheit**, die darin bestand, dass es in einem Betrieb grundsätzlich nur einen Tarifvertrag geben sollte. Mit seinem Urteil vom 7. Juli 2010 hat der Vierte Senat des BAG diese Rechtsprechung aufgegeben. Denn die Geltung eines Tarifvertrages werde nicht dadurch verdrängt oder eingeschränkt, dass in einem Betrieb ein weiterer Tarifvertrag existiere. Eine sogenannte **Tarifpluralität** ist damit möglich und rechtmäßig (BAG, Urteil vom 7. Juli 2010–4 AZR 549/08; Leitsatz). Der Bundesgesetzgeber hat auf dieses Urteil mit dem Tarifeinheitsgesetz reagiert, das bestimmte, dass nur der Tarifvertrag der mitgliederstärksten Gewerkschaft in einem Betrieb gelten sollte. Das Bundesverfassungsgericht hat das Tarifeinheitsgesetz im Wesentlichen für verfassungskonform erklärt (BVerfG zum Urteil vom 11. Juli 2017–1 BvR 1571/15 etc.).

(2) **Arbeitskampfniveau und Arbeitskampfformen:** Die Rechtsprechung des Bundesarbeitsgerichts zum Arbeitskampfrecht ist nicht ohne Folgen geblieben auf die Entwicklung von Streiks und Aussperrungen. Sie trug, **erstens,** dazu bei, dass Streiks und Aussperrungen in der Bundesrepublik Deutschland im Vergleich zu anderen Ländern nur **wenige Beteiligte** aufweisen und von **kurzer Dauer** sind (Boll & Kalass, 2014, S. 543; Dribbusch et al., 2024, S. 26; Janssen & Lübker, 2025, S. 17 f.; Abb. 6.2). Auch wenn berücksichtigt wird, dass die nationalen Statistiken nur bedingt vergleichbar sind, lässt sich festhalten, dass die Bundesrepublik Deutschland zwischen 2013 und 2022 mit jahresdurchschnittlich 18 arbeitskampfbedingt ausgefallenen Arbeitstagen pro 1000 Beschäftigten weit hinter dem Spitzenreiter Belgien lag, wo in demselben Zeitraum 103 Ausfalltage pro 1000 Beschäftigte zu verzeichnen waren;

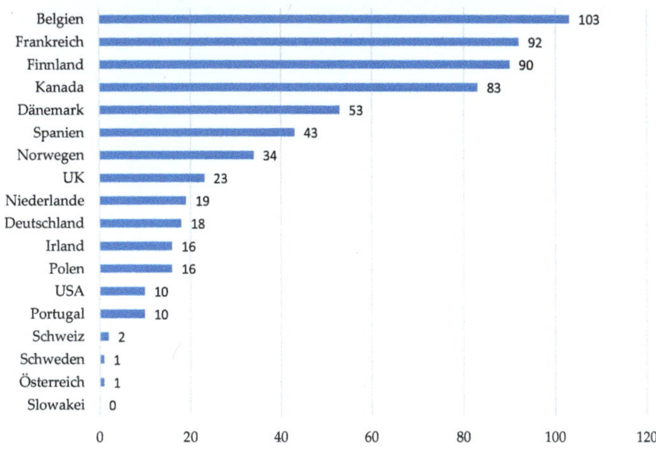

a) Frankreich: Nur Privatsektor; Spanien: ohne Generalstreiks; UK: ohne 2020, 2021; Portugal: ohne öffentliche Verwaltung

Abb. 6.2 Arbeitskampfbedingt ausgefallene Arbeitstage im internationalen Vergleich (Angaben pro 1000 Beschäftigte, jährlicher Durchschnitt; 2013 bis 2022). Quelle: Ausfalltage: WSI, nationale Statistiken; Beschäftigung: Eurostat, OECD (USA, Kanada); eigene Berechnung; zit. nach Dribbusch et al. (2024), S. 26

in Frankreich waren es durchschnittlich 92 Ausfalltage pro 1000 Beschäftigte (Abb. 6.2; Dribbusch, 2024, S. 26; vgl. auch Boll & Kalass, 2013, S. 540–550; zu ähnlichen Befunden kommen Janssen & Lübker [2025, S. 17] für die Periode 2014 bis 2023).

Zweitens fällt auf, dass das Arbeitskampfvolumen, gemessen an der Anzahl der wegen Streiks und Aussperrungen ausgefallene Arbeitstage, seit den 1980er Jahren mehr oder weniger **stetig zurückgegangen** ist (Abb. 6.3). In den 1980er Jahren gab es ohnehin nur eine große tarifpolitische Auseinandersetzung: der Streik der IGM und der IG Druck und Papier (heute Teil von Verdi) um die Verkürzung der Wochenarbeitszeit 1984 (Birke, 2024, S. 30–32). Dabei hatten schon in den 1960er Jahren die

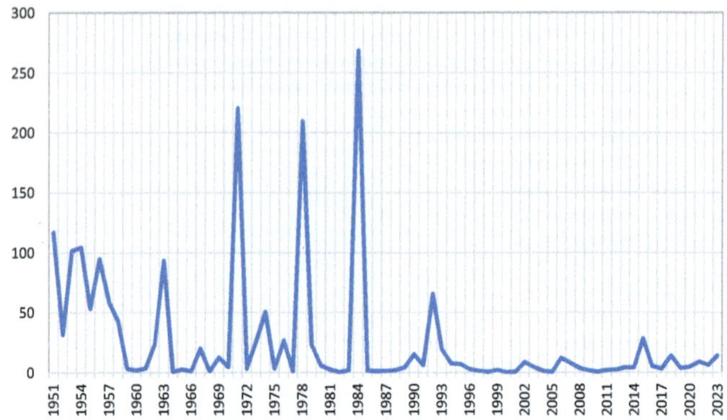

a) 1951 bis 1959: Ohne Saarland und Berlin; Ab 1960 einschl. Saarland und Berlin-West.
Bis 1992: Früheres Bundesgebiet; ab 1993 Deutschland.

Abb. 6.3 Streiks und Aussperrungen: ausgefallene Arbeitstage je 1000 Beschäftigte (1951 bis 2023; amtliche Statistik). Quelle: Statistisches Bundesamt (2025a); Sensch (2011) (1951 bis 1994)

„tarifpolitischen Auseinandersetzungen immer stärker einen kooperativen Charakter" angenommen (Müller-Jentsch, 1979, S. 39), wobei die Zahl der jahresdurchschnittlich ausgefallenen Arbeitstage pro 1000 Beschäftigten auf rund 16 gefallen ist (von rund 61 in den 1950er Jahren). In den 1970er Jahren stieg dieser Wert zwar wieder auf 57, nur um in den 1980er Jahren auf 30 und in den 1990er sogar auf 11 zu fallen. Nach der Jahrtausendwende erreichten die wegen Arbeitskampfmaßnahmen ausgefallenen Tage pro 1000 Beschäftigte mit durchschnittlich 6,2 einen Tiefststand.

Dieser Rückgang ging, drittens, einher mit einem **Formwandel von Streiks und Aussperrungen,** der durch die Rechtsprechung des Bundesarbeitsgerichts teilweise positiv sanktioniert, teilweise befördert wurde. Nach dem erwähnten Beschluss des Großen Senats von 1955 sowie weiterer Entscheidungen des Bundesarbeitsgerichts ließen sich Generalstreiks (wie der vom 12. November

1948), Demonstrations- und Hungerstreiks (1947/48) sowie politische Streiks (wie der Zeitungsstreik 1952, mit dem die Gewerkschaften versuchten, ihre Vorstellungen zur betrieblichen Mitbestimmung durchzusetzen) nicht mehr durchführen (Boll & Kalass, 2014, S. 556; Schneider, 1989, S. 260–272; Tschenker, 2022). Die „wilden" **Septemberstreiks 1969** setzten der sozialpartnerschaftlich ausgerichteten Tarifstrategie ein Ende (Müller-Jentsch, 1979, S. 42–45) und veranlassten Gewerkschaften und Arbeitgeber, ihre tarifpolitischen Strategien zu ändern. Gewerkschaften führten eine Reihe beteiligungsintensiver Flächenstreiks durch, die von Arbeitgebern mit großflächigen Aussperrungen beantwortet wurden, wobei nicht selten die Anzahl der Ausgesperrten diejenige der Streikenden deutlich übertraf (Müller-Jentsch, 1979, S. 62–65; Boll & Kalass, 2014, S. 564–566). Nach Rainer Kalbitz hätten ohnehin rund 71 % aller Aussperrungen zu Ausfalltagen geführt, „die jenseits des Begriffes der Kampfparität" gelegen hätten (Kalbitz, 1978, S. 365 f.; Kalbitz, 1979). Das Bundesarbeitsgericht reagierte auf diese Entwicklungen in seinem oben skizzierten Urteil vom 10. Juni 1980. In dieser Entscheidung beschränkte das BAG das Recht auf Aussperrung („Übermaßverbot") (BAG, Urteil vom 10. Juni 1980–1 AZR 822/79; Engels, 2008, S. 104–106). Seitdem hat es nur noch eine große Aussperrung gegeben: 1984 bei der Auseinandersetzung um die Einführung der 35-h-Woche in der Metallindustrie.

Das **BAG-Urteil zur Tarifeinheit** von 2010 hat zwar die „Gelegenheitsstrukturen" (Keller, 2020, S. 451) für Berufs- und Spartengewerkschaften verbessert, doch verhinderten die bestehenden Hürden für die Gründung neuer Gewerkschaften sowie das 2015 in Kraft getretene Tarifeinheitsgesetz, mit dem Tarifkollisionen verhindert werden sollten, indem allein der Tarifvertrag der mitgliederstärksten Gewerkschaft in einem Betrieb gelten soll, eine grundlegende Änderung der Gewerkschaftslandschaft. Weder sind nach dem Urteil neue **Berufs- oder Spartengewerkschaften** entstanden noch hat sich die tarifpolitische Landschaft oder das Streikgeschehen grundlegend geändert. Die GDL existiert bereits seit 1867, die jüngste Spartengewerkschaft, die Unabhängige Flugbegleiterorganisation (UFO), wurde 1992 gegründet. Tarifpolitisch haben Berufs- und Spartengewerkschaften „eine sehr begrenzte Bedeutung" (Bispinck, 2015, S. 4), da von den im Tarifregister des Bundesministeriums für Arbeit und Soziales (BMAS) vorhandenen rund 47.000 sogenannten „Ursprungstarifverträge" die Berufs- und Spartengewerkschaften gerade einmal 567 abgeschlossen haben (Bispinck, 2015, S. 4). Zieht man Daten des WSI-Tarifarchivs heran, waren Berufsgewerkschaften zwischen 2010 und 2014 an rund 46 Tarifkonflikten mit Streikaktionen beteiligt, während allein Verdi im selben Zeitraum an rund 800 Tarifkonflikten mit Streikaktionen teilnahm (Bispinck, 2015, S. 5).

Diese Befunde zeigen, dass die sich wandelnde Häufigkeit und Dauer, die variierenden Formen von sowie die unterschiedliche Beteiligung an Arbeitskampfmaßnahmen sich keineswegs allein auf die Rechtsprechung des Bundesarbeitsgerichtes zurückführen lassen. Die **Modernisierung des Arbeitskampfes** hat selbstredend viele Ursachen. Ökonomische Voraussetzungen, sich wandelnde gewerkschaftliche Strategien, politische Rahmenbedingungen, ein differenziertes Flächentarifwesen und anderes mehr haben dazu beigetragen, dass Arbeitskämpfe seltener, weniger beteiligungsintensiv und kürzer geworden sind (Volkmann, 1979, 1978; Boll & Kalass, 2014, S. 555). Die rechtlichen Rahmenbedingungen schaffen jedoch „Gelegenheitsstrukturen" (Keller, 2020, S. 451) für gewerkschaftliches Handeln. Sie **entlasten** zudem die Tarifparteien, weil Entscheidungen über die Formen der Konfliktaustragung außerhalb des

Systems der Arbeitsbeziehungen getroffen werden. Tarifauseinandersetzungen werden damit **verrechtlicht** und **entpolitisiert**. Zugleich verweist die Darstellung darauf, dass dieser wirtschaftspolitische Teilbereich der Gestaltung durch den Gesetzgeber weitgehend entzogen ist. Beim Arbeitskampfrecht fallen Rechtsschöpfung und streitige Rechtsanwendung zusammen.

6.3 Die dritte Gewalt als Gegenstand und Ausgangspunkt von politischer Gestaltung

Das Verhältnis zwischen erster und dritter Gewalt, zwischen Legislative und Judikative, ist komplexer als vielfach mit Verweis auf eine strikte Gewaltenteilungslehre unterstellt wird, und zwar in doppelter Hinsicht: Zum einen erschöpft es sich keineswegs darin, dass die Legislative die Gesetze schafft, die die Judikative auf streitige Einzelfälle anwendet. Ebenso wenig trifft zum anderen die landläufige Vorstellung zu, dass sich „die Politik" – was auch immer damit gemeint sein soll – bei der Gewährleistung der Rechtsprechung keine Rolle spielen dürfe. Gerichte müssten unabhängig sein, und die Judikative müsste sich am besten selbst verwalten können. Gemeinsam ist beiden Vorstellungen, dass die rechtsprechende Gewalt als politikfreier Raum gedacht wird, der sich mehr oder weniger selbst verwaltet. Er ist „unpolitisches Formelement" (zit. nach Böckenförde, 1991a, S. 151). Rechtsstaatliches Denken, so Ernst-Wolfgang Böckenförde (1991a, S. 168 f.), besitzt dann die „Tendenz, den modernen Staat allein vom Recht her zu begründen und zu erklären, nicht aber ihn zugleich als den maßgeblichen Träger der Rechtsbildung zu begreifen, der (…) erst die Bedingung der Normgeltung des gesetzlichen Rechts schafft."

Nun steht hinter solchen Vorstellungen ein erstaunlich unterkomplexes Verständnis der **Verfassungsdemokratie** und der **Verfassungswirklichkeit,** wie die Darstellung der Justizpolitik und der Rolle des Richterrechts gezeigt hat. Die erste, die rechtschöpfende Gewalt **gestaltet** direkt und indirekt Aufbau und Funktionsweise der dritten Gewalt und bestätigt damit die oben ausgeführte Annahme, dass der Rechtsstaat von Voraussetzungen lebt, über die er selbst nicht verfügen kann. Die dritte Gewalt **benötigt demokratische Legitimation und Unterstützung,** wobei Justizpolitik keineswegs allein von rechtsstaatlichen Motiven geprägt war. Vielmehr steht sie – „im langen Schatten der Haushaltspolitik. Ihre Ziele sind nicht Qualitätsstandards oder Verfahrensbeschleunigung, sondern die Senkung von Kosten" (Krings, 2013, S. 129).

Rechtsprechung beschränkt sich zudem keineswegs auf streitige Rechtsanwendung. Vielmehr existiert nicht nur durch die Verfassungsgerichtsbarkeit, sondern zumindest in Teilbereichen der Fachgerichtsbarkeit eine Tendenz zur **Rechtsschöpfung** und damit zur **Justizialisierung.** Das Arbeitskampfrecht ist in dieser Hinsicht ein herausstechendes Beispiel, weil es in seiner Gesamtheit durch Richter*innen geformt und entwickelt wurde. Entscheidungen über das Arbeitskampfrecht sind damit der politischen Auseinandersetzung entzogen, weil sie von Arbeitsgerichten – und teilweise dem Bundesverfassungsgericht – getroffen wurden. Entsprechende Debatten konzentrieren sich mithin fast ausschließlich auf rechtliche Fragen und ignorieren emanzipatorische und symbolische Effekte, die mit Streiks verbunden sein können. Dahinter steht eine Ordnungsvorstellung, die in Arbeitskampfmaßnahmen vor allem eine Störung des wirtschaftlichen Friedens sieht, ohne die produktive und integrative Wirkung einer institutionalisierten Konfliktaustragung erkennen zu wollen.

7

Zur Zukunft des demokratischen Rechtsstaats: wehrhafte Demokratie und rechtsstaatliche Resilienz

Schlüsselwörter Wehrhafte Demokratie · Wehrhafter Rechtsstaat · Resilienter Rechtsstaat

„Judicial backsliding" lautet das Menetekel an der Wand des demokratischen Rechtsstaats in der Bundesrepublik Deutschland. In einer nicht allzu fernen Zukunft könnten auch hierzulande demokratisch gewählte Regierungen die Unabhängigkeit der Justiz untergraben und die kontrollierende Wirkung rechtsstaatlicher Gewaltenteilung beschränken, vielleicht sogar vollständig eliminieren (Brandau et al., 2025; Gärditz, 2024; Zillessen et al., 2025). Die **Zukunft des demokratischen Rechtsstaats** in Deutschland sähe dann so ähnlich aus wie die Gegenwart des „rule of law" in den USA. Dort hat am 20. Januar 2025 ein verurteilter Straftäter mehr als 1500 andere verurteilte Straftäter*innen begnadigt. Mit diesem, dem amerikanischen Rechtsstaat Hohn sprechenden Akt begann

© Der/die Autor(en), exklusiv lizenziert an Springer Fachmedien Wiesbaden GmbH, ein Teil von Springer Nature 2026
W. Reutter, *Der Rechtsstaat in Deutschland,* Elemente der Politik,
https://doi.org/10.1007/978-3-658-50451-9_7

Donald J. Trump seine zweite Amtszeit als 47. Präsident der Vereinigten Staaten von Amerika. Trump, der im Frühjahr 2024 schuldig gesprochen und im Januar 2025 verurteilt worden war, Geschäftsunterlagen gefälscht zu haben, um Schweigegeldzahlungen an eine Pornodarstellerin zu vertuschen, hat mit einer seiner ersten Amtshandlungen sein Wahlversprechen eingelöst, diejenigen zu begnadigen, die am 6. Januar 2021 am Sturm auf das Kapitol beteiligt waren. Darunter waren die zu langen Haftstrafen verurteilten Anführer der rechtsextremistischen Milizen „Proud Boys" und „Oath Keepers".

Die Botschaft Trumps war nicht misszuverstehen. Unabhängige Gerichte und „rule of law" sind bedeutungslos für den amtierenden amerikanischen Präsidenten, wenn sie seinen Vorstellungen zuwiderlaufen. In diesem Sinne hat Trump seit seinem Amtsantritt am 20. Januar 2025 regiert – flankiert durch Entscheidungen des Supreme Courts, der dem amerikanischen Präsidenten schon vor seiner Wiederwahl weitgehende Immunität eingeräumt hatte. Auch wenn Trump rund 90 % aller gegen seine Administration angestrengten Gerichtsverfahren verloren hat, wie findige Beobachter ausgerechnet haben, scheint die dritte Gewalt in den USA ihre zentrale Aufgabe der Kontrolle der Exekutive nicht mehr erfüllen zu können (oder zu wollen). Trump ignoriert Urteile, hetzt gegen Richter*innen und zweifelt öffentlich an, dass die Judikative überhaupt ein Mandat habe, einen demokratisch gewählten Präsidenten darauf zu verpflichten, sich an Recht, Gesetz und die Verfassung zu halten. Die amerikanische Variante der Gewaltenteilung, die ***Checks and Balances,*** funktioniert nicht mehr. Ohnehin hatte die amerikanische Judikative schon vor Trumps zweiter Amtszeit mit Akzeptanzproblemen zu kämpfen; so hatten 2024 in einer Umfrage nur 31 % der Befragten der Aussage zugestimmt, Gerichte seien neutral und „not biased towards money or influence" (WJP, 2024b, S. 16). Doch ändert das nichts daran, dass Trump dem Drehbuch zur Errichtung autoritärer Herrschaft folgt. Einmal an der Macht, tut er alles, um an der Macht zu bleiben. Dafür wird der Staat um- oder zurückgebaut und die rechtsstaatliche Kontrolle wird zurückgedrängt, ignoriert oder ausgeschaltet. „Democratic backsliding" geht so Hand in Hand mit „judicial backsliding" (Haggard & Tiede, 2025).

Die USA sind jedoch keineswegs das einzige Land, in dem rechtsstaatliche Institutionen und die Unabhängigkeit von Gerichten infrage gestellt werden. In Polen, Ungarn, Israel, der Türkei und vielen anderen Ländern hat in den letzten Jahren ein **Um- bzw. Abbau rechtsstaatlicher Strukturen und Gewährleistungen** stattgefunden. Zwar weist jedes Land Besonderheiten auf, doch begründen alle zusammen den weltweiten Trend des „judicial backsliding" bzw. des „rule of law backsliding" (Steinsdorff, 2024). Belegen lässt sich ein solcher Trend mit einer ganzen Anzahl entsprechender Untersuchungen, in denen Stand und Entwicklung des Rechtsstaats anhand unterschiedlicher Dimensionen statistisch beschrieben werden. Häufig zitiert wird der ***Rule of Law Index*** des ***World Justice Project*** (WJP). Das WJP ist eine gemeinnützige Organisation, die ihre Aufgabe darin sieht, „to create knowledge, build awareness, and stimulate action to advance the rule of law worldwide" (WJP, 2025). Der vom WJP entwickelte Index misst den Stand der Rechtsstaatlichkeit seit 2006 anhand von acht Indikatoren, aus denen ein Gesamtindex gebildet wird. Für das Jahr 2024 hat das WJP bei der Mehrheit der in die Studie einbezogenen 142 Länder erneut rechtsstaatliche Rückschritte festgestellt (WJP, 2024a, S. 8).

Sicher lässt sich trefflich darüber streiten, inwiefern solche Indices die Wirklichkeit adäquat abbilden (Manow, 2024). Doch unbeschadet solch methodologischer Einwände gegenüber der Art und Weise, wie wir Demokratie und Rechtsstaat empirisch „beobachten", statistisch „messen" und die Befunde inhaltlich bewerten, lässt sich kaum von der Hand weisen, dass die Idee des Rechtsstaats ihre **globale Strahlkraft verloren** hat. Anna Lührmann und Staffan I. Lindberg (2019) finden sogar Belege für eine „dritte Welle der Autokratisierung", in der vor allem und meist zuerst Grundsätze, Institutionen und Verfahren des demokratischen Rechtsstaats infrage gestellt werden (vgl. auch Albrecht et al., 2023, S. 4).

Nach Auffassung vieler Beobachter*innen hat sich der deutsche Rechtsstaat diesem Trend bisher erfolgreich widersetzen können. Er hat sich – noch – als resilient erwiesen (Oidtmann, 2023). Gerichte sind unabhängig, erfüllen ihre Aufgaben und sind in der Lage, die beiden anderen Gewalten zu kontrollieren – unbeschadet der im Laufe der Darstellung immer wieder erwähnten Kritikpunkte und Mängel (Abschn. 5.3). Auch das World Justice Project stellt dem Rechtsstaat der Bundesrepublik Deutschland ein gutes Zeugnis aus. Mit 83 von 100 möglichen Punkten rangierte Deutschland 2024 auf dem fünften Platz hinter den skandinavischen Primi Dänemark, Norwegen, Finnland und Schweden. Doch ändert dieser – im internationalen Vergleich – mehr als befriedigende Befund nichts daran, dass wissenschaftlich und politisch mit steigender Dringlichkeit diskutiert wird, wie **resilient** der demokratische Rechtsstaat in der Bundesrepublik Deutschland ist und ob er auch dann noch seine Funktionen erfüllen kann, sollte er in naher oder ferner Zukunft unter Druck geraten (Brandau et al., 2025; Gärditz, 2024; Zillessen et al., 2025).

Und diese Fähigkeit sehen nicht wenige vor allem durch die Wahlerfolge von AfD – und BSW – gefährdet. So untersucht eine Gruppe um Friedrich Zillessen vom **Verfassungsblog** im Rahmen des **Justiz-Projekts** die Frage: „Wie verwundbar ist die rechtsprechende Gewalt in Deutschland – im Bund und in den Ländern?". Dafür wollen Zillessen und seine Mitarbeiter*innen ein „Risk Assessment" vornehmen, „Schwachstellen sowie Einfallstore für ‚judicial backsliding'" identifizieren und das „Bewusstsein für die Verwundbarkeit der Justiz auf Bundes- und Länderebene" schärfen (Verfassungsblog, 2025; vgl. auch Brandau et al., 2025; Steinbeis, 2024, S. 117–126; Beck et al., 2024; Zillessen, 2025; Zillessen et al., 2025). Die weitere Darstellung schließt an diese Fragen an. Sie will herausarbeiten, wie der demokratische Rechtsstaat auch unter Stress funktionsfähig bleiben und seine Resilienz garantiert werden kann. Zwei Argumentationsstränge lassen sich dabei ausmachen: Zum einen wird angenommen, dass ein **resilienter Rechtsstaat** im Konzept der **wehrhaften Demokratie** aufgeht (Abschn. 7.1); zum anderen lässt sich prüfen, ob ein resilienter Rechtsstaat auch ein **wehrhafter Rechtsstaat** ist, ob er also über die Mittel verfügt, um seine Funktionsfähigkeit aufrechtzuerhalten (Abschn. 7.2).

Damit sollen **andere Herausforderungen** oder **Probleme,** die sich aktuell für den demokratischen Rechtsstaat in der Bundesrepublik Deutschland stellen – wie der anstehende Generationenwechsel bei den Richter*innen (LTO, 2025), die bisher eher schleppend verlaufende Digitalisierung (Birkenkötter & Burchardt, 2025, S. 164–181), die überfällige Reform der Juristenausbildung (Abschn. 4.1), die Frage, wie mit „rechten" Richter*innen und Schöff*innen umzugehen ist (Wagner, 2021), und anderes mehr –, keineswegs negiert werden. All diese Probleme sind bekannt und werden von „der Politik" kontinuierlich adressiert. Der „Pakt für den Rechtsstaat", Koalitionsverträge oder die Bund-Länder-Arbeitsgruppe „Wehrhafter Rechtsstaat" belegen dies. Die Zukunft des Rechtsstaats hängt zweifellos auch davon ab, wie auf diese Probleme und Herausforderungen reagiert wird. Eine solche Zukunft unterstellt jedoch, dass der Rechtsstaat als Idee und Verfassungsprinzip weiter unangefochten bestehen bleiben. Er mag eine Umdeutung erfahren (Pichl, 2024), doch werden Rechtsstaat und rechtsprechende Gewalt nicht grundsätzlich in Frage gestellt. Vielmehr sollen in dieser Perspektive die Voraussetzungen für eine „funktionsfähige Rechtsprechung" verbessert und damit der Rechtsstaat als Verfassungsprinzip optimal verwirklicht werden. Anders bei der Diskussion um den „resilienten Rechtsstaat". Hier wird unterstellt, dass eine autoritär-populistische/rechtsextremistische Partei – wie die AfD – die unabhängige Justiz delegitimieren und nachhaltig attackieren oder sogar strukturell umbauen könnte. Rechtsstaat und rechtsprechende Gewalt würden dann – wie in den USA und in anderen Ländern – als Verfassungsprinzip und als Staatsfunktion grundsätzlich zur Disposition stehen.

7.1   Wehrhafte Demokratie = resilienter Rechtsstaat?

Karl Loewenstein, der Vater des Begriffs der „wehrhaften Demokratie", der „militant democracy", entwickelte sein Konzept in den 1930er Jahren. In einer ganzen Reihe von europäischen Ländern konnte er Demokratien scheitern und faschistische Bewegungen siegen sehen (Loewenstein, 1935a, 1935b, 1937a, 1937b). Demokratie und Toleranz, so seine zentrale Schlussfolgerung aus seinen Beobachtungen, trügen die Keimzelle ihres Niedergangs in sich (Loewenstein, 1937a, S. 423). Faschistische Parteien hätten die demokratische Hoffnung ausgenutzt, dass „in the long run" die Wahrheit stärker sei als die Lüge und dass sich der Geist gegen die Gewalt durchsetze (Loewenstein, 1937a, S. 424). Später fand diese Überlegung in **Poppers Paradoxien** eine ebenso prägnante wie viel zitierte Form (Popper, 1962, S. 265 [Fn. 4]). Wird **Toleranz** gegenüber **Intoleranten** bis zur Selbstverleugnung geübt und gewährt die **Demokratie** den **Feinden der Demokratie** bis zur Selbstaufgabe das Recht zur politischen Teilhabe, scheint das Ende von Toleranz und Demokratie nahezu unausweichlich. Denn absolute Toleranz ist wehrlos gegenüber Intoleranz, und grenzenlose Demokratie kann antidemokratischen Bewegungen nichts entgegensetzen. Loewenstein war nun der Meinung, dass sich Demokratien ihrem Schicksal nicht einfach hingeben sollten. Sie sollten gegen innere Feinde ebenso „wehrhaft" („militant") sein können, wie sie sich gegen äußere verteidigen können müssen. Die Väter und Mütter des Grundgesetzes haben diese Lehre aufgenommen und entsprechende verfassungsrechtliche Vorkehrungen getroffen.

Für den Schutz der Demokratie bietet das Grundgesetz eine ganze Reihe von **Instrumenten.** Neben der **Ewigkeitsgarantie** des Art. 79 Abs. 3 GG zählen dazu: das Vereinigungsverbot (Art. 9 Abs. 2 GG, siehe Abb. 7.1), das Parteienverbot (Art. 21 Abs. 2 GG) sowie die Grundrechtsverwirkung (Art. 18 GG) (Papier & Durner, 2003, S. 347–355). Hinzu kommt eine Reihe weiterer Mittel wie die Treuepflicht für Beamte oder die Möglichkeit, eine Partei nach Art. 21 Abs. 3 GG von der staatlichen Finanzierung auszuschließen. Damit soll erreicht werden, dass „Verfassungsfeinde nicht unter Berufung auf die Freiheiten, die das Grundgesetz gewährt, und unter ihrem Schutz die Verfassungsordnung oder den Bestand des Staates gefährden, beeinträchtigen oder zerstören" (BVerfG, Urteil vom 17. Januar 2017- 2 BvB 1/13, Rn. 418).

All diese Instrumente sind schon eingesetzt worden. Zwischen Inkrafttreten des Vereinsgesetzes 1964 bis Juni

20 Verbote im Phänomenbereich des Rechtsextremismus	**1 Verbot** im Phänomenbereich des Linkextremismus	**15 Verbote** im Phänomenbereich des Islamismus
93 Verbote im Phänomenbereich des Ausländerextremismus	**33 Verbote** strafgesetzwidriger Art (Rockervereinigungen; organisierte Kriminalität)	**2 Verbote** aus sonstigen Gründen

a) Stand: 15. Juni 2021; übernommen wurden die Zahlen von Holterhus; das BMI (2025a) führt z.T. Zahlen mit Stand: Juni 2020 auf, die sich mit den Angaben von Holterhus nicht in Einklang bringen lassen; die Differenzen ließen sich nicht aufklären.

Abb. 7.1 Vereinsverbote nach Art. 9 Abs. 2 GG (1964 bis 2021)[a]. Quelle: Holterhus, 2022, S. 40

2021 wurden durch das Bundesministerium des Innern 58 Verbote auf Grundlage von Art. 9 Abs. 2 GG ausgesprochen, die 117 Teil- und/oder Ersatzorganisationen betrafen (Înfokasten 7–1; Holterhus, 2022, S. 40c; vgl. auch BMI, 2025a, b, S. 358–368). Zudem wurden zwei Parteien verboten, die SRP und die KPD (Kap. 5). Es gab vier Anträge auf Verwirkung von Grundrechten, keinem wurde stattgegeben. Und die 2023 in „Die Heimat" umbenannte NPD wurde im Januar 2024 von der Parteienfinanzierung ausgeschlossen.

Schon die oberflächliche Analyse macht deutlich, dass die Judikative im Konzept der wehrhaften Demokratie eine **dienende Rolle** zukommt. Sie soll helfen, die Demokratie zu schützen. Die oben genannte „Instrumententrias" (Papier & Durner, 2003, S. 347) sowie andere verfassungsrechtliche Bestimmungen zum Schutz der Demokratie unterstellen eine funktionsfähige Justiz, die in der Lage ist, Verbote auszusprechen bzw. zu bestätigen (Vereinsverbote erfolgen durch das BMI; anzufechten sind sie beim Bundesverwaltungsgericht; Groh, 2024). In diese Logik passt der Versuch vom Herbst, 2024, „Bestrebungen vorzubeugen, welche die Unabhängigkeit oder Funktionsfähigkeit der Verfassungsgerichtsbarkeit in Frage stellen wollen" (Deutscher Bundestag, 2024a, S. 5).

Allerdings zeigen sich schon im demokratischen Normalbetrieb **Schwächen** der „wehrhaften Demokratie" (vgl. auch die Beiträge in Zillessen, 2025). So wird seit Jahren ergebnislos über ein Verbot der AfD diskutiert, das BMI scheiterte 2025 mit seinem Versuch, die COMPACT-Magazin GmbH zu verbieten, und die CDU konnte im Juli 2025 nicht einmal garantieren, dass die Mitglieder ihrer Fraktion die Verfassungsrichter*in wählen, die der Wahlausschuss mit den Stimmen der CDU-Vertreter*innen vorgeschlagen hatte. Ob in Krisensituationen, wenn die Justiz selbst unter Druck steht, die Gerichte ihre Funktionen noch so erfüllen können, wie es das Konzept der wehrhaften Demokratie unterstellt, ist vor diesem Hintergrund durchaus fraglich.

Zudem wurde schon vielfach herausgearbeitet, dass das Konzept der wehrhaften Demokratie, wie es im Anschluss an Loewenstein entwickelt wurde, **normative Probleme** aufwirft, und zwar aus zweierlei Gründen (Merkel, 2024; Reutter, 2024a, S. 140 f.; Rijpkema, 2018, S. 25–27). Zum einen fordert das Konzept, ggfs. eine **demokratisch gewählte Partei zu verbieten.** Um die Demokratie zu schützen, muss die Demokratie beschränkt werden. Anders lässt sich das Paradox der Demokratie nicht auflösen. Zum anderen unterstellt schon Loewenstein, dass eine Demokratie nur wehrhaft sein kann, wenn – zumindest vorübergehend – grundlegende rechtsstaatliche Grundsätze **außer Kraft gesetzt** werden. Wie in einem Krieg mit einem äußeren Feind müsse bei einem Krieg gegen einen inneren Feind der Rechtsstaat zeitweilig „Urlaub" nehmen, wie Leon Blum, ehemaliger Führer der französischen Volksfront, gesagt haben soll („legality takes a vacation"; Loewenstein, 1937a, S. 432). Der Staat operiert dann nicht mehr „nach" und „durch" (demokratisch gesetzte) Regeln, sondern – kurz- und/oder mittelfristig – außerhalb der Legalität. Dieser bekannte normative Konflikt gilt allerdings nicht für den deutschen Fall. Denn Parteiverbot, Grundrechtsverwirkung oder Vereinsverbote erfolgen nach rechtlich vorgegebenen Verfahren und auf Grundlage verfassungsrechtlicher Vorgaben.

Festhalten lässt sich: Das Konzept der wehrhaften Demokratie konzentriert sich auf **Verfahren zum Schutz der politischen Selbstbestimmung.** Darauf zielen die erwähnten Instrumente, die in der Verfassung stehen. wobei ein funktionierender Rechtsstaat unterstellt wird. Das Konzept läuft im Ergebnis auf **eine Dissoziation von Demokratie und Rechtsstaat** hinaus. Das ist vor dem historischen Hintergrund, in der dieses Konzept entwickelt wurde, nachvollziehbar. Das Konzept ignoriert jedoch die Frage, wie sich der Rechtsstaat selbst schützen lässt. Rechtsstaatliche Resilienz verlangt mithin andere Instrumente als die wehrhafte Demokratie; diese mögen sich ergänzen und gegenseitig verstärken, sie gehen aber nicht ineinander auf. Zudem verweist das Wort von der „illiberalen Demokratie" darauf, dass eine bloß „elektorale" Form der politischen Selbstbestimmung rechtsstaatliche Garantien und Institutionen unterlaufen kann. Ebenso wie ein Rechtsstaat ohne Demokratie denkbar ist (Kap. 2), kann eine demokratisch gewählte Regierung sich rechtsstaatlicher Kontrolle entziehen.

7.2 Resilienter Rechtsstaat = wehrhafter Rechtsstaat?

Die 2023 eingesetzte **Bund-Länder-Arbeitsgruppe „Wehrhafter Rechtsstaat"** befürchtete, dass „Verfahren und Institutionen des freiheitlichen demokratischen

Rechtsstaats auf unterschiedlichen Ebenen zunehmendem Druck ausgesetzt" werden könnten (BLAG, 2024, S. 4). Um solchen Bedrohungen begegnen zu können, gelte es „vorbeugende Maßnahmen" zu ergreifen und den Rechtsstaat „wehrhaft" zu machen (BLAG, 2024, S. 4).

Bemerkenswert an der Arbeitsgruppe ist, dass die Initiative von den Ländern ausgegangen ist, von denen einige schon jetzt Gefährdungen ausgesetzt sind, die in dem Bericht thematisiert werden. Auf Grundlage umfassender Problemanalysen präsentiert der Bericht Lösungsvorschläge:

- zur verfassungsrechtlichen Absicherung des Bundesverfassungsgerichts;
- wie sichergestellt werden kann, dass Gerichtsentscheidungen durch die Exekutive vollstreckt werden;
- wie der 2017 verabschiedete „Pakt für den Rechtsstaat" verstetigt und mit einem „Digitalpakt" verbunden werden kann;
- wie sich die Landesverfassungsgerichtsbarkeit zukunftsfest machen lässt;
- wie gewährleistet werden kann, dass auch bei schwierigen Mehrheitsverhältnissen in Parlamenten Berufsrichter*innen bestellt werden können;
- und wie Richter*innen und Schöff*innen, die über verfassungsfeindliche Einstellungen verfügen, verhindert werden können (Abschn. 4.4; (BLAG, 2024; Sehl, 2024).

Abgesehen von der angesprochenen Änderung des Grundgesetzes zum Status und zur Struktur des Bundesverfassungsgerichts sowie zur Wahl der Verfassungsrichter*innen (einschl. der Ersatzwahl durch den Bundesrat) sind die Gesetzgeber in Bund und Ländern bisher irritierend **inaktiv** geblieben. Das schließt die Länder **Thüringen** und

Brandenburg ein, in denen die AfD seit den Landtagswahlen 2024 über eine Sperrminorität verfügt. Obschon dies vor den Wahlen absehbar war, wurden entsprechende Warnungen und Vorschläge ignoriert (Beck et al., 2024; Jobs, 2024; Zillessen, 2025). Allein der **Pakt für den Rechtsstaat** wurde erneuert, um einen Digitalpakt erweitert und durch die Kampagne: „Wir sind Rechtsstaat" gesellschaftspolitisch unterfüttert. Zudem ist zu betonen, dass der Arbeitsauftrag sich auf die Gefahr konzentrierte, dass die „verfassungsrechtlichen Kontrollmechanismen durch einfachgesetzliche Rechtsetzung geschwächt werden könnten" (BLAG, 2024, S. 3). Es wurde mithin das Szenario unterstellt, dass eine autoritär-populistische Partei – gemeint war die AfD – an einer Regierung zumindest beteiligt ist, sie vielleicht sogar alleine stellen kann. Ein solches Szenario greift in doppelter Hinsicht zu kurz. Zum einen kann die vom Verfassungsschutz als gesichert rechtsextremistisch eingestufte AfD auch ohne parlamentarische Mehrheit Einfluss ausüben. Einfachgesetzliche Änderungen sind mithin keineswegs notwendige Voraussetzung für „judicial backsliding". Zum anderen stellt sich die Frage, ob ein „resilienter Rechtsstaat" zugleich ein „wehrhafter Rechtsstaat" ist, ob also ein Rechtsstaat, der auch unter Stress seine Funktionsfähigkeit aufrechterhalten kann, ein Rechtsstaat ist, der sich gegen Angriffe wehren und sich verteidigen kann.

Ich will daher im Weiteren untersuchen, welche **Gegenstrategien** und **Resilienzfaktoren** denkbar sind, um dem Einfluss einer autoritär-populistischen Partei zu begegnen, die darauf zielt, den demokratischen Rechtsstaat zu delegitimieren und/oder funktionsunfähig zu machen. Es geht darum zu prüfen, wie auf differenzierte Strategien und Angriffe autoritär-populistischer Parteien und Bewegungen reagiert werden kann. Ausgangspunkt ist die Überlegung, dass Gefährdungen des Rechtsstaates abhängig sind von der **Stärke der AfD** in einem Parlament. Wie Tab. 7.1 ausweist, gibt es auf diese Frage keine eindeutige Antwort, die alle Konstellationen und Strategien in gleicher Weise adressieren könnte. Im Gegenteil, manche Gegenstrategie kann unter anderen Voraussetzungen kontraproduktive Wirkungen entfalten. Resilienz ist ein **kontingentes Konzept.**

Unterscheiden lassen sich **vier Konstellationen,** die sich allerdings nicht eindeutig voneinander trennen lassen (Tab. 7.1). Sie können kumulativ wirken und sich gegenseitig

Tab. 7.1 Einfluss autoritär-populistischer Parteien/Bewegungen und rechtsstaatliche Resilienz

Mandatsanteil einer autoritär-populistischen Partei	Ziele und Mittel der Einflussnahme	Gegenstrategie (Resilienzfaktor)
Bloße parlamentarische Vertretung (< 33 % der Mandate)	Delegitimierung von Richter*innen, Entscheidungen und Institutionen	Gegenöffentlichkeit; Behebung von Funktionsdefiziten etc.
Sperrminorität (> 33 und < 50 % der Mandate)	Einfluss auf Wahlverfahren; Verursachung von Funktionsstörungen durch Nichtwahl von Richter*innen (Vetospieler)	Änderungen der Wahlverfahren und der Mehrheitserfordernisse
Regierungsmehrheit (> 50 und < 66 % der Mandate)	Instrumentalisierung rechtsstaatlicher Institutionen; Besetzung von Richterstellen (Disruption)	Verfassungsgerichtsbarkeit; Inanspruchnahme von Minderheitenrechten; Vetomacht („Sperrminorität"); Bundesstaat
Verfassungsändernde Mehrheit (> als 66 % der Mandate)	Umbau des Rechtsstaats und Umdeutung der Rechtsstaatsidee; Verfassungsänderung	Ewigkeitsklausel, Gegenöffentlichkeit; EU; Bundesstaat

Quelle: Eigene Darstellung

ergänzen. **Erstens** kann eine rechtsextremistische oder autoritär-populistische Partei wie die AfD im Parlament **nicht** oder nur **schwach** vertreten sein, jedenfalls verfügt sie über keine Sperrminorität, also weniger als ein Drittel der Parlamentsmandate. Man könnte zwar annehmen, dass unter solchen Voraussetzungen autoritär-populistischen Parteien die Mittel fehlen, um parlamentarische Entscheidungen herbeizuführen oder zu verhindern. Allerdings bleibt ihnen die Option, die dritte Gewalt **strategisch** zu **delegitimieren** (Köker, 2025; Köker et al., 2025). Die Beispiele dafür sind zahlreich, einige wenige genügen, um zu illustrieren, was damit gemeint ist. So war die Eilentscheidung des Verwaltungsgerichts Berlin vom 2. Juni 2025 über die rechtswidrige Zurückweisung dreier somalischer Asylsuchender an der deutsch-polnischen Grenze heftiger Kritik ausgesetzt; die beteiligten Richter*innen wurden diffamiert und persönlich bedroht (VG Berlin, Beschluss vom 02. Juni 2024, Az.: 6 L 191/25). Martin Hess, ehemals Polizeibeamter und seit 2017 für die AfD im Bundestag, stellte sogar infrage, ob die Richter*innen „tatsächlich noch Recht im Namen des deutschen Volkes" sprechen würden (o. V. 2025). Auch Richter*innen des Bundesverfassungsgerichts (z. B. der aktuelle Präsident Harbarth) waren schon Adressat entsprechender Kampagnen, ganz zu schweigen von Frauke Brosius-Gersdorf, deren Wahl zur Verfassungsrichterin unter anderem daran scheiterte, dass in sozialen Medien Lügen über sie verbreitet und Stimmung gegen sie gemacht wurde (Tab. 7.1).

Philipp Köker (2025; s. a. Köker et al., 2025) sieht in solchen **Diffamierungskampagnen,** die sich gegen **Entscheidungen, Personen oder Institutionen** der Judikative richten können, eine auch in anderen Ländern zu beobachtende Strategie, um die Justiz zu delegitimieren. Erreicht wird dies, indem **rechtspopulistische Narrative** mobilisiert und auf die dritte Gewalt bezogen werden, wie etwa, dass Urteile nicht dem „wahren Volkswillen" entsprechen würden oder dass Richter*innen Teil einer korrupten und inkompetenten Elite seien (Köker, 2025, S. 2). Die Judikative verfügt über keine Mittel, um sich gegen solche Angriffe zu wehren. Sie kann grundsätzlich nur mit ihren Urteilen sprechen. Sie ist insoweit abhängig von politischer und zivilgesellschaftlicher Unterstützung. Ihre Resilienz lässt sich nur indirekt stärken, indem ihre Funktionsfähigkeit verbessert und vorhandene Mängel beseitigt werden. Darüber hinaus kann Gegenöffentlichkeit hergestellt und mobilisiert werden, die sich kritisch mit solchen Anwürfen auseinandersetzt, den Rechtsstaat verteidigt und über dessen Funktionsprinzipien aufklärt.

Zweitens, andere Möglichkeiten ergeben sich, sobald die AfD eine **Sperrminorität** in einem Parlament erreicht hat und über mehr als ein Drittel der Sitze in einem Parlament verfügt (aber weniger als die Hälfte der Mandate erworben hat) („Thüringer Verhältnisse“). Solche Szenarien wurden in unterschiedlichen Zusammenhängen adressiert. Im Vordergrund standen dabei **ostdeutsche Bundesländer** sowie die **Verfassungsgerichtsbarkeit** in Bund und Ländern (Beck et al., 2024, S. 5–6; Reutter, 2024b, c, d). Unter solchen Voraussetzungen kann die AfD die dritte Gewalt nicht mehr nur strategisch delegitimieren (diese Option besteht immer), sondern sie kann Funktionsvoraussetzungen torpedieren. Sie ist zu einer **Vetospielerin** mit **Obstruktionspotential** aufgestiegen, deren Zustimmung erforderlich ist, um den Status quo zu ändern. Bisweilen reicht sogar eine geringere Mehrheit, wenn – wie aktuell im Bundestag – die anderen Parteien aufgrund von Unvereinbarkeitsbeschlüssen über keine Zweidrittelmehrheit verfügen. Dann kann eine autoritär-populistische Partei allein durch ihre parlamentarische Existenz in den Entscheidungsprozess eingreifen. Beobachten ließ sich dies bei der gescheiterten Wahl von drei Verfassungsrichter*innen im Juli 2025, als die Parteien der demokratischen Mitte (SPD, CDU/CSU, Grüne) zusammen über lediglich 413 von insgesamt 630 Stimmen im Bundestag verfügten und damit die notwendige Zweidrittelmehrheit für die Wahl von Verfassungsrichter*innen nicht garantieren konnten. Die von der SPD vorgeschlagene Kandidatin, Frauke Brosius-Gersdorf, konnte daher an dem vorgesehenen Termin nicht gewählt werden und ist schließlich als Kandidatin zurückgetreten.

Dauerhaft obstruktiv operiert die AfD in **Thüringen,** wo sie schon die **Konstituierung des Richterwahlausschusses** verhindern konnte. Die Ernennung von neuen Richter*innen ist in diesem Bundesland nur möglich, indem der in der letzten Legislaturperiode gewählte Richterwahlausschuss geschäftsführend im Amt bleibt. Da allerdings unklar ist, ob eine solche Übergangsregelung verfassungskonform ist, wurde der Richterwahlausschuss bisher nicht einberufen (Stand: Juli 2025; Sehl & Kelzenberg, 2025). Hinzu kommt, dass in der laufenden achten Legislaturperiode des Thüringer Landtags die Amtszeiten aller Verfassungsrichter*innen endet und neue zu wählen sind. Wie die für die Wahl notwendige Zweidrittelmehrheit sichergestellt werden soll, ist vollkommen unklar.

Eine mögliche Gegenstrategie besteht darin, das **Mehrheitserfordernis** zu senken, **Ersatzwahlverfahren** einzuführen (wie für die Wahl der Bundesverfassungsrichter*innen) oder Regelungen zur Stellvertretung oder geschäftsführenden Amtsausübung von Verfassungsrichter*innen zu treffen (falls noch nicht vorhanden). Bei dem im Bund etablierten Ersatzwahlverfahren können Bundestag bzw. Bundesrat jeweils das andere Wahlorgan beauftragen, eine Wahl vorzunehmen, wenn in dem eigentlich zuständigen Organ keine Wahl zustande kommt. Inwieweit dies eine brauchbare Ausfallregelung darstellt, ist noch nicht ausgemacht. Zu befürchten steht, dass Kandidat*innen, die eine Ersatzwahl benötigen, mit einem Makel behaftet sind. Für die Länder kommt diese Lösung wegen fehlender Ersatzwahlorgane ohnehin nicht infrage. Ändert man das Wahlverfahren, gehen damit zudem „demokratische Kosten" einher, weil **Rechte parlamentarischer Minderheiten** beschnitten werden. Eine Senkung des Mehrheitserfordernisses auf weniger als zwei Drittel der abgegebenen Stimmen oder der Mitglieder eines Parlaments führt dazu, dass bei einer möglichen AfD-Regierung demokratische Parteien keine Möglichkeit mehr hätten, Einfluss zu nehmen auf Wahl und Zusammensetzung der Verfassungsrichter*innen. Eine autoritär-populistische Partei könnte dann ein Verfassungsgericht nach ihrem Gusto zusammensetzen.

Drittens, sollte eine autoritär-populistische-Partei eine Regierungsmehrheit stellen („polnische Verhältnisse"), sind einer **gestaltenden Einflussnahme** nur noch verfassungsrechtliche Grenzen gesetzt. Mit einer Regierungsmehrheit kann eine autoritär-populistische Mehrheit den Rechtsstaat umgestalten, ihr genehme Richter*innen ernennen und die Justiz als Kontrollinstanz – zumindest langfristig – weitgehend neutralisieren. Verfassungsgerichte sind dabei häufig die ersten Adressaten. Entsprechende Diskussionen etwa im Rahmen des Thüringen-Projekts des Verfassungsblogs konzentrierten sich daher zuerst darauf, die Verfassungsgerichte in Bund und Ländern resilient(er) zu machen (Beck et al., 2024, S. 10–14; Reutter, 2024b, c). Es ist schwer zu prognostizieren, inwieweit solche Änderungen den Rechtsstaat langfristig schützen können. Als **Resilienzfaktoren** bleiben die öffentliche und parlamentarische Auseinandersetzung, verfassungsrechtlich garantierte Minderheitenrechte (z. B. auch in Richterwahlausschüssen), die Verfassungsgerichte in Bund und Ländern (sofern sie funktionsfähig bleiben) sowie der **Föderalismus** als gewaltenhemmende Struktur vertikaler Gewaltenteilung.

Viertens, sollte eine autoritär-populistische Partei eine verfassungsändernde Zweidrittelmehrheit im Parlament erreichen, steht einer **Umgestaltung** und **Instrumentalisierung** der dritten Gewalt nur noch wenig im Wege („ungarische Verhältnisse"). Unter solchen Voraussetzungen ist eine verfassungsgerichtliche Kontrolle von Regierung und Gesetzgebung nicht mehr möglich. Mit einer verfassungsändernden Mehrheit ließe sich die Judikative strukturell umbauen und zumindest ein Teil der Richter*innen austauschen. Zudem lehrt das ungarische Beispiel, dass „judicial backsliding" die Einschränkung von Minderheitenrechten einschließt. Zu den **Resilienzfaktoren,** die solche Entwicklungen zumindest einhegen könnten, wären im deutschen Fall zu zählen: die Ewigkeitsklausel des Art. 79 Abs. 3 GG, die Mobilisierung zivilgesellschaftlicher Öffentlichkeit; europäische Kontrollmechanismen, die sich allerdings bisher als wenig effektiv erwiesen haben; sowie bundesstaatliche Beschränkungen.

7.3 Wehrhafte Demokratie und resilienter Rechtsstaat

Insgesamt ergibt sich aus der Analyse eine ambivalente Schlussfolgerung. Zum einen ist festzuhalten, dass das Konzept der wehrhaften oder streitbaren Demokratie für einen resilienten Rechtsstaat keinen überzeugenden Ausgangspunkt bietet. Jedenfalls zielen die verfassungsrechtlich vorgehaltenen Instrumente nicht auf den Schutz des Rechtsstaats, sondern sollen das Selbstzerstörungspotential, das in einer absolut verstandenen Demokratie und einem grenzenlosen Toleranzgebot steckt, einhegen oder – besser noch – eliminieren. Eine wehrhafte Demokratie setzt jedoch einen funktionierenden Rechtsstaat voraus.

Zum anderen ergibt sich, dass ein „resilienter Rechtsstaat" noch kein „wehrhafter Rechtsstaat" ist. Gerichte werden grundsätzlich nur auf Antrag tätig, können Angriffe nur abwehren, wenn diese rechtswidrig sind, und sind einfachgesetzlichen Änderungen weitgehend schutzlos ausgeliefert. Der Rechtsstaat ist mithin von Voraussetzungen abhängig, die er selbst nicht herstellen kann. Er kann helfen, die Demokratie „wehrhaft" zu machen, und ist doch selbst davon abhängig, dass ihn die Demokratie schützt.

Abgesehen von der Änderung des Grundgesetzes zum Status und zur Struktur des Gerichtes sowie der Novellierung des Bundesverfassungsgerichtsgesetzes zur Wahl der Verfassungsrichter*innen haben die Gesetzgeber in Bund und Ländern in dieser Hinsicht bisher wenig unternommen. Diese legislative Passivität lässt sich mit mangelndem Problembewusstsein nicht erklären. Die Gefahren sind bekannt. Es geht darum, für unterschiedliche Bedrohungsszenarien spezifische Lösungen zu finden, die sich zudem in unterschiedlichen Konstellationen zu Gefährdungen transformieren können. Eine effektive Resilienzstrategie hängt, wie dargestellt, ab von möglichen Einflussstrategien. Eine strategische Delegitimierung der dritten Gewalt (Szenario I), verlangt Gegenöffentlichkeit und die Behebung von Funktionsdefiziten. Eine effektive Vetoposition der AfD aufgrund einer Sperrminorität lässt sich verhindern, indem Wahl- und Bestellungsverfahren geändert werden (was in Ländern z. T. nur mit einer Verfassungsänderung möglich ist), während eine „populistische Übernahme" (Steinbeis, 2024) des Rechtsstaats durch eine AfD-Regierung bestenfalls eingehegt werden kann. Doch grundsätzlich gilt: Es gibt keine „one-size-fits-all"-Resilienz.

In der Diskussion über einen „resilienten Rechtsstaat" spiegelt sich zudem die Vorstellung, den „modernen Staat allein vom Recht her zu begründen und zu erklären"

(Böckenförde, 1991a, S. 168 f.). Das ist in einer Demokratie ausgeschlossen. Denn auch der resiliente Rechtsstaat lebt von Voraussetzungen, über die er selbst nicht verfügen kann. Ein resilienter Rechtsstaat ist kein „wehrhafter Rechtsstaat", er kann sich gegen Angriffe selbst nicht wehren. Resilienz lässt sich nur politisch herstellen und garantieren. Es erscheint daher vielversprechender, verfassungsfeindliche Bewegungen und Parteien in rechtsstaatlicher Weise zu verbieten. Diese Möglichkeiten müssen genutzt werden.

Kommentierte Literaturhinweise

Alexy, L., Fisahn, A., Hähnchen, S., Mushoff, T., Trepte, U. (2023). *Das Rechtslexikon. Begriffe, Grundlagen, Zusammenhänge* **(2. Aufl.). Bonn: Verlag J.H.W. Nachf. Lizenzausgabe: Bundeszentrale für politische Bildung.** **https://www.bpb.de/kurz-knapp/lexika/ recht-a-z.** Wer etwas wissen will über Recht, Rechtsfragen und Rechtsstaat, findet in diesem Lexikon eine Antwort. In rund 1400 Stichworten von A wie „abfallrechtliche Prinzipien" bis Z wie „Zwangsvollstreckung" werden zentrale Rechtsbegriffe und Zusammenhänge kompakt und verständlich erläutert.

Böckenförde, E-W. (1991). Entstehung und Wandel des Rechtsstaatsbegriffs. In ders., *Recht, Staat, Freiheit, Studien zur Rechtsphilosophie, Staatstheorie und Verfassungsgerichte* **(S. 143–169). Frankfurt a.M.: Suhrkamp.** In dieser inzwischen klassischen Abhandlung, die zuerst 1969 erschienen ist, beschreibt der ehemalige Richter am Bundesverfassungsgericht die

W. Reutter, *Der Rechtsstaat in Deutschland*, Elemente der Politik, https://doi.org/10.1007/978-3-658-50451-9

Geschichte des Rechtsstaats in Deutschland vom frühen 19. Jahrhundert bis zur Bundesrepublik.

Heyde, W. (1999). *Justiz in Deutschland. Ein Überblick über Recht und Gerichte der BRD* **(6. überarbeitete Aufl.). Köln: Bundesanzeiger Verlag.** Heyde gibt in seiner auch für Nichtjurist*innen gut lesbaren Darstellung einen Überblick über Aufbau und Funktionsprinzipien der Rechtspflege in der Bundesrepublik Deutschland. Präsentiert werden Informationen zu den verfassungsrechtlichen Grundlagen der dritten Gewalt, zum Verfahrensrecht, zum Gerichtsaufbau und zu den Gerichtszweigen.

Holterhus, T.P. (2022). Rechtsstaat. *Informationen zur politischen Bildung,* **Heft 351 (2/2022). Bundeszentrale für politische Bildung. https://www.bpb.de/shop/zeitschriften/izpb/rechtsstaat-351/** Das Heft enthält Beiträge von Till Patrik Holterhus zur Idee der Rechtsstaatlichkeit, zum Rechtsstaatsprinzip im Grundgesetz, zur digitalen Revolution im Rechtstaat, zur Bedeutung der EU für den deutschen Rechtsstaat und zur Rechtsstaatlichkeit auf internationaler Ebene. Ideal als erste Einführung in das Thema.

Lieber, H., & Sens, U. (2020). *Basiswissen Schöffenamt.* **Bonn: Bundeszentrale für politische Bildung.** Im Unterschied zu Geschworenen in den USA sind Schöff*innen und ehrenamtliche Richter*innen in Deutschland weitgehend unbekannt. Zu Unrecht. Denn ehrenamtliche Richter*innen in der deutschen Rechtspflege entscheiden nicht nur über Schuld und Unschuld von Angeklagten, sondern nehmen gleichberechtigt mit Richter*innen an Gerichtsverhandlungen teil. Hasso Lieber und Ursula Sens haben mit ihrem Buch zum Schöffenamt, eine gut lesbare und informative Darstellung vorgelegt, die zwar vornehmlich für

Schöff*innen in der Strafgerichtsbarkeit gedacht ist, aber auch für allgemein an dem Thema Interessierte einen guten Einstieg bietet.

Oestmann, P. (2021). *Wege zur Rechtsgeschichte: Gerichtsbarkeit und Verfahren* (2., aktualisierte Aufl.). **Köln etc.: Böhlau Verlag.** Das Lehrbuch beschreibt präzise und souverän die Grundzüge der Gerichts- und Prozessgeschichte in Deutschland.

Ooyen, R.Chr. van, & Möllers, M.H.W. (Hrsg.) (2025), *Handbuch Bundesverfassungsgericht im politischen System* (2 Bände, 3. Aufl.). **Wiesbaden: Springer VS.** Die beiden Herausgeber haben mit diesem inzwischen auf 1.763 Seiten angewachsenen Sammelband ein Standardwerk zum Bundesverfassungsgericht vorgelegt. Es enthält insgesamt 70 politik-, geschichts- und rechtswissenschaftliche Beiträge zu theoretischen Grundlagen und der Geschichte der Verfassungsgerichtsbarkeit, zu methodischen Fragen der Analyse, zur Entwicklung der Rechtsprechung in ausgewählten Politikfeldern, zu den Richter*innen, zur Funktionsweise sowie zur Stellung des höchsten deutschen Gerichtes im politischen System der Bundesrepublik Deutschland.

Steinke, R. (2022). *Vor dem Gesetz sind nicht alle gleich. Die neue Klassenjustiz* (3. Aufl.). **Berlin: Berlin Verlag.** Die deutsche Strafjustiz war schon immer dem Verdacht ausgesetzt, manche Angeklagten „gleicher" zu behandeln als andere. Der rechtspolitische Journalist Ronen Steinke gewährt in seiner Untersuchung einen Einblick in den Alltag der Strafjustiz. Seine gut recherchierten und überzeugend belegten Befunde lassen nur den Schluss zu, dass ein zentrales Versprechen des Rechtsstaats, dass nämlich vor dem Gesetz alle gleich seien, weder in der Gerichtspraxis noch im Strafvollzug erfüllt wird.

Zillessen, F. (Hrsg.). (2025). *Die vorbereitete Demokratie. Resilienz durch Antizipation im Thüringen-Projekt.* Berlin: Verfassungsbooks. DOI 10.17176/20.250.924-155.423-0. https://verfassungsblog.de/wp-content/uploads/2025/09/Zillessen_DieVorbereiteteDemokratie_2025.pdf. Der Band, der nur online verfügbar ist, versammelt insgesamt 37 Beiträge aus dem Thüringen-Projekt des Verfassungsblogs. Er identifiziert „Schwachstellen" des demokratischen Rechtsstaats, und zeigt auf, wie demokratische und rechtsstaatliche Institutionen vor einer „populistischen Übernahme" geschützt werden können. Die Schlussfolgerungen sind – leider! – immer noch aktuell und für alle Bundesländer und auch für den Bund von Bedeutung.

Literatur

Abendroth, W. (1972). Zum Begriff des demokratischen und sozialen Rechtsstaats im Grundgesetz der Bundesrepublik Deutschland [1954]. In ders., *Antagonistische Gesellschaft und politische Demokratie. Aufsätze zur politischen Soziologie* (2. Aufl., S. 109–138). Luchterhand.

Abromeit, H. (1995). Volkssouveränität, Parlamentssouveränität, Verfassungssouveränität: Drei Realmodelle der Legitimation staatlichen Handelns. *Politische Vierteljahresschrift, 36*(1), 49–66. https://www.jstor.org/stable/24198102.

Albrecht, Y., Nonhoff, D., Skóra, M., & Titulski, R. (2023). Rechtsstaatlichkeit unter Druck: Resilienz statt Reaktion. *Integration, 46*(1), 4–20.

Alexy, L., Fisahn, A., Hähnchen, S., Mushoff, T., & Trepte, U. (2020). *Das Rechtslexikon. Begriffe, Grundlagen, Zusammenhänge.* Bundeszentrale für politische Bildung.

Bachof, O. (1968). Der Staatsgerichtshof für das Land Baden-Württemberg. In Rechtswissenschaftliche Abteilung der Rechts- und Wirtschaftswissenschaftlichen Fakultät der Universität Tübingen (Hrsg.), *Tübinger Festschrift für Eduard Kern* (S. 1–19). Mohr Siebeck.

W. Reutter, *Der Rechtsstaat in Deutschland,* Elemente der Politik, https://doi.org/10.1007/978-3-658-50451-9

Baer, S. (2023). *Rechtssoziologie. Eine Einführung in die interdisziplinäre Rechtsforschung* (5. Aufl.). Nomos.

Baer, S. (2025). *Rote Linien. Wie das Bundesverfassungsgericht die Demokratie schützt* (2. Aufl.). Herder.

BAG. (2024). *Jahresbericht 2024. Stand: 31.12.2024.* Hrsgg. von der Präsidentin des Bundesarbeitsgerichts. Erfurt. https://www.bundesarbeitsgericht.de/pressestelle/#jahresberichte.

Balz, E. (2025). Biographien in Graustufen. In R. Chr. van Ooyen & M. H. W. Möllers (Hrsg.), *Handbuch Bundesverfassungsgericht im politischen System* (Bd. 1, 3. Aufl., S. 363–374). Springer VS.

Barwasser, F. H. (1978). Die Vereinfachungsnovelle zur ZPO und das Verfahren vor dem Arbeitsgericht. *Arbeit und Recht, 26*(5), 138–142. https://www.jstor.org/stable/24018569.

Beck, H., Jaschinski, J., Kordt, K., Müller-Elmau, M., & Talg, J. (2024). *Rechtsstaatliche Resilienz in Thüringen stärken. Handlungsempfehlungen aus der Szenarioanalyse des Thüringen-Projekts. VerfBlog.* https://doi.org/10.17176/20240416-103633-0.

Becker, M., & Zimmerling, R. (2006). Einleitung. In dies., (Hrsg.), *Recht und Politik* (S. 9–29). VS Verlag für Sozialwissenschaften (= Politische Vierteljahresschrift, Sonderheft 36).

Benda, E. (1995). § 17 Der soziale Rechtsstaat. In E. Benda, W. Maihofer, & H.-J. Vogel (Hrsg.), *Handbuch des Verfassungsrechts der Bundesrepublik Deutschland. Studienausgabe Teil 1* (2. Aufl., S. 719–797). De Gruyter.

Bethge, H. (2022). Rechtsprechung. In *Staatslexikon* (8. Aufl.). https://www.staatslexikon-online.de/Lexikon/Rechtsprechung. Zugegriffen: 8. Juni 2022.

BFH. (2024). *Jahresbericht 2024.* Hrsgg. vom Präsidenten des Bundesfinanzhofs. München. https://www.bundesfinanzhof.de/de/service/publikationen/.

BfJ. (2022). *Zahl der Richter, Richterinnen, Staatsanwälte, Staatsanwältinnen und Vertreter, Vertreterinnen des öffentlichen Interesses in der Rechtspflege der Bundesrepublik Deutschland am 31.*

Dezember 2020. Stand: 22. September 2022. Bundesamt für Justiz. Referat III 3. https://www.bundesjustizamt.de/Shared-Docs/Downloads/DE/Justizstatistiken/Richterstatistik_2020.pdf?__blob=publicationFile&v=5.

BfJ. (2024a). *Ausbildungsstatistik. Bundesamt für Justiz. Referat III 3. Stand 13. März 2024.* https://www.bundesjustizamt.de/SharedDocs/Downloads/DE/Justizstatistiken/Juristenaus-bildung_2022.pdf?__blob=publicationFile&v=5.

BfJ. (2024b). *Geschäftsentwicklung bei Gerichten und Staats-anwaltschaften von 1999 bis 2023. Referat III 3 (Stand: 14. Oktober 2024).* https://www.bundesjustizamt.de/SharedDocs/Downloads/DE/Justizstatistiken/Ge-schaeftsentwicklung_Gerichte_Staatsanwaltschaften.pdf?__blob=publicationFile&v=9.

BfJ. (2024c). *Richterstatistik 2022. Referat III 3, Stand 2. April 2024.* https://www.bundesjustizamt.de/SharedDocs/Downloads/DE/Justizstatistiken/Richterstatistik_2022.pdf?__blob=publicationFile&v=4.

BfJ. (2024d). *Übersicht der Gerichte des Bundes und der Länder. (Stand: 12. September 2024).* https://www.bundesjustizamt.de/SharedDocs/Downloads/DE/Justizstatistiken/Gerichte_Bund_Laender.pdf?__blob=publicationFile&v=7.

BGH. (2024). *Tätigkeitsbericht 2023.* Hrsgg. von der Präsiden-tin des Bundesgerichtshofes. Karlsruhe. www.bundesgerichts-hof.de.

Birke, P. (2024). Wegmarken der deutschen Streikgeschichte. *Aus Politik und Zeitgeschichte, 74*(46), 23–33.

Birkenkötter, H., & Burchardt, D. (2025). *The Rule of Law in Germany. Bringing the* Rechtsstaat *into the 21st Century.* Hart.

Bispinck, R. (2015). Zur Rolle der Berufs- und Spartengewerk-schaften in der Tarifpolitik. https://www.rosalux.de/filead-min/rls_uploads/pdfs/sonst_publikationen/online_pub_berufsgewerkschaften.pdf.

BLAG. (2024). *Bericht der Bund-Länder-Arbeitsgruppe „wehr-hafter Rechtsstaat". Wie lassen sich die freiheitliche demo-kratische Grundordnung und ihre Institutionen gegen Ver-fassungsfeinde verteidigen? 18. April 2024.* o. O.

Blum, S., & Schubert, K. (2018). *Politikfeldanalyse. Eine Einführung* (3. Aufl.). Springer VS.

BMI. (2025a). *Vereinsverbote.* https://www.bmi.bund.de/DE/themen/sicherheit/extremismus/vereinsverbote/vereinsverbote-artikel.html.

BMI. (Hrsg.). (2025b). *Verfassungsschutzbericht 2024.* BMI. https://www.verfassungsschutz.de/SharedDocs/publikationen/DE/verfassungsschutzberichte/2025-06-10-verfassungsschutzbericht-2024.pdf?__blob=publicationFile&v=4.

Bobke, M. H. (1982). Richterrechtliche Grenzen des Arbeitskampfes. *Arbeit und Recht, 30*(2), 41–49. https://www.jstor.org/stable/24019154.

Böckenförde, E.-W. (1991a). Entstehung und Wandel des Rechtsstaatsbegriffs. In ders., *Recht, Staat, Freiheit. Studien zur Rechtsphilosophie, Staatstheorie und Verfassungsgeschichte* (S. 143–169). Suhrkamp.

Böckenförde, E.-W. (1991b). Die Entstehung des Staates als Vorgang der Säkularisation. In ders., *Recht, Staat, Freiheit. Studien zur Rechtsphilosophie, Staatstheorie und Verfassungsgeschichte* (S. 92–114). Suhrkamp.

Böckenförde, E.-W. (1992). Demokratie als Verfassungsprinzip. In ders., *Staat, Verfassung, Demokratie. Studien zur Verfassungstheorie und zum Verfassungsrecht* (S. 289–378). Suhrkamp.

Böckenförde, E.-W. (1996). Die Überlastung des Bundesverfassungsgerichts. *Zeitschrift für Rechtspolitik, 29*(8), 281–284. https://www.jstor.org/stable/23424603.

Böckenförde, E.-W. (1998). *Verfassungsfragen der Richterwahl. Dargestellt anhand der Gesetzentwürfe zur Einführung der Richterwahl in Nordrhein-Westfalen* (2. Aufl.). Duncker & Humblot.

Bohlen, M., & Sommer, M. (2023). *Roland-Rechtsreport 2023.* Roland Rechtsschutz/IfD Allensbach. https://www.drb.de/fileadmin/DRB/pdf/Publikationen/ROLAND_RR-02-2023_eForm_final.pdf.

Boll, F., & Kalass, V. (2014). Streik und Aussperrung. In W. Schroeder (Hrsg.), *Handbuch Gewerkschaften in Deutschland* (3. Aufl., S. 535–578). Springer VS.

Böning, A. (2017). Gleiches Recht für alle? Juristische Profession und soziale Herkunft. In A. Pilniok & J. Brockmann (Hrsg.), *Die juristische Profession und das Jurastudium* (S. 59–83). Nomos.

Böning, A., & Schultz U. (2019). Juristische Sozialisation. In C. Boulanger, J. Rosenstock, & T. Singelnstein (Hrsg.), *Interdisziplinäre Rechtsforschung. Eine Einführung in die geistes- und sozialwissenschaftliche Befassung mit dem Recht und seiner Praxis* (S. 193–205). Springer VS.

Borowsky, M. (2022). Die NS-Belastung des Bundesarbeitsgerichts – vorläufige Bilanz zur personellen Kontinuität. *Kritische Justiz, 55*(4), 399–411. https://www.jstor.org/stable/10.2307/27295214.

Brandau, A.-M., Bruhn, E., Hanelt, E., Laude, L., Talg, J., Weickert, J., & Zillessen, F. (2025). *We Are Launching the Judicial Resilience Project: How Vulnerable Is the German Judiciary?* VerfBlog, 2025/2/14. https://verfassungsblog.de/we-are-launching-the-judicial-resilience-project/, https://doi.org/10.59704/802f93ec0ad4f68d.

Brenner, M. (2024). Das Streikrecht: Grundsätze und Grenzen. *Aus Politik und Zeitgeschichte, 74*(46), 17–22.

Bryde, B.-O. (2000). Juristensoziologie. In H. Dreier (Hrsg.), *Rechtssoziologie am Ende des 20. Jahrhunderts. Gedächtnissymposium für Edgar Michael Wenz* (S. 137–155). Mohr Siebeck.

BSG. (2024). *Jahresbericht 2024.* Hrsg. von der Präsidentin des Bundessozialgerichts. Kassel. https://www.bsg.bund.de/SharedDocs/Downloads/DE/Jahresberichte/Jahresbericht_2024_pdf.html.

Bundesregierung. (2020). *Beitrag der Bundesregierung zum ersten Bericht der Kommission über die Lage der Rechtsstaatlichkeit in der EU und ihren Mitgliedstaaten.* Berlin, 4. Mai 2020. o. O. https://www.eu2020.de/resource/blob/2403394/b8e86cb5c6a5672b1a06842a07f762f6/10-10-pdf-rechtsstaatlichkeit-de-data.pdf.

Bundesregierung. (2022). *Beitrag der Bundesregierung zum dritten Bericht der Europäischen Kommission zur Lage der Rechtsstaatlichkeit in der Union und in ihren Mitgliedstaaten.* o. O., o. J.

BVerfG. (2020). *Jahresstatistik 2020.* Hrsg. Bundesverfassungsgericht. Karlsruhe. https://www.bundesverfassungsgericht.de/DE/Mediathek/Jahresberichte/Jahresstatistiken/2020/statistik_2020_node.html.

BVerfG. (2021–2025). *Jahresberichte 2020 bis 2024.* Hrsg. Bundesverfassungsgericht. Karlsruhe. https://www.bundesverfassungsgericht.de/DE/Mediathek/Jahresberichte/jahresberichte_node.html.

BVerwG. (2024). *Jahresbericht 2024.* Hrsg. Der Präsident des Bundesverwaltungsgerichts. Leipzig. https://www.bverwg.de/user/data/media/jahresbericht_2024.pdf.

Cohen, M. (2014). Ex ante versus ex post deliberations: two models of judicial deliberations in courts of last resort. *The American Journal of Comparative Law, 62*(4), 951–1008.

Dahrendorf, R. (1960). Bemerkungen zur sozialen Herkunft und Stellung der Richter an Oberlandesgerichten. *Hamburger Jahrbuch für Wirtschafts- und Gesellschaftspolitik, 5,* 260–275.

Dahrendorf, R. (1962). Ausbildung einer Elite. Die deutsche Oberschicht und die juristischen Fakultäten. *Der Monat, 166,* 15–22.

Dahrendorf, R. (1965). *Gesellschaft und Demokratie in Deutschland.* R. Piper & Co.

Darnstädt, T. (2019). *Verschlusssache Karlsruhe. Die internen Akten des Bundesverfassungsgerichts* (2. Aufl.). Piper.

Deutscher Bundestag. (1973). *Erster Bericht des Sonderausschusses für die Strafrechtsreform zu dem von der Bundesregierung eingebrachten Entwurf eines Einführungsgesetzes zum Strafgesetzbuch (EGStGB) – Drucksachen 7/550, 7/1232 – Bericht der Abgeordneten Dr. Eyrich und Dr. Penner.* Drs. 7/1261 vom 27.11.1973. https://dserver.bundestag.de/btd/07/012/0701261.pdf.

Deutscher Bundestag. (1974). *Entwurf eines Gesetzes. Drucksache zur Vereinfachung und Beschleunigung gerichtlicher Verfahren (Vereinfachungsnovelle). Gesetzentwurf der Bundesregierung.* Drs. 7/2729 vom 05.11.1974. https://dserver.bundestag.de/btd/07/027/0702729.pdf.

Deutscher Bundestag. (1991). *Entwurf eines Gesetzes zur Entlastung der Rechtspflege. Gesetzentwurf des Bundesrates.* Drs. 12/1217 vom 27.09.1991. https://dserver.bundestag.de/btd/12/012/1201217.pdf.

Deutscher Bundestag. (1992). *Beschlußempfehlung und Bericht des Rechtsausschusses (6. Ausschuß) zu dem Gesetzentwurf des Bundesrates – Drucksache 12/1217 – Entwurf eines Gesetzes zur Entlastung der Rechtspflege.* Drs. 12/3832 vom 25.11.1992. https://dserver.bundestag.de/btd/12/038/1203832.pdf.

Deutscher Bundestag. (2003a). *Entwurf eines Gesetzes zur Modernisierung der Justiz (Justizmodernisierungsgesetz – JuMoG). Gesetzentwurf der Bundesregierung.* Drs. 15/1508 vom 02.09.2003. https://dserver.bundestag.de/btd/15/015/1501508.pdf.

Deutscher Bundestag. (2003b). *Entwurf eines Gesetzes zur Vereinfachung und Vereinheitlichung der Verfahrensvorschriften zur Wahl und Berufung ehrenamtlicher Richter.* Gesetzentwurf des Bundesrats. Drs. 15/411 vom 05.02.2003. https://dserver.bundestag.de/btd/15/004/1500411.pdf.

Deutscher Bundestag. (2020). *Sicherstellung der Leistungsfähigkeit der Justiz auch in Zukunft.* Drs. 19/25035 vom 08.12.2020. https://dserver.bundestag.de/btd/19/250/1925035.pdf.

Deutscher Bundestag. (2022a). *Ernennung, Amtszeit und Beförderung von Richtern und Staatsanwälten. Zur Rechtslage in Deutschland hinsichtlich der ordentlichen Gerichtsbarkeit.* Wissenschaftlicher Dienst. WD 7 – 3000 – 043/22 vom 31.05.2022.

Deutscher Bundestag. (2022b). *Maßnahmen zur Reduzierung von Bürokratie auf Bundesebene.* Drs. 20/721 vom 15.02.2022. https://dserver.bundestag.de/btd/20/007/2000721.pdf.

Deutscher Bundestag. (2024a). *Gesetzentwurf der Fraktionen SPD, CDU/CSU, BÜNDNIS 90/DIE GRÜNEN und FDP sowie des Abgeordneten Stefan Seidler. Entwurf eines Gesetzes zur Änderung des Grundgesetzes (Artikel 93 und 94).* Drs. 20/12977 vom 24.09.2024. https://dserver.bundestag.de/btd/20/129/2012977.pdf.

Deutscher Bundestag. (2024b). *Juristen in den Bundesministerien und Beauftragung Externer.* Drs. 20/11197 vom 25.04.2024. https://dserver.bundestag.de/btd/20/111/2011197.pdf.

Deutscher Richterbund. (2018). *Selbstverwaltung der Justiz. Die Dritte Gewalt muss sich selbst verwalten.* https://www.drb.de/positionen/themen-des-richterbundes/selbstverwaltung-der-justiz.

DHB. (2022). *Datenhandbuch des Deutschen Bundestages. Kapitel 6.9. Zusammensetzung der Bundeskabinette – Strukturdaten.* 30.05.2022. https://www.bundestag.de/dokumente/parlamentsarchiv/datenhandbuch/06/kapitel-06-475940.

Dreier, H. (2019). Die Weimarer Reichsverfassung. Vorbild oder Gegenbild des Grundgesetzes. *Aus Politik und Zeitgeschichte, 19*(16–17), 19–26.

Dribbusch, H., Schulten, T., Luth, M. S., & Janssen, T. (2024, Juni). WSI Arbeitskampfbilanz 2023. 2023 – ein langes und turbulentes Arbeitskampfjahr. *WSI-Report, 95.* https://www.wsi.de/fpdf/HBS-008882/p_wsi_report_95_2024.pdf.

DVS [Deutsche Vereinigung der Schöffinnen und Schöffen]. (2015). *Grundsätze des Bundesverbandes ehrenamtlicher Richterinnen und Richter e.V. und seiner Landesverbände. Beschlossen durch die Mitgliederversammlung des Bundesverbandes ehrenamtlicher Richterinnen und Richter am 20.11.2015 in Erfurt.* https://schoeffen.de/bundesverband/grundsatzpapiere.html.

ECHR. (2023). *European Court of Human Rights. Violations by Article and by State.* https://www.echr.coe.int/documents/d/echr/stats_violation_1959_2022_ENG.

Eckert, J. (1993). „Die Babelsberger Konferenz – Legende und Wirklichkeit“. In Deutscher Bundestag (Hrsg.), *Materialien der Enquete-Kommission „Aufarbeitung von Geschichte und Folgen der SED-Diktatur in Deutschland“ (12. Wahlperiode des Deutschen Bundestages).* Protokoll der 39. Sitzung vom 28. Mai 1993 (Bd. IV, S. 69–83). https://enquete-online.de/recherche/detail/?show=wp12b4_0073.

Ekert, S., et al. (2023). *Erforschung der Ursachen des Rückgangs der Eingangszahlen bei den Zivilgerichten. Abschlussbericht des Forschungsvorhabens (Interval GmbH).* BMJ. https://www.bmjv.de/SharedDocs/Publikationen/DE/Fachpublikationen/2023_Rueckgang_Eingangszahlen_Zivilgerichte.pdf?__blob=publicationFile&v=1.

Engels, A. (2008). *Verfassung und Arbeitskampfrecht. Verfassungsrechtliche Grenzen arbeitsgerichtlicher Arbeitskampfjudikatur.* Duncker & Humblot.

Eppler, A. (2023). Rechtsstaatlichkeit im europäischen Mehrebenensystem. In M. Große Hüttmann & C. Probst-Dobler (Hrsg.), *Europa als Prozess. Festschrift für Rudolf Hrbek* (S. 85–98). Nomos.

Eppler, A., Hackhofer, A., & Maurer, A. (2018). The Multilevel rule of law system of the European Union: Eked out, contested, still unasured. In L. Antoniolli, L. Bonatti, & C. Ruzza (Hrsg.), *Highs and Lows of European Integration. Sixty Years After the Treaty of Rome* (S. 65–82). Springer.

Epstein, L., Landes, W., & Posner, R. A. (2013). *The Behavior of Federal Judges. A Theoretical & Empirical Study of Rational Choice.* Harvard University Press.

EU. (2024a). *Bericht über die Rechtsstaatlichkeit 2024. Länderkapitel zur Lage der Rechtsstaatlichkeit in Deutschland.* Brüssel, den 27.7.2024. SWD (2024) 805 final. https://commission.europa.eu/document/download/3d1a2f80-5989-4364-a9e6-d925d4a1c900_de?filename=17_1_58059_coun_chap_germany_de.pdf.

EU. (2024b). *The 2024 EU Justice Scoreboard. Communication from the Commission to the European Parliament, the Council, the European Central Bank, the European Economic and Social Committee and the Committee of the Regions COM (2024) 950.* https://commission.europa.eu/document/download/84aa3726-82d7-4401-98c1-fee04a7d2dd6_en?filename=2024%20EU%20Justice%20Scoreboard.pdf.

EU Commission. (2024). The 2024 *EU Justice Scorebord. COM(2024) 950.* https://commission.europa.eu/document/download/84aa3726-82d7-4401-98c1-fee04a7d2dd6_en?filename=2024%20EU%20Justice%20Scoreboard.pdf.

Europäische Kommission. (2024). *Bericht über die Rechtsstaatlichkeit 2024. Die Lage der Rechtsstaatlichkeit in der Europäischen Union.* Brüssel, den 24.7.2024. COM(2024) 800 final/2. https://commission.europa.eu/document/download/27db4143-58b4-4b61-a021-a215940e19d0_de?filename=COM_2024_800_1_DE_ACT_part1_v1.pdf.

Forsthoff, E. (1954). Begriff und Wesen des sozialen Rechtsstaates. In Vereinigung der Deutschen Staatsrechtslehrer (Hrsg.), *Begriff und Wesen des sozialen Rechtsstaats. Die auswärtige Gewalt der Bundesrepublik* (S. 8–36). Walter de Gruyter.

Fraenkel, E. (1927/1999). Zur Soziologie der Klassenjustiz. In ders., *Gesammelte Schriften, Band 1: Recht und Politik in der Weimarer Republik.* Hrsg. von Hubertus Buchstein und Rainer Kühn (S. 177–211). Nomos.

Fraenkel, E. (1974). *Der Doppelstaat.* EVA.

Franzen, R. (2023). Die drei Sackgassen. Zur Entfernung von Richterinnen und Richtern aus ihrem Amt. In B. Derin, et al. (Hrsg.), *Grundrechte-Report 2023. Zur Lage der Bürger- und Menschenrechte in Deutschland* (S. 195–189). Fischer.

Frei, N. (1993). *Der Führerstaat. Nationalsozialistische Herrschaft 1933 bis 1945* (3. Aufl.). Dtv.

Frick, V., & Lembcke, O. W. (2021). Recht politikwissenschaftlich erforschen. Ein Werkstattbericht aus dem Arbeitskreis „Politik und Recht" der Deutschen Vereinigung für Politikwissenschaft. In V. Frick, O. W. Lembcke, M. Lemke, & S. Wolf (Hrsg.), *Recht politikwissenschaftlich erforschen* (S. 12–24). Duncker & Humblot (=Recht und Politik Beiheft 5).

Galanter, M. (1974). Why the „Haves" come out ahead: Speculations on the limits of legal change. *Law & Society Review, 9*(1), 95–160. https://www.jstor.org/stable/3053023.

Gärditz, K. F. (2013). Landesverfassungsrichter. Zur personalen Dimension der Landesverfassungsgerichtsbarkeit. *Jahrbuch des öffentlichen Rechts der Gegenwart (N.F.)* (Bd. 61, S. 449–493).

Gärditz, K. F. (2024). Resilienz des Rechtsstaats. *Neue Juristische Wochenschrift, 77*(7), 407–411.

Glaeßner, G.-J. (1977). *Herrschaft durch Kader. Leitung der Gesellschaft und Kaderpolitik in der DDR.* Westdeutscher Verlag.

Glöckner, A., Towfigh, E., & Traxler, C. (2017). *Empirische Untersuchung zur Benotung in der staatlichen Pflichtfachprüfung und in der zweiten juristischen Staatsprüfung in Nordrhein-Westfalen von 2006 bis 2016.* https://opus4.kobv.de/opus4-hsog/frontdoor/index/index/year/2018/docId/2587.

Gräf, D. (1993). Rekrutierung und Ausbildung der Juristen in der SBZ/DDR. In Deutscher Bundestag (Hrsg.), *Materialien der Enquete-Kommission. Aufarbeitung von Geschichte und Folgen der SED-Diktatur in Deutschland (12. Wahlperiode des Deutschen Bundestages)* (Bd. IV, S. 399–450). https://enquete-online.de/recherche/detail/?show=wp12b4_0402.

Grefrath, H., & Maier, C. (2020). Demokratie als Attribut. Zur Theorie des demokratischen Rechtsstaats als Verfassungsprinzip. In K. Y. Albrecht, L. Kirchmair, & V. Schwarzer (Hrsg.), *Die Krise des demokratischen Rechtsstaats im 21. Jahrhundert oder Wie sich die Geschichte gegen ihr Ende wehrt* (S. 37–52). Franz Steiner Verlag.

Grimm, D. (2009). Stufen der Rechtsstaatlichkeit. Zur Exportfähigkeit einer westlichen Errungenschaft. *Juristen-Zeitung, 64*(12), 596–600. https://www.jstor.org/stable/20829694.

Groh, K. (2024). Vereinsverbote und wehrhafte Demokratie: Warum die Einwände gegen das Verbot der COMPACT-Magazin GmbH nicht überzeugen. *Verfassungsblog,* 2024/7/22. https://verfassungsblog.de/vereinsverbote-und-wehrhafte-demokratie/, https://doi.org/10.59704/e27fab943f9de830.

Gruchmann, L. (2001). *Justiz im Dritten Reich 1933–1940. Anpassung und Unterwerfung in der Ära Günthner* (3. Aufl.). Oldenbourg Verlag.

Gumbel, E. J. (1924). *Vier Jahre politischer Mord. 5. Auflage von Zwei Jahre Mord.* Verlag der Neuen Gesellschaft. https://archive.org/details/vierjahrepolitis00gumb/mode/2up?view=theater.

Habermas, J. (1994). *Faktizität und Geltung. Beiträge zur Diskurstheorie des Rechts und des demokratischen Rechtsstaats* (4. Aufl.). Suhrkamp.

Haferkamp, H.-P., & Wudtke, T. (1997, Oktober 25). *Richterausbildung in der DDR. forum historiae iuris.* https://forhistiur.net1997-10-haferkamp-wudtke.

Haggard, S., & Tiede, L. (2024). Judicial backsliding: A guide to collapsing the separation of powers. *Democratization, 32*(2), 513–537. https://doi.org/10.1080/13510347.2024.2381092.

Hesse, J. J., & Ellwein, T. (2012). *Das Regierungssystem der Bundesrepublik Deutschland* (10. Aufl.). Nomos.

Hesse, K. (1993). *Grundzüge des Verfassungsrechts der Bundesrepublik Deutschland* (19. Aufl.). C.F. Müller.

Heublein, U., Hutzsch, C., & Schmelzer, R. (2022). Die Entwicklung der Studienabbruchquoten in Deutschland. DZHW Brief 05|2022). Hannover. https://doi.org/10.34878/2022.05.dzhw_brief.

Heyde, W. (1995). § 33 Rechtsprechung. In E. Benda, W. Maihofer, & H.-J. Vogel (Hrsg.), *Handbuch des Verfassungsrechts (2). Studienausgabe* (2. Aufl., S. 1579–1636). Walter de Gruyter.

Heyde, W. (1999). *Justiz in Deutschland. Ein Überblick über Recht und Gerichte in der BRD* (6. Aufl.). Bundesanzeiger Verlag.

Hillgruber, C. (2022). Richterrecht, Version 08.06.2022, 09:10 Uhr. *Staatslexikon* (8. Aufl.). https://www.staatslexikon-online.de/Lexikon/Richterrecht.

Hobsbawm, E. (2022). *Das lange 19. Jahrhundert: Europäische Revolutionen, Die Blütezeit des Kapitals, Das imperiale Zeitalter.* Konrad Theiss Verlag Herder.

Höland, A., & Buchwald, C. (unter Mitarbeit von E. Krausbeck). (2018). *Ehrenamtliche Richterinnen und Richter in der Arbeitsgerichtsbarkeit und in der Sozialgerichtsbarkeit – Ergebnisse einer repräsentativen Befragung in Baden-Württemberg, Berlin und Sachsen-Anhalt.* Zentrum für Sozialforschung Halle e. V. https://lag.sachsen-anhalt.de/fileadmin/Biblio-

thek/Politik_und_Verwaltung/MJ/MJ/lag/Oeffentlichkeit/
Abschlussbericht_eaRi_ZSH_2018.07.25.pdf.

Holterhus, T. P. (2022a). Die Europäische Union als Rechtsstaat. *Informationen zur politischen Bildung, 351*(2/2022), 54–65.

Holterhus, T. P. (2022b). Die Idee der Rechtsstaatlichkeit. *Informationen zur politischen Bildung, 351*(2/2022), 4–17.

Holterhus, T. P. (2022c). Das Rechtsstaatsprinzip des Grundgesetzes. *Informationen zur politischen Bildung, 351*(2/2022), 18–43.

Hönnige, C. (2007). *Verfassungsgericht, Regierung und Opposition. Eine vergleichende Analyse eines Spannungsdreiecks.* VS Verlag für Sozialwissenschaften.

Höreth, M. (2016). *Die komplexe Republik. Staatsorganisation in Deutschland.* Kohlhammer.

Höreth, M. (2020). Der Beitrag der Landesverfassungsgerichte zur Unitarisierung des Bundesstaates. In W. Reutter (Hrsg.), *Verfassungsgerichtsbarkeit in Bundesländern. Theoretische Perspektiven, methodische Überlegungen und empirische Befunde* (S. 49–76). Springer VS.

Huber, P. M. (2019). Der deutsche Verfassungsgerichtsverbund. Verfassungsautonomie der Länder und Landesverfassungsgerichtsbarkeit. In B. Munz & A. Uhle (Hrsg.), *Der deutsche Verfassungsgerichtsverbund* (S. 29–52). Nomos.

Iberl, B., & Kinzig, J. (2023). *Die Rolle der Schöffen bei Absprachen im Strafprozess. Ergebnisse einer Befragung von knapp 9000 Laienrichtern.* Nomos.

Janssen, T., & Lübker, M. (2025, Juni). Europäischer Tarifbericht des WSI – 2024/2025. Gewerkschaften streiken erfolgreich für reale Tariferhöhungen. *WSI Report, 105.* https://www.wsi.de/de/faust-detail.htm?produkt=HBS-009159.

Jasper, G. (1982). Justiz und Politik in der Weimarer Republik. *Vierteljahresheft für Zeitgeschichte, 30*(2), 167–204.

Jestaedt, M. (2019). Phänomen Bundesverfassungsgericht. Was das Gericht zu dem macht, was es ist. In M. Jestaedt, O. Lepsius, C. Möller, & C. Schönberger, *Das entgrenzte Gericht. Eine kritische Bilanz nach sechzig Jahren Bundesverfassungsgericht* (3. Aufl., S. 77–158). Suhrkamp

Jestaedt, M., Lepsius, O., Möllers, C., & Schönberger, C. (2019). *Das entgrenzte Gericht. Eine kritische Bilanz nach sechzig Jahren Bundesverfassungsgericht* (3. Aufl.). Suhrkamp.

Jobs, A. T. (2024). Die Resilienz des demokratischen Rechtsstaats und seiner Institutionen im Land Brandenburg stärken! Handlungsempfehlungen für vorbeugende Maßnahmen auf der Ebene des Landes. *FES Expertisen für die Demokratie* 09/2024. https://library.fes.de/pdf-files/pbud/21448.pdf.

Kalbitz, R. (1978). Aussperrungen in der Bundesrepublik. *Kritische Justiz. Vierteljahresschrift für Recht und Politik, 11*(4), 249–367.

Kalbitz, R. (1979). *Aussperrungen in der Bundesrepublik. Die vergessenen Konflikte.* EVA

Kant, I. (1793/1993). Über den Gemeinspruch: Das mag in der Theorie richtig sein, taugt aber nicht für die Praxis [1793]. In I. Kant (Hrsg.), *Schriften zur Anthropologie, Geschichtsphilosophie, Politik und Pädagogik I. Werkausgabe Bd. XI. Herausgegeben von Wilhelm Weischedel* (S. 127–172). Suhrkamp.

Katholnigg, O., & Bierstedt, H. (1985). Sind bei den Schöffen alle Gruppen der Bevölkerung angemessen berücksichtigt? *ZRP, 15*(10), 267–269.

Keller, B. (2016). Berufs- und Spartengewerkschaften. Zur Kritik des Tarifeinheitsgesetzes. *Industrielle Beziehungen, 23*(3), 233–279. https://www.econstor.eu/bitstream/10419/196043/1/indbez-v23i3p233-279.pdf.

Keller, B. (2020). Berufsgewerkschaften als autonome Akteure der Tarifpolitik: Konsequenzen für das System etablierter Arbeitsbeziehungen. *Industrielle Beziehungen, 27*(4), 437–460. https://doi.org/10.3224/indbez.v27i4.05.

Kilian, M. (2016). Juristische Repetitorien: Wissensvermittlung im Schatten der staatlichen Juristenausbildung. *JuristenZeitung, 71*(18), 880–887.

Kneip, S. (2006). Demokratieimmanente Grenzen der Verfassungsgerichtsbarkeit. In M. Becker & R. Zimmerling (Hrsg.), *Politik und Recht* (S. 259–281). VS Verlag für Sozialwissenschaften (= Politische Vierteljahresschrift, Sonderheft 36).

Köker, P. (2025). Delegitimierung als Strategie: Wie autoritäre Populisten versuchen, die unabhängige Justiz zu schwächen. *Verfassungsblog,* 2025/6/16. https://verfassungsblog.de/delegitimierung-als-strategie/, https://doi.org/10.59704/185cd0202ae6e93f.

Köker, P., Swalve, T., Huber, M., Hönnige, C., & Nyhuis, D. (2025). Populists before power: Delegitimization strategies against independent judiciaries. *Democratization, 32*(6), 1432–1449. https://doi.org/10.1080/13510347.2025.2470765.

Korioth, S. (2006). Legal education in Germany today. *Wisconsin International Law Journal, 24*(1), 85–107.

Krings, G. (2013). Justizpolitik nach Kassenlage? *Zeitschrift für Rechtspolitik, 46*(5), 129. https://www.jstor.org/stable/24770951.

Kroher, M., et al. (2023). *Die Studierendenbefragung in Deutschland: 22. Sozialerhebung. Die wirtschaftliche und soziale Lage der Studierenden in Deutschland 2021.* BMBF. https://www.bmbf.de/SharedDocs/Publikationen/de/bmbf/4/31790_22_Sozialerhebung_2021.html.

Kühne, H-H. (1985). Laienrichter im Strafprozeß. *Zeitschrift für Rechtspolitik, 18*(9), 237–239.

Kuthning, B., & Sommer, M. (2024). *Roland-Rechtsreport 2024.* Köln: Roland Rechtsschutz/IfD Allensbach. https://www.roland-rechtsschutz.de/media/roland-rechtsschutz/pdf-rr/042-presse-pressemitteilungen/roland-rechtsreport/roland_rechtsreport_2024.pdf.

Landfried, C. (1994). The judicialization of politics in Germany. *International Political Science Review, 15*(2), 113–124.

Landtag Baden-Württemberg. (2023). *Ehrenamtliche Richterinnen und Richter.* Drs. 17/4598 vom 13.04.2023.

Le Bouëdec, N. (2018). Das Gericht als Arena demokratischen Handelns? Ansätze zur Beteiligung des Volkes an der Rechtsprechung in Deutschland in der frühen Weimarer Republik und den ersten Nachkriegsjahren ab 1945. *Archiv für Sozialgeschichte, 58,* 163–182.

Lembcke, O. W. (2025). Das Bundesverfassungsgericht und die Regierung Adenauer – vom Streit um den Status zur Anerkennung der Autorität. In R. Chr. van Ooyen & M. H.

W.Möllers (Hrsg.), *Handbuch Bundesverfassungsgericht im politischen System* (3. Aufl., S. 375–388). Springer VS.

Lembcke, O. W., & Rehder, B. (2022). Rechtssystem und Bundesverfassungsgericht: Die rechtliche Ordnung der Politik. In L. H. Anders & D. Riese (Hrsg.), *Politische Akteure und Institutionen in Deutschland* (S. 219–242). Springer VS. https://doi.org/10.1007/978-3-658-37553-9_11.

Lenz, M., & Wurster, T. (2024, Juni 5). Rechtsextreme und Reichsbürger: In mindestens elf Fällen waren verfassungsfeindliche Schöffen im Amt. https://correctiv.org/aktuelles/justiz-polizei/2024/06/05/mindestens-elf-verfassungsfeindliche-schoeffen-rechtsextreme-reichsbuerger/.

Lieber, H. (2020). Die Ergebnisse der Schöffenwahl 2019 bis 2023. *RohR (Richter ohne Robe), 32*(1), 3–7. https://www.schoeffenwahl.de/assets/docs/2023/Sch%C3%B6ffenstatistik_Lieber_Amtszeit%202019-2023.pdf.

Lieber, H., & Sens, U. (2020). *Basiswissen Schöffenamt.* Bundeszentrale für politische Bildung.

Liebknecht, K. (1907). *Rechtsstaat und Klassenjustiz. Vortrag gehalten zu Stuttgart am 23. August 1907.* Kommissionsverlag. https://archive.org/details/karlliebknecht.rechtstaatundklassenjustiz/page/n33/mode/2up.

Linkenheil, B. (2003). *Laienbeteiligung an der Strafjustiz. Relikt des bürgerlichen Emanzipationaprozesses oder Legitimation einer Rechtsprechung „Im Namen des Volkes"?* BWV.

Loer, K., Reiter, R., & Töller, A. E. (2015). Was ist ein Politikfeld und warum entsteht es? *dms – der moderne staat, 8*(1), 7–28.

Loewenstein, K. (1935a). Autocracy Versus Democracy in Contemporary Europe, I. *The American Political Science Review, 29*(4), 571–593. https://www.jstor.org/stable/1947789.

Loewenstein, K. (1935b). Autocracy versus Democracy in Contemporary Europe, II. *The American Political Science Review, 29*(5), 755–784. https://www.jstor.org/stable/1947222.

Loewenstein, K. (1937a). Militant Democracy and Fundamental Rights, I. *The American Political Science Review, 31*(3), 417–432. https://www.jstor.org/stable/1948164.

Loewenstein, K. (1937b). Militant Democracy and Fundamental Rights, II. *The American Political Science Review, 31*(4), 638–658. https://www.jstor.org/stable/1948103.

Löwisch, M., & Hartje, J. (1970). Der wilde Streik nach dem Recht der Bundesrepublik. *Recht der Arbeit, 23*(11/12), 321–333.

LTO. (2024). „Cum-Ex-Chefermittlerin kehrt der Justiz den Rücken. ‚Überhaupt nicht zufrieden, wie Finanzkriminalität verfolgt wird'". Stand: 22.04.2024. *Legal Tribune Online.* https://www.lto.de/recht/justiz/j/cum-ex-chefermittlerin-anne-brorhilker-kuendigung-staatsanwaltschaft-justiz.

LTO. (2025). „Ostdeutscher Justiz droht erhebliche Personallücke. 3.000 Richter und Staatsanwälte stehen vor der Pensionierung". *Legal Tribune Online,* 18.09.2023. https://www.lto.de/recht/justiz/j/pensionierung-pensionierungswelle-justiz-richter-staatsanwaelte-osten-westen.

Lübbe-Wolff, G. (2015). *Wie funktioniert das Bundesverfassungsgericht?* Universitätsverlag.

Lührmann, A., & Lindberg, S. I. (2019). A third wave of autocratization is here: What is new about it? *Democratization, 26*(7), 1095–1113. https://doi.org/10.1080/13510347.2019.1582029.

Machura, S. (2006). *Ehrenamtliche Verwaltungsrichter.* LIT.

Manko, R. (2019). *Protecting the rule of law in the EU. Existing mechanisms and possible improvements.* EPRS. https://www.europarl.europa.eu/RegData/etudes/BRIE/2019/642280/EPRS_BRI(2019)642280_EN.pdf.

Manow, P. (2024). *Unter Beobachtung. Die Bestimmung der liberalen Demokratie und ihrer Freunde.* Suhrkamp.

Maus, I. (2006). Das Verhältnis der Politikwissenschaft zur Rechtswissenschaft. Bemerkungen zu den Folgen politologischer Autarkie. In M. Becker & R. Zimmerling (Hrsg.), *Recht und Politik* (S. 76–120). VS Verlag für Sozialwissenschaften (= Politische Vierteljahresschrift, Sonderheft 36).

Merkel, W. (2024). Die Fallstricke der wehrhaften Demokratie. *VerfBlog,* 2024/3/29. https://verfassungsblog.de/die-fallstricke-der-wehrhaften-demokratie/, https://doi.org/10.59704/ca3e582311a0bba3.

Möllers, C. (2005). *Gewaltengliederung. Legitimation und Dogmatik im nationalen und internationalen Rechtsvergleich.* Mohr Siebeck.

Montesquieu, C. L. de S., Baron de la Brede et de (1748/1994). *Vom Geist der Gesetze [1748].* Auswahl, Übersetzung und Einleitung von Kurt Weigand. Reclam.

Müller-Jentsch, W. (1979). Streiks und Streikbewegung in der Bundesrepublik. In. J. Bergmann (Hrsg.), *Beiträge zur Soziologie der Gewerkschaften* (S. 21–71). Suhrkamp.

Müller-Jentsch, W. (Hrsg.) (1993). *Konfliktpartnerschaft. Akteure und Institutionen der industriellen Beziehungen* (2. Aufl.). Rainer Hampp.

Münch, I. v. (1994). Rechtsstaat versus Gerechtigkeit. *Der Staat, 33*(2), 165–184. http://www.jstor.com/stable/43642591.

n-tv. (2024, Januar 4). In welche der folgenden Institutionen und Berufsgruppen haben Sie großes Vertrauen? In *Statista.* https://de.statista.com/statistik/daten/studie/1283706/umfrage/vertrauen-in-institutionen-in-deutschland/. Zugegriffen: 11. Apr. 2024.

o.V. (2025). „Merz will Zurückweisungen an der Grenze fortsetzen – AfD reagiert mit Vorwürfen an die Justiz." *Die Welt vom 03. Juni 2025.* https://www.welt.de/politik/deutschland/article256201920/merz-will-zurueckweisungen-an-der-grenze-fortsetzen-afd-reagiert-mit-vorwuerfen-an-die-justiz.html.

Oestmann, P. (2021). *Wege zur Rechtsgeschichte: Gerichtsbarkeit und Verfahren* (2. Aufl.). Vandenhoeck & Ruprecht (utb).

Oidtmann, R. (2023). *RESILIO Country Report – Germany.* https://iep-berlin.de/site/assets/files/3683/germany_resilio_country_report-1.pdf.

Ooyen, R. Chr. van. (2025). Bundesverfassungsgericht, Parteiverbote und „wehrhafte Demokratie". In R. Chr. van Ooyen & M. H. W. Möllers (Hrsg.), *Handbuch Bundesverfassungsgericht im politischen System* (3. Aufl., S. 1149–1182). Springer VS.

Ooyen, R. Chr. van, & Möllers, M. H. W. (Hrsg.) (2025), *Handbuch Bundesverfassungsgericht im politischen System* (3. Aufl.). Springer VS.

Otto, W. (1993): „Die Entnazifizierung der Justiz in der SBZ/ DDR". In Deutscher Bundestag (Hrsg.), *Materialien der Enquete-Kommission „Aufarbeitung von Geschichte und Folgen der SED-Diktatur in Deutschland" (12. Wahlperiode des Deutschen Bundestages).* Band IV, Protokoll der 37. Sitzung am 14. Mai 1993 (S. 28–37). https://enquete-online.de/recherche/detail/?show=wp12b4_0009.

Papier, H.-J. (2019).*Die Warnung. Wie der Rechtsstaat ausgehöhlt wird. Deutschlands höchster Richter a.D. klagt an.* Heyne.

Papier, H.-J. (2020). „Selbst in Kriegszeiten werden die Grundrechte nicht angetastet". *Süddeutsche Zeitung* vom 1. April 2020. https://www.sueddeutsche.de/politik/coronavirus-grundrechte-freiheit-verfassungsgericht-hans-juergen-papier-1.4864792?reduced=true.

Papier, H.-J., & Durner, W. (2003). Streitbare Demokratie. *Archiv des öffentlichen Rechts, 128,* 340–371. https://www.jstor.org/stable/44316813.

Patzelt, W. J. (2025). Weshalb vertrauen die Deutschen so sehr dem Bundesverfassungsgericht? In R. Chr. van Ooyen & M. H. W. Möllers (Hrsg.), *Handbuch Bundesverfassungsgericht im politischen System* (3. Aufl., S. 643–664). Springer VS.

Pfafferoth, C. (1880). *Jahrbuch der Deutschen Gerichtsverfassung. Herausgegeben auf Veranlassung des Reichs-Justizamts von Carl Pfafferoth.* Carl Heymann's Verlag.

Pfannkuch, J. (1993). „Die Volksrichterlehrgänge in der SBZ am Beispiel Sachsens". In Deutscher Bundestag (Hrsg.), *Materialien der Enquete-Kommission „Aufarbeitung von Geschichte und Folgen der SED-Diktatur in Deutschland" (12. Wahlperiode des Deutschen Bundestages).* Band IV, Protokoll der 37. Sitzung am 14. Mai 1993 (S. 37–44). https://enquete-online. de/recherche/detail/?show=wp12b4_0009.

Pichl, M. (2024). *Law statt Order. Der Kampf um den Rechtsstaat.* Suhrkamp.

Plöhn, J. (1997). Die Gerichtsbarkeit. In O. W. Gabriel & E. Holtmann (Hrsg.), *Handbuch politisches System der Bundesrepublik Deutschland* (S. 355–377). Oldenbourg Verlag.

Plöhn, J. (2021). Rechtsstaat/Rechtspolitik. In U. Andersen, J. Bogumil, S. Marschall, & W. Woyke (Hrsg.), *Handwörterbuch des politischen Systems der Bundesrepublik Deutschland* (8. Aufl., S. 791–797). Springer VS.

Popper, K. (1962). *The Open Society and its Enemies. Vol. I: The Spell of Plato* (4. Aufl.). Routledge & Kegan Paul.

Radbruch, G. (1946). Gesetzliches Unrecht und übergesetzliches Recht. *Süddeutsche Juristen-Zeitung, 1*(5), 105–108. https://www.jstor.org/stable/20800812.

Rehder, B. (2011). *Rechtsprechung als Politik: Der Beitrag des Bundesarbeitsgerichts zur Entwicklung der Arbeitsbeziehungen in Deutschland. Schriften aus dem Max-Planck-Institut für Gesellschaftsforschung.* Campus.

Rehder, B. (2015). Justizialisierung statt Korporatismus? Verrechtlichung der Interessenvermittlung in den Arbeitsbeziehungen. In R. Speth & A. Zimmer (Hrsg.), *Lobby Work. Interessenvertretung als Politikgestaltung* (S. 53–69). Springer. https://doi.org/10.1007/978-3-658-09433-1_3.

Reichstag. (1918-1942). *Verhandlungen des Deutschen Reichstags. (Weimarer Republik/Nationalsozialismus) 1918 – 1942.* https://www.reichstagsprotokolle.de/Band2_w8_bsb00000141.html.

Reimer, F. (2023). *Der Rechtsstaat, eine rechtsvergleichende Perspektive. Deutschland. Wissenschaftlicher Dienst des Europäischen Parlaments. Bibliothek für Vergleichendes Recht. PE 745.674 – März 2023.* https://www.europarl.europa.eu/thinktank/en/document/EPRS_STU(2023)745674.

Reiser, M., Küppers, A., Brandy, V., Hebenstreit, J., & Vogel, L. (2022). *Politische Kultur in Stadt und Land. Ergebnisse des THÜRINGEN-MONITORs 2022.* Jena. https://thueringen.de/fileadmin/user_upload/TSK/TM2022_lang_bf.pdf.

Reutter, W. (2020a). Verfassungsgerichtsbarkeit in Bundesländern und Justizialisierung – zur Einführung. In W. Reutter (Hrsg.), *Verfassungsgerichtsbarkeit in Bundesländern.*

Theoretische Perspektiven, methodische Überlegungen und empirische Befunde (S. 1–22). Springer VS.

Reutter, W. (2020b). Verfassungsrichterinnen und Verfassungsrichter. Zur personalen Dimension der Verfassungsgerichtsbarkeit in den Bundesländern. In W. Reutter (Hrsg.), *Verfassungsgerichtsbarkeit in Bundesländern. Theoretische Perspektiven, methodische Überlegungen und empirische Befunde* (S. 203–233). Springer VS.

Reutter, W. (2022). *Landesverfassungsgerichtsbarkeit.* Kohlhammer.

Reutter, W. (2024a). *Constitutional Courts in the German States. History, Structure, and Functions.* Springer.

Reutter, W. (2024b). Wer wacht über die Wächter? Anmerkungen zu aktuellen Vorschlägen zum Schutz von Verfassungsgerichten. *Verfassungsblog,* 2024/1/30. https://verfassungsblog.de/wer-wacht-uber-die-wachter/,   https://doi.org/10.59704/35a9eff64ffde9ab.

Reutter, W. (2024c). Wie der Verfassungsgerichtshof sich selbst schützen kann: Risiken und Nebenwirkungen einer Schutzstrategie. *Verfassungsblog,* 2024/3/05. https://verfassungsblog.de/wie-der-verfassungsgerichtshof-sich-selbst-schutzen-kann/, https://doi.org/10.59704/db15a15e65e49992.

Reutter, W. (2024d). Zur Beschlussfähigkeit von Landesverfassungsgerichten. Risiken und Nebenwirkungen des Rechts zur Selbstergänzung. *ZLVR – Zeitschrift für Landesverfassungsrecht und Landesverwaltungsrecht, 9*(2), 32–39. https://www.zlvr.de/archiv.

Rijpkema, B. (2018). *Militant Democracy. The Limits of Democratic Tolerance.* Routledge, Taylor & Francis Group (ebook). https://doi.org/10.4324/9780429427374.

Roggemann, H. (1993). Das Recht als Instrument im Kampf um die Machterhaltung – die letzten Jahre der DDR. In Deutscher Bundestag (Hrsg.), *Materialien der Enquete-Kommission „Aufarbeitung von Geschichte und Folgen der SED-Diktatur in Deutschland" (12. Wahlperiode des Deutschen Bundestages).* Band IV: Recht, Justiz und Polizei im SED-Staat (S. 761–848). https://enquete-online.de/recherche/detail/?show=wp12b4_0758.

Rottleuthner, H. (1993). Die Lenkung der Justiz in der DDR – institutioneller Rahmen/allgemeine Erkenntnisse. In Deutscher Bundestag (Hrsg.), *Materialien der Enquete-Kommission „Aufarbeitung von Geschichte und Folgen der SED-Diktatur in Deutschland" (12. Wahlperiode des Deutschen Bundestages)*. Band IV, Protokoll der 40. Sitzung am 1. Juni 1993 (S. 123–137). https://enquete-online.de/recherche/detail/?show=wp12b4_0121.

Rottleuthner, H. (2023). *„… wir müssen alles in der Hand haben." Justizpolitik in der SBZ und der DDR 1945 bis 1954*. Hrsg. Bundesministerium der Justiz. BMJ. https://www.bmjv.de/SharedDocs/Publikationen/DE/Broschueren/Wir_muessen_alles_in_der_Hand_haben.pdf?__blob=publicationFile&v=10.

Röwekamp, M. (2011). *Die ersten deutschen Juristinnen. Eine Geschichte ihrer Professionalisierung und Emanzipation (1900–1945)*. Böhlau Verlag.

Rüthers, B. (1989). *Carl Schmitt im Dritten Reich*. C.H. Beck.

Schaal, G. S. (2025). Crisis! What Crisis? – Der „Kruzifix-Beschluss und seine Folgen. In R. Chr. van Ooyen & M. H. W. Möllers (Hrsg.), *Handbuch Bundesverfassungsgericht im politischen System* (Bd. 1, 3. Aufl., S. 563–586). Springer VS.

Schäfer, A., & Zürn, M. (2021). *Die demokratische Regression*. Suhrkamp.

Schlosser, H. (2023). *Europäische Rechtsgeschichte. Privat- und Strafrecht von der Spätantike bis zur Moderne* (5. Aufl.). C.H. Beck.

Schmitt, C. (1934). Der Führer schützt das Recht. Zur Reichstagsrede Adolf Hitlers vom 13. Juli 1934. *Deutsche Juristenzeitung, 39*(15), Sp. 945–950 (Auszug). https://www.flechsig.biz/DJZ34_CS.pdf.

Schmitt, C. (1935). Was bedeutet der Streit um den „Rechtsstaat"? *Zeitschrift für die gesamte Staatswissenschaft, 95*(2),189–201. https://www.jstor.org/stable/40746756.

Schneider, M. (1989). *Kleine Geschichte der Gewerkschaften. Ihre Entwicklung in Deutschland von den Anfängen bis heute*. J.H.W. Dietz Nachf.

Schönberger, C. (2019). Anmerkungen zu Karlsruhe. In M. Jestaedt, O. Lepsius, C. Möller, & C. Schönberger, *Das entgrenzte Gericht. Eine kritische Bilanz nach sechzig Jahren Bundesverfassungsgericht* (S. 9–76). Suhrkamp.

Schroeder, W. (2024). *Grundkurs Europarecht* (8. Aufl.) C. H. Beck.

Schubel, B. (1997). *Geschichte und Gegenwart außergerichtlicher Erledigung von Strafsachen durch ehrenamtliche Schiedsinstanzen in den neuen Bundesländern.* Duncker und Humblot.

Schulten, T. (2024). Schon wieder Streik? Arbeitskämpfe im europäischen Vergleich. *Aus Politik und Zeitgeschichte, 74*(46), 9–15.

Schultz, U., Böning, A., Peppmeier, I., & Schröder, S. (unter Mitarbeit von J. Roloff). (2018). *De jure und de facto: Professorinnen in der Rechtswissenschaft. Geschlecht und Wissenschaftskarriere im Recht.* Nomos.

Schulze-Bünthe, T. (2023). Das Problem der überlangen Verfahrensdauer im Strafprozess. *Journal der Wirtschaftsstrafrechtlichen Vereinigung e. V. (WiJ), 12*(2), 49–56. https://wistev.de/app/uploads/2024/01/WiJ_Journal_02.2023-Schulze-Buente.pdf.

Sehl, M. (2024). Länderbericht zu Gefahren für die Justiz. *Legal Tribune Online,* 07.05.2024. https://www.lto.de/persistent/a_id/54503.

Sehl, M., & Kelzenberg, A. (2025). AfD-Blockade bei Richterwahl. *Legal Tribune Online,* 17.06.2025. https://www.lto.de/persistent/a_id/57441.

Sehl, M., & Schröter, H. (2024). Unterwandern Rechtsextreme die Gerichte (11.04.2024)? *LTO.* https://www.lto.de/recht/hintergruende/h/schoeffen-wahl-jahr-recherche-justiz-extremisten-gerichte-ehrenamtliche-richter.

Sensch, J. (2011). Arbeitskämpfe in Deutschland: Streiks und Aussperrungen 1871 bis 1997. (ZA8408; Version 1.0.0). GESIS, Köln. https://doi.org/10.4232/1.10272.

Skóra, M. (2023). *Die Rechtsstaatlichkeit in der EU besser schützen. Analyse & Hintergrundempfehlungen.* FES Policy

Paper. Brüssel. https://library.fes.de/pdf-files/bueros/bruessel/20567.pdf.

Sobota, K. (1997). *Das Prinzip Rechtsstaat. Verfassungs- und verwaltungsrechtliche Aspekte*. Mohr Siebeck.

Sörgel, W. (1985). *Konsensus und Interessen. Eine Studie zur Entstehung des Grundgesetzes für die Bundesrepublik Deutschland*. Leske + Budrich.

Staatliche Zentralverwaltung für Statistik. (1956ff.) *Statistische Jahrbücher der DDR. 1. bis 34. Jahrgang*. Berlin: Staatsverlag der Deutschen Demokratischen Republik. https://www.statistischebibliothek.de/mir/receive/DESerie_mods_00007446.

Statistisches Amt der DDR. (1990). *Statistisches Jahrbuch der Deutschen Demokratischen Republik '90*. Rudolf Haufe Verlag. https://www.statistischebibliothek.de/mir/receive/DESerie_mods_00007446.

Statistisches Bundesamt. (1952–2019). *Statistische Jahrbücher für die Bundesrepublik Deutschland 1952 bis 2019*. https://www.destatis.de/DE/Themen/Querschnitt/Jahrbuch/_inhalt.html.

Statistisches Bundesamt. (1975ff.). *Ausgewählte Zahlen für die Rechtspflege. Fachserie 10. Reihe 1* (1975 bis 2012). https://www.statistischebibliothek.de/mir/receive/DESerie_mods_00000100.

Statistisches Bundesamt. (2021a). Bevölkerung Deutschlands im Jahr 2020 erstmals seit 2011 nicht gewachsen. *Statista* https://www.destatis.de/DE/Presse/Pressemitteilungen/2021/06/PD21_287_12411.html.

Statistisches Bundesamt. (2021b). *Fachserie 10. Rechtspflege. Reihe 2.1*. https://www.destatis.de/DE/Service/Bibliothek/_publikationen-fachserienliste-alle.html.

Statistisches Bundesamt. (2023a). *Statistische Berichte 2023*. [Arbeitsgerichte, Statistik über Familiensachen, Zivilgerichte, Strafgerichte, Finanzgerichte, Sozialgerichte, Verwaltungsgerichte]. https://www.destatis.de/DE/Themen/Staat/Justiz-Rechtspflege/_inhalt.html.

Statistisches Bundesamt. (2023b). *Statistischer Bericht. Staatsanwaltschaften 2022.* https://www.statistischebibliothek.de/mir/receive/DEHeft_mods_00150805.

Statistisches Bundesamt. (2023c). „Anzahl der Studienanfänger in den Fächern Rechtswissenschaften und Wirtschaftsrecht in Deutschland in den Wintersemestern von 2002/2003 bis 2022/2023 [Graph]. *Statista.* https://de.statista.com/statistik/daten/studie/37308/umfrage/studienanfaenger-rechtswissenschaften-und-wirtschaftsrecht/.

Statistisches Bundesamt. (2023d). *Strafgerichte. Statistische Berichte.* https://www.destatis.de/DE/Themen/Staat/Justiz-Rechtspflege/Publikationen/Downloads-Gerichte/statistischer-bericht-strafgerichte-2100230227005.html.

Statistisches Bundesamt. (2024a). *Statistischer Bericht. Staatsanwaltschaften 2023.* https://www.destatis.de/DE/Themen/Staat/Justiz-Rechtspflege/Publikationen/Downloads-Gerichte/statistischer-bericht-staatsanwaltschaften-2100260237005.html.

Statistisches Bundesamt. (2024b). *Statistik der Studierenden.* https://www.destatis.de/DE/Themen/Gesellschaft-Umwelt/Bildung-Forschung-Kultur/Hochschulen/Publikationen/Downloads-Hochschulen/statistischer-bericht-studierende-hochschulen-sommer-semester-2110410237315.html.

Statistisches Bundesamt. (2024c). *Statistischer Bericht. Statistik der Studierenden.* https://www.destatis.de/DE/Themen/Gesellschaft-Umwelt/Bildung-Forschung-Kultur/Hochschulen/_inhalt.html#_6uczycnxn.

Statistisches Bundesamt. (2025a). *Anzahl der jährlich durch Streiks und Aussperrungen ausgefallenen Arbeitstage in Deutschland von 1995 bis 2023 (je 1.000 Beschäftigte).* https://de.statista.com/statistik/daten/studie/1447020/umfrage/ausfalltage-durch-streiks-und-aussperrungen.

Statistisches Bundesamt. (2025b). *Justiz und Rechtspflege.* https://www.destatis.de/DE/Themen/Staat/Justiz-Rechtspflege/_inhalt.html.

Statistisches Bundesamt. (2025c). *Konjunkturindikatoren im Studienfach Rechtswissenschaft.* (Stand: 13. August 2025) https://www.destatis.de/DE/Themen/Wirtschaft/Konjunkturindikatoren/Lange-Reihen/Bildung/lrbil03a.html#fussnote-1-242488.

Statistisches Reichsamt (1880–1941/42). *Statistische Jahrbücher für das Deutsche Reich. 1. bis 59. Jahrgang.* Berlin. https://www.statistischebibliothek.de/mir/receive/DESerie_mods_00007448.

Steinbeis, M. (2024). *Die verwundbare Demokratie. Strategien gegen die populistische Übernahme* (2. Aufl.). Hanser.

Steinke, R. (2022). *Vor dem Gesetz sind nicht alle gleich. Die neue Klassenjustiz* (3. Aufl.). Berlin Verlag.

Steinsdorff, S. von (2018). Demokratischer Rechtsstaat und liberale Demokratie: Unscharfe Grenzen im europäischen Verfassungsraum. In M. Hein, F. Petersen & S. von Steinsdorff (Hrsg.), *Die Grenzen der Verfassung* (=Zeitschrift für Politik, Sonderheft 9, S. 139–152). Nomos.

Steinsdorff, S. von (2019). (Verfassungs-)Richterliches Entscheiden. In C. Boulanger, J. Rosenstock, & T. Singelnstein (Hrsg.), *Interdisziplinäre Rechtsforschung. Eine Einführung in die geistes- und sozialwissenschaftliche Befassung mit dem Recht und seiner Praxis* (S. 207–226). Springer VS.

Steinsdorff, S. von (2024). Vom „rule of law revival" zum „rule of law backsliding": Ein Erklärungsversuch. *Zeitschrift für Politikwissenschaft, 34*(1), 57–65. https://doi.org/10.1007/s41358-024-00370-0.

Stolleis, M. (2014). *Öffentliches Recht in Deutschland. Eine Einführung in seine Geschichte. 16.-21. Jahrhundert.* C. H. Beck.

Sturm, R., & Pehle, H. (2012). *Das neue deutsche Regierungssystem. Die Europäisierung von Institutionen, Entscheidungsprozessen und Politikfeldern in der Bundesrepublik Deutschland* (3. Aufl.). Springer VS.

Thieme, F. (1990). Die Konservierung des Juristenmonopols in bundesdeutschen Teileliten. *Soziale Welt, 41*(4), 517–523. https://www.jstor.org/stable/40877654.

Thurn, J. P. (2013). *Welcher Sozialstaat? Ideologie und Wissenschaftsverständnis in den Debatten der bundesdeutschen Staatsrechtslehre 1949–1990.* Mohr Siebeck.

Tschenker, T. (2022). Streikrecht ja, Streiks besser nicht. Wie Nipperdey das Streikrecht entwarf und seine Konzeption fortlebt. *Kritische Justiz* 55(4), 412–425. https://www.jstor.org/stable/27295215.

Tschenker, T. (2023). *Politischer Streik. Rechtsgeschichte und Dogmatik des Tarifbezugs und des Verbots des politischen Streiks.* Duncker & Humblot.

Tschentscher, A. (2006). *Demokratische Legitimation der Dritten Gewalt.* Mohr Siebeck.

Venice Commission (European Commission for Democracy through Law). (2016). *CDL-AD(2016)007-e. Rule of Law Checklist, adopted by the Venice Commission at its 106th Plenary Session (Venice, 11–12 March 2016).* https://www.venice.coe.int/webforms/documents/default.aspx?pdffile=CDL-AD(2016)007-e.

Verfassungsblog. (2025). *Das Justiz-Projekt.* https://verfassungsblog.de/justiz-projekt/.

Voigt, R. (2025). Das Bundesverfassungsgericht in rechtspolitologischer Sicht. In R. Chr. van Ooyen & M. H. W. Möllers (Hrsg.), *Handbuch Bundesverfassungsgericht im politischen System* (3. Aufl., S. 31–59). Springer VS.

Volkmann, H. (1978). Modernisierung des Arbeitskampfes? Zum Formwandel von Streik und Aussperrung in Deutschland 1864–1975. In H. Kaelble, H. Matzerath, H.-J. Rupieper, P. Steinbach, & H. Volkmann (Hrsg.), *Probleme der Modernisierung in Deutschland* (S. 110–170). Westdeutscher Verlag.

Volkmann, H. (1979). Zur Entwicklung von Streik und Aussperrung in Deutschland: 1899–1975. *Gewerkschaftliche Monatshefte, 30*(6), 347–358.

Vornbäumen, A., & Hoidn-Borchers, A. (2019), „Hans-Jürgen Papier: ,Der Rechtsstaat zieht sich hier schon bedenklich zurück'". *Stern* vom 29.10.2019. https://www.stern.de/politik/deutschland/ex-verfassungsrichter-hans-juergen-papier-warnt-im-stern-vor-erosion-des-rechtsstaats-8975080.html.

Voßkuhle, A. (2011). Die Landesverfassungsgerichtsbarkeit im föderalen und europäischen Verfassungsgerichtsverbund. *Jahrbuch des öffentlichen Rechts der Gegenwart, 59,* 215–243.

Wagner, A. (1960). Die Rechtsstellung der Richter in der DDR nach Erlaß des Richterwahlgesetzes. *JuristenZeitung, 15*(9), 270–273. https://www.jstor.org/stable/20805845.

Wagner, J. (2021). *Rechte Richter. AfD-Richter, -Staatsanwälte und -Schöffen: Eine Gefahr für den Rechtsstaat.* Berliner Wissenschafts-Verlag.

Wassermann, R. (1991). Kann man mit DDR-Richtern einen Rechtsstaat machen? *Aus Politik und Zeitgeschichte, B29*(91), 51–60.

Weber, M (1985). *Wirtschaft und Gesellschaft* (5. Aufl.). Besorgt von J. Winckelmann. J. C. B. Mohr.

Wenzelburger, G. (2023). Politik der Inneren Sicherheit und Justiz im Saarland. In F. Hörisch (Hrsg.), *Politik und Regieren im Saarland* (S. 173–196). Springer VS. https://doi.org/10.1007/978-3-658-40963-0_7.

Werkentin, F. (1991). Scheinjustiz in der frühen DDR. Aus den Regieheften der »Waldheimer Prozesse« des Jahres 1950. *Kritische Justiz, 24*(3), 333–350.

Werkentin, F. (1993). Die „Waldheimer Prozesse" der Jahre 1950/52. In Deutscher Bundestag (Hrsg.), *Materialien der Enquete-Kommission. Aufarbeitung von Geschichte und Folgen der SED-Diktatur in Deutschland (12. Wahlperiode des Deutschen Bundestages)* (Bd. IV, S. 849–879). https://enquete-online.de/recherche/detail/?show=wp12b4_0846.

Werkentin, F. (2012). *Politische Justiz in der DDR.* Erfurt: Landeszentrale für politische Bildung.

Werkentin, F. (2018). Die Waldheimer-Prozesse, DDR 1950. In K. Groenewold, A. Ignor & A. Koch (Hrsg.), *Lexikon der Politischen Strafprozesse.* https://www.lexikon-der-politischen-strafprozesse.de/glossar/waldheimer-prozesse-2/#more-1875.

Wesel, U. (2019). *Rechtsgeschichte der Bundesrepublik Deutschland. Von der Besatzungszeit bis zur Gegenwart.* C.H. Beck.

Wissenschaftsrat. (2012). *Perspektiven der Rechtswissenschaft in Deutschland. Situation, Analysen, Empfehlungen.* Hamburg. https://www.wissenschaftsrat.de/download/archiv/2558-12.html.

Wittreck, F. (2006). *Die Verwaltung der Dritten Gewalt.* Tübingen: Mohr Siebeck.

WJP. (2024a). *Rule of Law Index 2024*. https://worldjusticeproject.org/rule-of-law-index/downloads/WJPIndex2024.pdf.

WJP. (2024b). *U.S. Rule of Law Trends and the 2024 Election*. https://worldjusticeproject.org/sites/default/files/documents/US_Report_WJP_2024.pdf.

WJP. (2025). *World Justice Project*. https://worldjusticeproject.org/about-us/overview/mission.

Wrase, M. et al. (2023). *Zugang zum Recht in Berlin. Zweiter Zwischenbericht für die Senatsverwaltung für Justiz und Verbraucherschutz*. Berlin. https://www.parlament-berlin.de/adosservice/19/Haupt/vorgang/h19-1326-v.pdf.

Ziegler, W. (2024). Hitlerputsch (8./9. November 1923), publiziert am 11.05.2006 (aktualisierte Version 5.02.2024). *Historisches Lexikon Bayerns*. https://www.historisches-lexikon-bayerns.de/Lexikon/Hitlerputsch_(8./9._November_1923. *Zugegriffen: 14. Aug. 2024*.

Zillessen, F., Brandau, A.-M., & Laude, L. (2025). *Das Justiz-Projekt. Verwundbarkeit und Resilienz der dritten Gewalt*. Verfassungsbooks. https://verfassungsblog.de/wp-content/uploads/2025/12/ZillessenBrandauLaude_DasJustizProjekt_2025.pdf.

Zillessen, F. (Hrsg.). (2025). *Die vorbereitete Demokratie. Resilienz durch Antizipation im Thüringen-Projekt*. Verfassungsbooks. https://doi.org/10.17176/20250924-155423-0.

If you have any concerns about our products,
you can contact us on
ProductSafety@springernature.com

In case Publisher is established outside the EU,
the EU authorized representative is:
Springer Nature Customer Service Center GmbH
Europaplatz 3, 69115 Heidelberg, Germany

Printed by Libri Plureos GmbH
in Hamburg, Germany